古代漢語

（校訂重排本）

第二册

主　編　王　力
編　者　（以姓氏筆畫爲序）
吉常宏　祝敏徹　馬漢麟　郭錫良
許嘉璐　趙克勤　劉益之　蕭　璋

中華書局

圖書在版編目(CIP)數據

古代漢語　第2册:校訂重排本/王力主編. —4版.
—北京:中華書局,2018.6(2022.1重印)

ISBN 978-7-101-13244-1

Ⅰ.古…　Ⅱ.王…　Ⅲ.古漢語-高等學校-教材
Ⅳ.H109.2

中國版本圖書館CIP數據核字(2018)第094940號

古　代　漢　語

（校訂重排本）

第　二　册

主　編　王　力

編　者　吉常宏　祝敏徹　馬漢麟　郭錫良
許嘉璐　趙克勤　劉益之　蕭　璋

*

中華書局出版發行
（北京市豐臺區太平橋西里38號　100073）
http://www.zhbc.com.cn
E-mail:zhbc@zhbc.com.cn
北京瑞古冠中印刷廠印刷

*

850×1168毫米 1/32・10¼印張・231千字
1962年11月第1版　1981年4月第2版
1999年5月第3版校訂重排　2018年6月第4版
2022年1月北京第71次印刷
印數:3102251-3152250册　定價:23.00元

ISBN 978-7-101-13244-1

目録

第五單元

文　選

墨　子

墨子名翟,戰國初魯國人。約生於公元前 480 年,死於公元前 420 年。他是一位出身於小生產者階層的哲學家,是墨家學派的創始人。

墨子認爲人類一切罪惡的根源是“不相愛”,因而提倡“兼愛”。墨子同情人民的疾苦,他認爲給人民帶來災難的,莫過於統治者爲了爭權奪利而發動的戰爭。因此他反對不義的戰爭,提倡“非攻”。他還反對統治者揮霍浪費,所以又提出“節用”“節葬”“非樂”等主張,希望限制王公貴族的奢侈,減輕人民的負擔。他還提出“尚賢”“尚同”等主張。這在當時來説,都有一定的進步意義。

墨子也有落後的一面,如他提倡迷信,相信鬼神等。

《墨子》一書是墨翟的門徒們根據他的遺教編纂而成的,現存五十三篇。清末有孫詒讓的《墨子閒詁》最爲詳審。

非　攻[1]

今有一人,入人園圃[2],竊其桃李,衆聞則非之[3],

上爲政者得則罰之[4]。此何也？以虧人自利也[5]。至攘人犬豕雞豚者，其不義又甚入人園圃竊桃李[6]。是何故也？以虧人愈多，其不仁兹甚[7]，罪益厚[8]。至入人欄廄[9]，取人馬牛者，其不仁又甚攘人犬豕雞豚。此何故也？以其虧人愈多。苟虧人愈多[10]，其不仁兹甚，罪益厚。至殺不辜人也[11]，扡其衣裘[12]，取戈劍者，其不義又甚入人欄廄，取人馬牛。此何故也？以其虧人愈多。苟虧人愈多，其不仁兹甚矣，罪益厚。當此[13]，天下之君子皆知而非之，謂之不義。今至大爲攻國[14]，則弗知非，從而譽之，謂之義。此可謂知義與不義之别乎？

〔1〕《非攻》共有上中下三篇。這裏選的是上篇。

〔2〕種樹的地方叫園，種菜的地方叫圃。這裏園圃是偏義複詞，圃字無義。

〔3〕非，非難，責備。

〔4〕爲政者，執政的人。得，得到，這裏指捕獲。

〔5〕以，因爲。

〔6〕至，至於。攘，見《孟子·攘雞》注。豚(tún)，小猪。

〔7〕兹，通“滋”，更。

〔8〕厚，這裏當“重”講。

〔9〕欄，古時稱牛馬的圈。廄，馬棚。這裏欄廄泛指牛馬的圈。

〔10〕苟，假如。

〔11〕辜(gū)，罪。也，語氣詞，引起下文。

〔12〕扡(tuō)，同“拖”，這裏指拽(zhuài)下來。

〔13〕當此，對此。

〔14〕爲，動詞。“攻國”是動賓詞組作賓語用。

殺一人，謂之不義，必有一死罪矣[1]。若以此説往[2]，殺十人，十重不義[3]，必有十死罪矣；殺百人，百重不義，必有百死罪矣。當此，天下之君子皆知而非之，謂之不義。今至大爲不義，攻國，則弗知非，從而譽之，謂之義。情不知其不義也[4]，故書其言以遺後世[5]；若知其不義也，夫奚説書其不義以遺後世哉[6]？

〔1〕一，一重(chóng)。

〔2〕假如按照這種解釋類推。若，假如。此説，指"殺一人，必有一死罪"的道理。往，這衹是習慣説法，没有"去"的意義，而衹表示類推。

〔3〕十重(chóng)，即十倍。

〔4〕情，誠，實在。

〔5〕所以把稱贊攻國的話記載下來遺留給後世。

〔6〕奚説，怎樣解釋。

今有人於此，少見黑曰黑，多見黑曰白，則以此人不知白黑之辯矣[1]；少嘗苦曰苦，多嘗苦曰甘，則必以此人爲不知甘苦之辯矣。今小爲非，則知而非之；大爲非攻國，則不知非，從而譽之，謂之義，此可謂知義與不義之辯乎？是以知天下之君子也，辯義與不義之亂也[2]。

〔1〕辯，通"辨"，下同。

〔2〕亂，混亂，指混爲一談。

老　子

關於老子這個人，歷來説法不一。有人以爲他就是春秋時楚國人老聃(dān)，和孔子同時而年長於孔子，並説他"著書上下篇，言道德之意"。但是《老子》一書的思想，具有濃厚的戰國時代的色彩。它不可能是春秋時代的産物。大概是老子的後學者根據他的學説加以發揮補充而成的,成書於戰國時代。

老子的哲學思想基本上是客觀唯心主義的。他用虚無的本體"道"代替商周以來的天命觀,同時否定客觀世界的物質本原。老子的哲學思想也含有樸素的辯證法的因素,提出"有無相生,難易相成,長短相形,高下相傾"等命題,並且講到"福兮禍之所倚,禍兮福之所伏"等禍福依一定條件互相轉化的道理。

《老子》凡八十一章,約五千字,基本上是韻文。其較重要的注本是魏時王弼的《老子注》和後人假託題作"漢河上公撰"的《老子章句》。今人對《老子》作了不少整理研究工作,如馬敘倫的《老子校詁》、高亨的《老子正詁》等,都可參考。

(一)

天下皆知美之爲美,斯惡已〔1〕;皆知善之爲善,斯不善已。故有無相生〔2〕,難易相成〔3〕,長短相形〔4〕,高下相傾〔5〕,音聲相和〔6〕,前後相隨〔7〕。是以聖人處無爲之事〔8〕,行不言之教〔9〕,萬物作焉而不辭〔10〕,生而不有〔11〕,爲而不恃〔12〕,功成而弗居〔13〕。夫唯不居,是以不去〔14〕。

〔1〕如果天下的人都知道美好的東西是美的,就顯露出醜來了。斯,則。惡,醜。已,通"矣"。

〔2〕生,存。相生,等於説互相依存。

〔3〕成,成就,即"相反相成"的"成"。

〔4〕形,表現,顯現。一本作"較"。長短是相對的,有了長纔顯出短來。今人還有"相形見絀"的説法。

〔5〕傾,傾斜,等於説依靠。

〔6〕音,單音。聲,和聲。和,和協。

〔7〕這幾句是説正反兩方面都是互相依存的,不能分割開,即相反相成的意思。這種相對觀念是合乎辯證法的。

〔8〕處……事,等於説"行……事"。處無爲之事,就是順其自然,無爲而治的意思。

〔9〕施行不用言詞説教的教化,實際上是採取放任主義。

〔10〕作,興起。"不辭"二字不好懂。魏源解作"萬物作焉而後應之不辭耳,此因應無爲之道也"。"不辭"就是不拒絕。完全隨應萬物,也就是無爲而治的意思(見《老子本義》)。

〔11〕有,據爲私有。

〔12〕有所施爲,但是不倚靠,這是説不求達到什麽目的。

〔13〕這句也是指順着自然,並不自己居功。

〔14〕正因爲不自居〔功〕,所以也離不開〔功〕。去與居是反義詞,有居然後有去,没有居哪裏還有去? 老子是説,不居功的人正是有功的人。

(二)

三十輻共一轂〔1〕;當其無,有車之用〔2〕。埏埴以爲器〔3〕;當其無,有器之用〔4〕。鑿户牖以爲室〔5〕;當其無,有室之用〔6〕。故有之以爲利〔7〕,無之以爲用。

〔1〕本章説明"有""無"的依存關係和相互作用。輻,車的輻條。轂(gǔ),車輪中心有圓孔的圓木,裏邊貫軸,外邊承輻。

〔2〕就在於它的無,纔有了車子的作用。無,指轂中空處。

〔3〕埏,以土和泥,揉和。埴(zhí),黏土。埏埴,用水和黏土,揉成可制器皿的泥坯。

〔4〕這裏的"無"指器中空。

〔5〕户,房門。牖(yǒu),窗子。

〔6〕這裏的"無"指室中空。

〔7〕這裏的"有"和下文的"無"都是抽象了的哲學概念。利,實利。

(三)

天之道,其猶張弓與〔1〕?高者抑之,下者舉之〔2〕;有餘者損之,不足者補之。天之道損有餘而補不足,人之道則不然〔3〕:損不足以奉有餘。孰能有餘以奉天下〔4〕?唯有道者〔5〕。是以聖人爲而不恃,功成而不處〔6〕。其不欲見賢邪〔7〕!

〔1〕道,這裏相當於現在所説的規律。其,表測度的語氣詞。張弓,把弦安在弓上。

〔2〕抑,指把弦壓低。舉,指把弦昇高。

〔3〕人之道,指社會上通常奉行的法則。

〔4〕奉,供給。

〔5〕有道者,有德的人。

〔6〕處,居,參見本册第373頁《老子》(一)注〔13〕。

〔7〕見(xiàn),表現出。一本無"邪"字。

(四)

小國寡民〔1〕。使有什伯之器而不用〔2〕,使民重死而不遠徙〔3〕。雖有舟輿,無所乘之〔4〕;雖有甲兵,無所陳之〔5〕;使民復結繩而用之〔6〕。甘其食,美其服,安其居,樂其俗〔7〕。鄰國相望,雞犬之聲相聞,民至老死不相往來。

〔1〕小、寡,都用如動詞,使動用法。本章反映了老子"小國寡民"的思想,他

主張毁掉一切文明,回到原始共産社會中去。

〔2〕什,十倍;伯,通“佰”,百倍。什伯之器,效用十倍百倍的工具。

〔3〕重死,以死爲重,即愛惜生命。“重”是意動用法。

〔4〕這是説雖然有船有車,也没有乘坐的必要。

〔5〕陳,陳列。

〔6〕復,重新。結繩,相傳在文字出現以前人們記事的方法。“民”一本作“人”。

〔7〕甘,美,意動用法,以……爲美。“美”“安”“樂”同此。

莊子

莊子名周,戰國時蒙(在今河南商邱縣)人。生卒年月不詳,大約和孟子同時或稍後。莊子曾做過蒙漆園吏,是一個小官,一生過着窮苦的生活。他繼承並發展了老子的思想,和老子同是道家學派的代表人物,世稱老莊。

《莊子》一書,包括内篇七篇、外篇十五篇、雜篇十一篇,共三十三篇。一向認爲内篇大體是莊周自著,外篇、雜篇則是莊周後學所作。

莊子認爲一切事物經常在變化着,人對這種變化是無可奈何的,衹有服從。因此他主張“無爲”,放棄生活中的一切鬥爭。又認爲一切事物都是相對的,連人的認識也是如此。因此他否定知識,否定一切事物的質的差别,説什麽大小、貴賤、壽夭、生死、是非、善惡、得失、榮辱等都是一樣的,要求人們在無是非、無得失、無榮辱的虚無飄渺的境界中逍遥漫遊。他極力否定現實,主張消極地逃避現實,脱離社會。在政治上,他反對人間的一切措施,要求社會毁掉一切文明,回到最原始的時代。這些思想對後世起了使人消極頽廢的作用。

不過莊子的思想也有他積極的一面。他痛恨並無情地揭露了當時那個“竊鈎者誅、竊國者爲諸侯”的不合理的社會,他拒絕和統治者合作,鄙視富貴利禄,並辛辣地嘲笑那些追求名利的人。這對以後封建社會裏某些知識分子的反禮教、反封建統治,起了一定的作用。

莊子的文章,想像力很强,文筆變化多端,具有濃厚的浪漫主義色彩,並富有幽默諷刺的意味,對後世文學語言影響很大。

古人給《莊子》作注的有晉代的司馬彪、孟氏、崔譔、向秀、郭象五家,現存的衹有郭注本十卷。唐代有成玄英爲郭象注作疏。清代有王先謙的《莊子集解》和郭慶藩的《莊子集釋》。今人劉武的《莊子集解内篇補正》對王先謙的集解有不少的糾正和補充,也值得參考。

北冥有魚(逍遥遊)[1]

北冥有魚,其名爲鯤[2]。鯤之大,不知其幾千里也;化而爲鳥,其名爲鵬。鵬之背,不知其幾千里也;怒而飛[3],其翼若垂天之雲[4]。是鳥也,海運則將徙於南冥[5]。南冥者,天池也[6]。齊諧者[7],志怪者也[8]。諧之言曰:“鵬之徙於南冥也,水擊三千里[9],摶扶摇而上者九萬里[10],去以六月息者也[11]。”野馬也[12],塵埃也,生物之以息相吹也[13]。天之蒼蒼[14],其正色邪[15]?其遠而无所至極邪[16]?其視下也[17],亦若是則已矣[18]。且夫水之積也不厚[19],則其負大舟也无力[20]。

覆杯水於坳堂之上〔21〕,則芥爲之舟〔22〕。置杯焉則膠〔23〕,水淺而舟大也。風之積也不厚,則其負大翼也无力。故九萬里則風斯在下矣〔24〕,而後乃今培風〔25〕;背負青天而莫之夭閼者〔26〕,而後乃今將圖南〔27〕。蜩與學鳩笑之曰〔28〕:"我決起而飛〔29〕,搶榆枋〔30〕,時則不至〔31〕,而控於地而已矣〔32〕,奚以之九萬里而南爲〔33〕?"適莽蒼者〔34〕,三飡而反〔35〕,腹猶果然〔36〕;適百里者,宿舂糧〔37〕;適千里者,三月聚糧〔38〕。之二蟲又何知〔39〕?小知不及大知〔40〕,小年不及大年〔41〕。奚以知其然也〔42〕?朝菌不知晦朔〔43〕,蟪蛄不知春秋〔44〕:此小年也。楚之南有冥靈者〔45〕,以五百歲爲春,五百歲爲秋;上古有大椿者〔46〕,以八千歲爲春,八千歲爲秋。而彭祖乃今以久特聞〔47〕,衆人匹之〔48〕,不亦悲乎?

〔1〕《逍遥遊》是《莊子·内篇》中的第一篇,這裏衹節録了前半篇。"北冥有魚"這個標題是編者加的。莊子在這段文章裏闡述了他的無所待的思想。他認爲萬物如有所待纔能運行,就不能真正達到逍遥遊的境界,衹有毫無所待,纔能逍遥自得。他所説的無所待,實際是要人們一切任其自然,與萬物混爲一體,超脱現實,與世無爭,取消人在社會中的一切作用。

〔2〕冥,通"溟"。北冥,北方的海。鯤(kūn),傳説中的大魚。

〔3〕怒,振奮,這裏是指鼓起翅膀。

〔4〕若垂天之雲,好像天邊的雲彩。

〔5〕海運,指在大海上運行。南冥,南方的海。

〔6〕天池,天然形成的池,所以叫天池。

〔7〕齊諧,人名。

〔8〕志,記載,後來寫作“誌”。怪,指怪異的事。

〔9〕水擊,指鵬起飛時,距水面還近,翅膀在水面上搧動。

〔10〕摶(tuán),指振翅拍擊。扶搖,旋風。

〔11〕鵬離開北海用六個月的時間飛到南海纔休息。去,離開。息,休息。

〔12〕野馬,指春日野外林澤中的霧氣,蒸騰如奔馬,所以叫做野馬。

〔13〕息,氣息,呼吸時進出的氣。連前是説野馬、塵埃的動蕩都是生物用氣息吹拂的結果。比起鵬之高飛遠揚,大小之差雖然懸殊,但都是有所憑藉纔能運動。

〔14〕蒼蒼,深藍色。

〔15〕其,語氣詞,表委婉語氣,略等於現代漢語的“大概”。下句的“其”同。正色,真正的顔色。邪,通“耶”,句末語氣詞。

〔16〕无所至極,没有到盡頭的地方。極,盡。

〔17〕其,人稱代詞。代鵬。

〔18〕也像這個罷了。連上句是説鵬從高空向下看,也像人從地上向上看天,都不一定得到真相。則已,等於説“而已”。

〔19〕且夫,表示再説一層道理。

〔20〕負,載。

〔21〕覆,倒(dào)。坳(ào),窪下。坳堂,堂上低窪之處。

〔22〕芥,小草。爲之舟,等於説給它(水)當船,也就是做爲水中的船。“之”和“舟”是雙賓語。

〔23〕膠,黏住,指不能動。

〔24〕斯,於是。風……在下,風……在鵬之下。

〔25〕而後乃今,等於説然後纔。培,憑,憑藉、依賴。培風,等於説乘風(依王念孫説,見《讀書雜誌》)。

〔26〕夭閼(è),聯緜字,動詞,表示攔阻。

〔27〕圖南,計劃着向南飛。

〔28〕蜩(tiáo),蟬。學鳩,小鳥名。

〔29〕決(xuè),迅速的樣子。

〔30〕搶(qiāng),突過。榆,榆樹。枋(fāng),檀樹。

〔31〕有時或者飛不到。時則,等於説時或。

〔32〕控,投,這裏指落下。

〔33〕哪裏用得着飛到九萬里的高處去再向南飛呢?奚以,哪裏用得着。之,到……去。爲,表疑問的句末語氣詞。

〔34〕適,到……去。莽蒼,郊野之色。這裏指近郊。

〔35〕飡,同"餐"。反,返回,後來寫作"返"。

〔36〕果然,飽的樣子。

〔37〕出發前一宿擣米。舂(chōng),擣去米的外皮。糧,旅行所需的糧食。

〔38〕出發前三個月就聚集糧食。

〔39〕之,指示代詞,這。二蟲,指蜩與學鳩(依俞樾説,見《諸子平議》)。

〔40〕知(zhì),智慧,後來寫作"智"。

〔41〕年,指壽命。

〔42〕根據什麽知道它這樣呢?

〔43〕朝菌,一種生長期很短的菌類植物,朝生暮死,所以叫"朝菌"。晦,夏曆每月的最後一日。朔,夏曆每月的最初一日。

〔44〕蟪蛄(huìgū),一名寒蟬。舊説,寒蟬春生夏死,夏生秋死,壽命不到一年,所以説不知春秋。

〔45〕冥靈,樹名。

〔46〕椿,椿樹。

〔47〕彭祖,傳説中長壽的人,據説活了八百歲。乃今,而今,等於説如今。久,指長壽。特,獨。聞,指聞名於世。

〔48〕衆人,一般人。匹,配,這裏當"比"講。這句是説一般人談到長壽,就舉出彭祖來相比。

湯之問棘也是已〔1〕:"窮髮之北〔2〕,有冥海者,天池也。有魚焉,其廣數千里〔3〕,未有知其修者〔4〕,其名爲鯤。有鳥焉,其名爲鵬,背若太山,翼若垂天之雲;摶扶摇羊角而上者九萬里[5],絶雲氣[6],負青天,然後圖南,且適南冥也[7]。斥鴳笑之曰[8]:'彼且奚適也?我騰躍而上,不過數仞而下[9],翱翔蓬蒿之間[10],此亦飛之至也[11]。而彼且奚適也?'"——此小大之辯也[12]。

〔1〕湯,商湯。棘,湯時的大夫。是已,略等於"是也"。

〔2〕窮髪,不毛之地,指上古傳説中極遠的北方地帶。

〔3〕廣,寬。

〔4〕修,長。

〔5〕羊角,也是旋風。因風向上迴旋像羊角,所以叫羊角。

〔6〕絶,直上穿過。

〔7〕且,將。

〔8〕斥鴳(yàn),小雀。

〔9〕下,降下。

〔10〕翱(áo)翔,盤旋飛舞,逍遥自得的樣子。

〔11〕至,最高限度。

〔12〕辯,通"辨",分别。

故夫知效一官[1],行比一鄉[2],德合一君[3],而徵一國者[4],其自視也亦若此矣[5]。而宋榮子猶然笑之[6]。且舉世而譽之而不加勸[7],舉世而非之而不加沮[8],定乎内外之分[9],辯乎榮辱之境[10],斯已矣[11]。彼,其於世[12],未數數然也[13]。雖然,猶有未樹也[14]。夫列子御風而行[15],泠然善也[16],旬有五日而後反[17]。彼於致福者[18],未數數然也。此雖免乎行[19],猶有所待者也[20]。若夫乘天地之正,而御六氣之辯[21],以遊无窮者[22],彼且惡乎待哉[23]?故曰:至人无己〔24〕，神人无功〔25〕，聖人无名〔26〕。

〔1〕知效一官，才智能勝任一官之職。知（zhì），才智。效，功效，這裏作勝任解。官，官職。

〔2〕品行能適合一鄉之人的心意。行（xìng），品行。比，合。

〔3〕道德符合一君之心。

〔4〕能力能取信於一國之人。而，能（依郭慶藩説），能力。徵，信，這裏作取信解。

〔5〕其，指上述的四種人。此，指斥鴳。

〔6〕宋榮子，戰國時宋人。猶然，笑的樣子。

〔7〕舉世，所有同時代的人。舉，全。之，代宋榮子，下句的"之"同。加，更。勸，鼓勵，這裏是被動用法，可以解作"努力"。

〔8〕非，責難。沮（jǔ），止，這裏解作喪氣、泄勁。

〔9〕定，確定。內，指我。外，指物。分，分别。

〔10〕辯，通"辨"，分辨。境，界限。

〔11〕這就罷了，等於説不過如此罷了。斯，此。已，止。這是説宋榮子祇做到這一步就完了，還不能達到"無己"的境界。

〔12〕彼，指宋榮子。其於世，他對於人世。

〔13〕没有着急的樣子，也就是淡於人世。數數（shuòshuò），等於説汲汲（依成玄英説），着急的樣子。

〔14〕還有未樹立的。指没有樹立無所不可、逍遥自得之德。

〔15〕列子，名禦寇，鄭人。御風，駕着風。

〔16〕泠（líng）然，輕妙的樣子。

〔17〕旬，十天。有，通"又"。旬有五日，十五天。上古的稱數法，整數後面有零數時，中間常常插進一個"有"字。

〔18〕他對於求福的事。致，使……至。致福，等於説求福。

〔19〕免乎行，免得走路。

〔20〕待，指依靠。有所待，有依靠的東西（指風）。

〔21〕若夫,至於。天地,萬物的總名。正,指自然之性。乘天地之正,指順萬物之性。六氣,陰、陽、風、雨、晦、明。辯,通"變",與上文的"正"相對。乘、御,借駕車來比喻,與上文"御風"相應。

〔22〕无窮,指時間的無始無終、空間的無邊無際。

〔23〕他還依靠什麽啊! 且,還。

〔24〕无己,指忘我,就是物我不分。

〔25〕无功,順自然,不立功。

〔26〕无名,不立名。

不龜手之藥(逍遥遊)

惠子謂莊子曰〔1〕:"魏王貽我大瓠之種〔2〕,我樹之成〔3〕,而實五石〔4〕。以盛水漿,其堅不能自舉也〔5〕。剖之以爲瓢,則瓠落无所容〔6〕。非不呺然大也〔7〕,吾爲其无用而掊之〔8〕。"莊子曰:"夫子固拙於用大矣〔9〕。宋人有善爲不龜手之藥者〔10〕,世世以洴澼絖爲事〔11〕。客聞之,請買其方百金〔12〕。聚族而謀曰:'我世世爲洴澼絖,不過數金,今一朝而鬻技百金〔13〕,請與之。'客得之,以説吴王〔14〕。越有難〔15〕,吴王使之將〔16〕,冬,與越人水戰,大敗越人。裂地而封之〔17〕。能不龜手一也〔18〕,或以封〔19〕,或不免於洴澼絖,則所用之異也〔20〕。今子有五石之瓠,何不慮以爲大樽〔21〕,而浮乎江湖,而憂其瓠落无所容,則夫子猶有蓬之心也夫〔22〕!"

〔1〕惠子,姓惠名施,宋人,曾爲梁惠王相,莊子的朋友。但《莊子》各篇中有關惠施與莊子的故事,多半是寓言的性質。這篇文章闡發了"无用之用"的主張。"无用之用"是從不同的角度看待事物,認爲事物没有同一的客

觀標準。

〔2〕魏王，即梁惠王，詳見第一册第284頁《寡人之於國也》注〔1〕。貽(yí)，送給。瓠(hù)，葫蘆。

〔3〕樹，種植。成，成熟。

〔4〕實，果實，指結成的葫蘆。五石，是説葫蘆很大，有五石的容積。

〔5〕不能自舉，大意是本身禁不起舉。漿，飲料。堅，用如名詞，指堅固的程度。

〔6〕瓠落，聯緜字，即廓落，大(參《爾雅・釋詁》郭璞注、邢昺疏)。无所容，等於説没有適於它容納的東西，也就是大而無當的意思。

〔7〕呺(xiāo)然，空虚巨大的樣子。

〔8〕爲(wèi)，因爲。掊(pǒu)，打破。

〔9〕大意是你實在是不善於利用大的東西了。固，副詞，當然是，實在是。

〔10〕龜(jūn)，通"皸"，皮膚凍裂。

〔11〕洴(píng)，浮。澼(pī)，在水裏漂洗。絖(kuàng)，同"纊"，絲絮。事，事業，職業。

〔12〕方，藥方。百金，金百斤。

〔13〕鬻(yù)，賣。

〔14〕説(shuì)，説服，勸説别人，使他聽從自己的意見。

〔15〕難(nàn)，亂事，指軍事行動。越有難，等於説越入侵。

〔16〕吴王派他統率軍隊。將，動詞。

〔17〕分出一塊土地封給他。

〔18〕一，一樣。

〔19〕或，無定代詞，有的人。以封，靠它得到封賞。

〔20〕所用之異，用的方法不同。

〔21〕慮，考慮(参用朱駿聲説，見《説文通訓定聲》)，想辦法。樽，本指酒器，這裏指形狀像酒樽，縛在身上用來鳧水的東西(作用等於救生圈)。

〔22〕那麽你還有蓬草那樣的心呀！這是説，你的心像蓬草那樣屈曲不通。猶，還。蓬，蓬草，彎曲不直。

庖丁解牛(養生主)

庖丁爲文惠君解牛[1]。手之所觸[2],肩之所倚[3],足之所履[4],膝之所踦[5],砉然嚮然[6]。奏刀騞然[7],莫不中音[8]:合於桑林之舞[9],乃中經首之會[10]。

〔1〕庖,廚子。丁,廚子的名字(依《經典釋文》)。文惠君,即梁惠王。解牛,分卸牛的肢體。這個故事告訴我們,衹有經過反復實踐,並且真正掌握了客觀規律以後,對自己所處理的事纔能得心應手,運用自如。但莊子的本意卻在宣揚他的養生之道。

〔2〕所觸,接觸的地方。

〔3〕倚,靠。

〔4〕履,踩。

〔5〕踦(yǐ),指用一條腿的膝蓋頂住。

〔6〕砉(音 huà,依崔譔説),象聲詞。然,詞尾。嚮,通"響",《經典釋文》稱或本"嚮"下無"然"字。以無"然"字爲妥。這幾句是説,因爲庖丁知道牛體關節所在,所以凡他手肩足膝所觸及的地方,關節都發出砉砉的響聲。

〔7〕奏,進。騞(huō),象聲詞,聲音大於"砉"(依崔譔説),這裏是形容進刀解牛的聲音。

〔8〕中(zhòng)音,指合於音節。

〔9〕桑林,湯時的樂曲名。"桑林之舞"即用"桑林"伴奏的舞蹈,這裏指舞的節拍旋律。

〔10〕乃,而。經首,堯時的樂曲名。會,指節奏。

文惠君曰:"譆,善哉[1]! 技蓋至此乎[2]?"

庖丁釋刀對曰[3]:"臣之所好者,道也[4];進乎技矣〔5〕。始臣之解牛之時,所見无非牛者〔6〕;三年之後,未嘗見全牛也〔7〕。方今之時〔8〕,臣以神遇而不以目視〔9〕,官知止而神欲行〔10〕。依乎天理〔11〕,批大郤〔12〕,導大窾〔13〕,因其固然〔14〕,技經肯綮之未嘗〔15〕,而況大軱乎〔16〕! 良庖歲更刀,割也〔17〕;族庖月更刀,折也〔18〕。今臣之刀十九年矣,所解數千牛矣,而刀刃若新發於硎〔19〕。彼節者有閒,而刀刃者无厚〔20〕;以无厚入有閒,恢恢乎其於遊刃必有餘地矣〔21〕! 是以十九年而刀刃若新發於硎。雖然,每至於族〔22〕,吾見其難爲,怵然爲戒〔23〕,視爲止,行爲遲〔24〕。動刀甚微〔25〕,謋然已解〔26〕,如土委地〔27〕。提刀而立,爲之四顧,爲之躊躇滿志〔28〕;善刀而藏之〔29〕。"

文惠君曰:"善哉! 吾聞庖丁之言,得養生焉〔30〕。"

〔1〕譆(xī),同"嘻",贊歎聲。善,好。

〔2〕蓋,通"盍",在這裏即"何"的意思(依王引之説,見《經傳釋詞》)。

〔3〕釋,放下。

〔4〕道,道理,指事物的規律。

〔5〕進乎技,比技術進了一步。乎,於。

〔6〕大意是:所看見的牛没有不是全牛的。

〔7〕未曾見過整個的牛。這是説庖丁對牛體已經非常了解,所以衹看到牛的筋骨結構。

〔8〕方,當。方今之時,等於説現在。

〔9〕我以精神〔跟它〕接觸,而不用眼睛看。遇,會合,這裏有接觸的意思。

〔10〕官知,這裏指視覺。神欲,指精神活動。"官知止"是承上"不以目視"而言;"神欲行"是承上"以神遇"而言。

〔11〕依,按照。天理,指天然的組織結構。

〔12〕批,擊。郤(xì),空隙。指牛筋骨間的空隙。

〔13〕把刀子引向骨節的空窾。窾(kuǎn),空(kòng)。

〔14〕因,順着。固然,原來的那樣,指牛體的本來的結構。

〔15〕技,技巧。經,經過。肯,緊附在骨上的肉。綮,筋肉聚結處。未嘗,未曾。這是説,遊刃於空隙,未嘗經過肯綮(依郭象、成玄英説)。

〔16〕軱(gū),大骨。

〔17〕歲,每年。更,换。

〔18〕族,衆,等於説一般的。折,等於説砍斷。庖丁的意思是:良庖和族庖换刀换得勤,因爲他們不懂得牛體的結構,生割硬砍。

〔19〕發,出。硎,磨刀石。新發於硎,新從磨刀石上磨出來。

〔20〕節,骨節。閒(jiàn),名詞,間隙,縫兒。厚,指厚度。无厚,没有厚度,這是極言其薄。

〔21〕恢恢,很寬綽的樣子。遊刃,使刃遊動。

〔22〕族,交錯聚結,這裏指筋骨交錯聚結的地方。

〔23〕怵然,害怕的樣子,等於説小心翼翼地。戒,警惕。爲(wèi),介詞,後面省了賓語"之",下面"爲止""爲遲"皆同。

〔24〕止,這裏有集中在某一點上的意思。"視爲止",等於説目光爲之集中。行,指動作。遲,緩慢。

〔25〕微,輕。

〔26〕謋(huò),象聲詞,形容牛體解開的聲音(參用成玄英説)。

〔27〕委,堆積。

〔28〕"爲之"的"爲"讀去聲,下句同。四顧,四處看望。躊躇,悠然自得的樣子。滿志,心滿意足。

〔29〕善,等於説拭。

〔30〕養生,指養生之道。

胠　篋(節録)[1]

將爲胠篋、探囊、發匱之盜而爲守備[2],則必攝緘縢[3],固扃鐍[4],此世俗之所謂知也[5]。然而巨盜至,則負匱、揭篋、擔囊而趨[6],唯恐緘縢扃鐍之不固也。然則鄉之所謂知者[7],不乃爲大盜積者也[8]?

〔1〕胠(qū),從旁邊開。篋(qiè),箱子一類的東西。

〔2〕探,掏。囊,口袋。發,開。匱(guì),後代寫成"櫃",大型的儲藏東西的器具。第一個"爲"念 wèi,介詞。第二個"爲"念 wéi,動詞。

〔3〕攝,指勒緊。緘(jiān)、縢(téng),都是繩子。

〔4〕固,用如動詞,使動用法,弄結實。扃(jiōng),閂子。鐍(jué),插閂之處。"扃鐍"略相當於"鎖鑰"。

〔5〕知(zhì),智,下"知"同。

〔6〕揭,負戴,背(bēi)負。

〔7〕鄉(xiàng),通"嚮""向",先前。

〔8〕不乃……也,不就是……嗎?積,聚積。下面略有删節。

夫川竭而谷虛[1],丘夷而淵實[2];聖人已死,則大盜不起,天下平而无故矣[3]。聖人不死,大盜不止。雖重聖人而治天下[4],則是重利盜跖也[5]。爲之斗斛以量之[6],則並與斗斛而竊之[7];爲之權衡以稱之[8],則並與權衡而竊之;爲之符璽以信之[9],則並與符璽而竊之;爲之仁義以矯之[10],則並與仁義而竊之。

〔1〕川,山泉流出後尚未注入谷中叫川。竭,乾。

〔2〕丘,小山。夷,平。淵,山谷。實,滿。

〔3〕故,事故。

〔4〕重聖人,使聖人〔之法〕重要起來(依成玄英説)。重,用如動詞,使動

用法。

〔5〕是,指"重聖人"。重利,厚利,使……有厚利。

〔6〕斛(hú),十斗爲斛。爲之斗斛,給天下〔之人〕制定斗斛。這是雙賓語結構。以,連詞。量(liáng),動詞,用斗斛衡量。之,代詞,指被量之物。

〔7〕與,介詞,連。之,指所量之物。下三句語法與〔6〕〔7〕同。

〔8〕權,秤錘。衡,秤桿。稱(chēng),動詞。

〔9〕符,古代用來作憑據的東西,用竹、木、玉、銅等製成。刻上文字,分成兩半,兩方各執一半,合起來,可驗真僞。璽(xǐ),印。信,信用,用如動詞,有立信用的意思。

〔10〕仁義,指仁義之道。矯,糾正。

何以知其然邪?彼竊鉤者誅〔1〕,竊國者爲諸侯。諸侯之門,而仁義存焉。則是非竊仁義聖知邪〔2〕?故逐於大盜、揭諸侯、竊仁義並斗斛權衡符璽之利者〔3〕,雖有軒冕之賞弗能勸〔4〕,斧鉞之威弗能禁〔5〕。此重利盜跖而使不可禁者,是乃聖人之過也。故曰:"魚不可脱於淵,國之利器不可以示人。"〔6〕彼聖人者,天下之利器也,非所以明天下也〔7〕。

〔1〕鉤,衣帶鉤。這裏代表一般不值錢的東西。

〔2〕是,代詞,指"諸侯之門,而仁義存焉"這種情況。知(zhì),智。

〔3〕逐,追隨。揭,舉。揭諸侯,等於説居諸侯之上。

〔4〕軒,古代大夫以上的人所坐的車子,車上兩邊有屏障。冕,古代大夫以上的人所戴的禮帽。軒冕連用,指高官厚禄。勸,鼓勵。

〔5〕鉞,大斧子。斧和鉞都是古代殺人所用的東西。斧鉞連用指刑戮之事。

〔6〕兩句見《老子》。國之利器,指聖人的法制。示人,給人看。

〔7〕明,顯示。

故絶聖棄知〔1〕,大盜乃止;擿玉毁珠〔2〕,小盜不起;

焚符破璽[3]，而民朴鄙[4]；掊斗折衡[5]，而民不爭；殫殘天下之聖法[6]，而民始可與論議[7]。擢亂六律[8]，鑠絶竽瑟[9]，塞瞽曠之耳[10]，而天下始人含其聰矣[11]；滅文章[12]，散五采[13]，膠離朱之目[14]，而天下始人含其明矣[15]；毁絶鈎繩[16]，而棄規矩[17]，攦工倕之指[18]，而天下始人有其巧矣。故曰：大巧若拙。削曾史之行[19]，鉗楊墨之口[20]，攘棄仁義[21]，而天下之德始玄同矣[22]。

〔1〕絶，斷絶。知（zhì），智。

〔2〕擿，通"擲"（zhì）。

〔3〕破，弄破。

〔4〕朴，通"樸"，樸實。鄙，鄙陋無知。

〔5〕掊（pǒu），打破。

〔6〕殫（dān），盡。殫殘，使……盡，使……殘。

〔7〕與論議，即與之（指民）論議。與，介詞。

〔8〕拔掉律管，使六律混亂。擢（zhuó），拔掉。亂，用如動詞，使動用法，使……亂。六律，古代用竹管的長短審定樂音的高低，按高低情況分樂音爲十二類，用十二個長短不同的竹管作標準。其中又分陰陽各六。陽聲的叫六律，陰聲的叫六吕。這裹的六律，既指律管，又指樂律。

〔9〕鑠（shuò），銷毁。竽（yú），笙一類的樂器。竽瑟，這裏泛指樂器。

〔10〕曠，人名，春秋晉平公時的著名樂師，又稱"師曠"。他是盲人，所以也叫"瞽曠"。相傳他最會審音辨律。

〔11〕含，保藏。聰，耳力。

〔12〕滅，消滅。文章，古代以青色和赤色相配合叫做"文"，以赤色和白色相配合叫做"章"。文章，這裏泛指"文采"。

〔13〕使五色各自分離（不相配合）。散，使動用法，使……分離。五采，五色。

〔14〕膠，黏住。離朱，一名離婁，相傳是古代眼力最好的人。

〔15〕明,眼力。

〔16〕鉤,定曲綫的工具。繩,定直綫的工具。

〔17〕規,定圓形的工具。矩,定方形的工具。

〔18〕攦(lì),折斷。工倕(chuí),相傳是堯時候的巧匠。

〔19〕削,削除。曾,曾參,有孝行。史,史鰌(qiū),字子魚,又稱史魚,是衛靈公時的直臣。靈公寵小人彌子瑕而疏賢臣蘧伯玉,史魚勸諫不聽。史魚死,以尸諫,孔子稱贊他説:"直哉史魚。"

〔20〕鉗(qián),夾住。楊,楊朱。墨,墨翟。

〔21〕攘(rǎng),排除。

〔22〕玄,幽暗。玄同,有混同的意思。

彼人含其明〔1〕,則天下不鑠矣〔2〕;人含其聰,則天下不累矣〔3〕;人含其知〔4〕,則天下不惑矣;人含其德,則天下不僻矣〔5〕。彼曾史楊墨師曠工倕離朱,皆外立其德,而以爚亂天下者也〔6〕,法之所无用也〔7〕。

〔1〕人,指天下之人。下同。

〔2〕鑠,毁壞。

〔3〕累,憂患。

〔4〕知(zhì),智。

〔5〕僻,邪僻。

〔6〕外立其德,意思是炫耀誇飾標名於外。爚(yuè),指炫(xuàn)耀。爚亂,等於説迷惑或迷亂。

〔7〕大意是:這是聖智之法之所以没有用的道理。

百川灌河(秋水)

秋水時至,百川灌河〔1〕。涇流之大,兩涘渚崖之閒〔2〕,不辯牛馬〔3〕。於是焉河伯欣然自喜〔4〕,以天下之美爲盡在己。順流而東行,至於北海;東面而視[5],不見水端[6]。於是焉河伯始旋其面目[7],望洋向若而歎曰[8]:"野語有之曰[9]:'聞道百,以爲莫己若'者[10],我之謂也。且夫我嘗聞少仲尼之聞,而輕伯夷之義者[11],始吾弗信,今我睹子之難窮也[12],吾非至於子之門,則殆矣[13]。吾長見笑於大方之家[14]。"

〔1〕時,以時(按季節)。河,黄河。

〔2〕涇(jīng),通。涇流,等於説無阻的水流。涘(sì),岸。渚(zhǔ),水中的小塊陸地。崖,高的河岸。

〔3〕辯,通"辨"。

〔4〕焉,語氣詞。河伯,河神,相傳姓馮(píng),名夷。欣然,高興的樣子。

〔5〕東面,臉朝東。

〔6〕端,盡頭。

〔7〕旋,掉轉。

〔8〕望洋,聯緜詞,仰視的樣子。若,海神的名字。

〔9〕野語,俗語。

〔10〕道,道理。百,泛指事物之多。莫己若,没有誰能趕得上自己。若,像,比得上。"己"是"若"的賓語。

〔11〕少,意動用法,覺得……少。聞,指見聞,這裏是學問的意思。輕,意動用法,認爲……輕。

〔12〕窮,盡。這裏是走到盡頭的意思。

〔13〕〔假如〕我不是來到你的門前,就危險了。殆,危險。

〔14〕長,長久。見笑,被笑。大方之家,大道之家,指有很高的道德修養的人。

莊子釣於濮水(秋水)

莊子釣於濮水[1],楚王使大夫二人往先焉[2],曰:

“願以境内累矣〔3〕!”莊子持竿不顧曰〔4〕:“吾聞楚有神龜,死已三千歲矣;王巾笥而藏之廟堂之上〔5〕。此龜者,寧其死爲留骨而貴乎〔6〕?寧其生而曳尾於塗中乎〔7〕?”二大夫曰:“寧生而曳尾塗中。”莊子曰:“往矣〔8〕,吾將曳尾於塗中。”

〔1〕濮水,水名,在今河南濮陽縣南。

〔2〕楚王,指楚威王。先,指先去表明意圖。

〔3〕〔楚王〕願意拿國家麻煩您了。境内,國境以内,這裏指整個國家。累,拖累,麻煩。這句是委婉的説法。

〔4〕顧,回頭看。

〔5〕王,楚王。笥(sì),竹箱。巾、笥,都用如動詞。廟堂,即宗廟。這句是説,楚王把神龜裝在竹箱裏用巾蓋住,保存在宗廟之内,以供占卜之用。

〔6〕寧,寧肯。寧,楊樹達等以之歸爲副詞,是對的。副詞有聯結作用。爲,介詞,爲了。

〔7〕曳,見第一册第283頁《寡人之於國也》注〔4〕。塗,汙泥。

〔8〕去吧!

惠子相梁(秋水)

惠子相梁〔1〕,莊子往見之。或謂惠子曰:“莊子來,欲代子相。”於是惠子恐,搜於國中,三日三夜。莊子往見之,曰:“南方有鳥,其名爲鵷鶵〔2〕,子知之乎?夫鵷鶵,發於南海〔3〕,而飛於北海;非梧桐不止〔4〕,非練實不食〔5〕,非醴泉不飲〔6〕。於是鴟得腐鼠〔7〕,鵷鶵過之,仰而視之曰:‘嚇〔8〕!’今子欲以子之梁國而嚇我邪〔9〕?”

〔1〕相(xiàng),扶助君主的人,略等於後代的宰相。這裏用如動詞,指做宰

相。下文“欲代子相”的“相”同。

〔2〕鵷鶵(yuānchú),鳳類。

〔3〕發,出發。

〔4〕止,停止,這裏指棲息。相傳鳳凰一類的鳥,衹棲息在梧桐樹上。

〔5〕練實,舊注“練實,竹實”(成玄英説)。未詳。

〔6〕醴,一種甜酒。醴泉,甜美的泉水。

〔7〕於是,在這時。鴟(chī),鷂鷹。注意,鴟不是鴟鵂(鴞),鴟鵂是猫頭鷹。

〔8〕嚇(hè),發怒聲。

〔9〕嚇本是象聲詞,這裏用如動詞。

運斤成風(徐无鬼)

莊子送葬,過惠子之墓。顧謂從者曰:“郢人堊慢其鼻端〔1〕,若蠅翼〔2〕。使匠石斲之〔3〕。匠石運斤成風〔4〕,聽而斲之〔5〕,盡堊而鼻不傷。郢人立不失容〔6〕。宋元君聞之〔7〕,召匠石曰:‘嘗試爲寡人爲之〔8〕。’匠石曰:‘臣則嘗能斲之,雖然,臣之質死久矣〔9〕!’自夫子之死也〔10〕,吾无以爲質矣!吾无與言之矣〔11〕!”

〔1〕郢(yǐng),楚國的都城。郢人,也就是楚人。堊(è),刷牆的白土。這裏用如動詞,指用白土刷牆。慢,通“漫”,塗抹牆壁,這裏指誤塗。這句是説,郢人刷牆時,有小點飛泥落在鼻尖上。

〔2〕鼻尖上的白土,像蒼蠅翅一樣薄。

〔3〕石,匠人的名字。匠,古代專指木匠。斲(zhuó),砍。

〔4〕運,掄動。斤,錛子。運斤成風,指斧子掄動起來帶出了一股風。這裏極言揮斧時的迅猛。

〔5〕聽(tìng),順,從,即隨心所欲的意思。

〔6〕失容,失去常態。

〔7〕宋元君,宋元公。

〔8〕嘗,也是試。

〔9〕質,本來是箭靶,這裏引申爲對象的意思,即指郢人。

〔10〕夫子,指惠施。

〔11〕意思是説,自從惠子死後,就没有和我談論道理的人了。與,介詞,後面省略了賓語。之,代詞,指莊子的理論。

曹商使秦(列禦寇)

宋人有曹商者,爲宋王使秦。其往也,得車數乘;王説之〔1〕,益車百乘〔2〕。反於宋〔3〕,見莊子曰:"夫處窮閭阨巷〔4〕,困窘織屨〔5〕,槁項黄馘者〔6〕,商之所短也〔7〕;一悟萬乘之主而從車百乘者〔8〕,商之所長也。"莊子曰:"秦王有病召醫:破癰潰痤者〔9〕,得車一乘;舐痔者〔10〕,得車五乘。——所治愈下,得車愈多〔11〕。子豈治其痔邪?何得車之多也?子行矣〔12〕!"

〔1〕王,指秦王。説(yuè),悦。

〔2〕益,增加。

〔3〕反,返回,後來寫作"返"。

〔4〕窮閭,偏僻的里巷。阨,通"隘"(ài),狹窄。

〔5〕窘,窮困。織屨(jù),打草鞋。

〔6〕槁,乾枯。項,脖子。馘(xù),臉。這句是形容人面黄肌瘦的樣子。

〔7〕當時困窮,算是我的短處。

〔8〕一,一旦,一下子。悟,使動用法。萬乘之主,這裏指秦王。從,使動用法,使……隨從着。

〔9〕破、潰,都是使動用法。癰(yōng),毒瘡。痤(cuó),小瘡。

〔10〕舐(shì),舔。

〔11〕舐痔是很骯髒的,而得車較多,所以說“所治愈下,得車愈多”。莊子是說,曹商得車百乘,其所幹的勾當一定很卑鄙。

〔12〕行,走。等於說去你的吧!

荀　子

荀子名況,時人尊稱爲荀卿,漢人避宣帝諱(宣帝名詢),稱爲孫卿,戰國末期趙國人。他雖屬於儒家學派,但也受到各家的影響,成爲先秦諸子中的一位集大成者。他反對迷信,認爲鬼神是不存在的。他主張既要順乎自然規律,也要發揮人的主觀能動作用。在對自然界的認識方面,他是一位樸素的唯物論者。

荀子是性惡論者,他認爲人性是惡的,但後天的客觀環境可以使它改變,所以他特别强調學習。

他主張法後王,在政治上主張用禮、法和術來維持社會秩序。因此可以説,荀子已經超脱了儒家思想的束縛,他的學説,對以後的法家思想的發展有一定的影響。

《荀子》一書,現存三十二篇。其中大多數是他親手所寫,小部分出於門人之手。《荀子》有唐代的楊倞注。現在通行的注本是清代王先謙的《荀子集解》,採集各家之説很豐富。今人梁啟雄的《荀子簡釋》,注釋簡要,便於初學。

勸　學(節録)〔1〕

君子曰:學不可以已〔2〕。青,取之於藍而青於藍〔3〕;冰,水爲之而寒於水。木直中繩〔4〕,輮以爲輪〔5〕,其曲中規〔6〕,雖有槁暴〔7〕,不復挺者〔8〕,輮使之然也〔9〕。故木受繩則直,金就礪則利〔10〕,君子博學而日參省乎己〔11〕,則知明而行無過矣〔12〕。故不登高山,不知天之高也;不臨深谿〔13〕,不知地之厚也;不聞先王之遺言〔14〕,不知學問之大也。干越夷貉之子〔15〕,生而同聲,長而異俗,教使之然也。

詩曰〔16〕:"嗟爾君子〔17〕,無恒安息〔18〕,靖共爾位〔19〕,好是正直〔20〕。神之聽之〔21〕,介爾景福〔22〕。"神莫大於化道〔23〕,福莫長於無禍〔24〕。

〔1〕勸,鼓勵。這篇文章强調了學習的重要性,指出衹有善於利用外物並自强不息,纔能在學業上有傑出的成就。

〔2〕已,停止。

〔3〕青,青色,也就是現在所謂藍色。藍,染青色的植物。

〔4〕中(zhòng),符合,適合。繩,指匠人用來取直的墨綫。

〔5〕輮,通"煣"(róu),用火熨木使彎曲。

〔6〕規,圓規,匠人用來取圓的工具。

〔7〕槁暴(pù),通"歊暴",翹棱,木頭由於受潮曝晒而變形,即今所謂翹(qiáo)了。

〔8〕挺,直。

〔9〕然,這樣。

〔10〕金,指金屬製成的刀劍等。礪(lì),磨刀石。利,鋭利。

〔11〕博學,廣泛地學習。參,檢驗。省(xǐng),檢查。乎,於。

〔12〕知(zhì),智慧。行(xìng),行爲。過,過失。

〔13〕谿,谷。

〔14〕先王,指古代的賢明君主。

〔15〕干,小國名,後來被吴國滅掉。越,國名。夷,東方的外族。貉,即貊(mò),北方的少數民族。

〔16〕見《詩經·小雅·小明》。

〔17〕嗟,感歎詞。爾,你們。

〔18〕不要常安然無事地歇着。無,通"毋"。恒,常。息,歇息。

〔19〕安心地供奉你的職位。靖,通"静"(依朱熹説)。共,供,供職(依朱駿聲説),後來寫作"供"。

〔20〕喜歡這正直的道理。好(hào),喜歡。

〔21〕神,指天神。第一個"之"是介詞。第二個"之"是代詞,指"靖共爾位,好是正直"。聽,等於説察。

〔22〕〔神會〕賜給你大福。介,給予。景,大。

〔23〕神,是指精神修養。道,指聖賢之道。化,變化,起變化。化道,等於説化於道。

〔24〕長(cháng),也是大的意思。

吾嘗終日而思矣,不如須臾之所學也〔1〕;吾嘗跂而望矣〔2〕,不如登高之博見也〔3〕。登高而招〔4〕,臂非加長也,而見者遠〔5〕;順風而呼,聲非加疾也,而聞者彰〔6〕;假輿馬者,非利足也〔7〕,而致千里〔8〕;假舟檝者,非能水也〔9〕,而絶江河〔10〕。君子生非異也〔11〕,善假於物也。

〔1〕須臾(yú),極短的時間。

〔2〕跂(qǐ),提起脚後跟。

〔3〕博,廣。博見,見得廣。

〔4〕招,招手。

〔5〕見者遠,看見的人很遠,等於説人們在很遠的地方也可以看見。

〔6〕彰,清楚。這裏指聽得清楚。

〔7〕假,憑藉。輿,車。利,便利。利足,指善於走路。

〔8〕致,使……至。

〔9〕檝,同"楫"(jí),船槳。能水,指能泅水,"水"用如動詞。

〔10〕絶,横渡。

〔11〕生，通“性”（從王念孫説，見《讀書雜誌》）。

南方有鳥焉，名曰蒙鳩〔1〕，以羽爲巢，而編之以髮，繫之葦苕〔2〕。風至苕折，卵破子死。巢非不完也〔3〕，所繫者然也〔4〕。西方有木焉，名曰射干〔5〕，莖長四寸，生於高山之上，而臨百仞之淵。木莖非能長也，所立者然也。蓬生麻中〔6〕，不扶而直；白沙在涅〔7〕，與之俱黑。蘭槐之根是爲芷〔8〕，其漸之滫〔9〕，君子不近，庶人不服〔10〕。其質非不美也，所漸者然也。故君子居必擇鄉，遊必就士〔11〕，所以防邪僻而近中正也。

〔1〕蒙鳩，又叫鷦鷯（jiāoliáo），也叫巧婦。

〔2〕苕（tiáo），蘆葦的穗。

〔3〕完，完整。

〔4〕等於説繫的處所使它這樣。

〔5〕射（yè）干，植物名，白花長莖，生於高地。

〔6〕蓬，草名。

〔7〕涅（niè），黑泥。今本《荀子》没有這兩句，據王念孫説補（見《讀書雜誌》）。

〔8〕蘭槐，香草名。是，指示代詞，複指根。

〔9〕其，等於説“若”。漸（jiān），浸。之，指芷。滫（xiǔ），臭水。漸之滫，等於説漸之於滫。

〔10〕服，佩帶。

〔11〕遊，有目的地旅行。就，接近，這裏指結交。士，指賢士。

物類之起，必有所始〔1〕；榮辱之來，必象其德〔2〕。肉腐出蟲，魚枯生蠹；怠慢忘身，禍災乃作〔3〕。强自取柱，柔自取束〔4〕；邪穢在身，怨之所構〔5〕。施薪若一，火就燥也[6]；平地若一，水就溼也[7]。草木疇生，禽獸羣焉[8]，物各從其類也。是故質的張而弓矢至焉[9]，林木茂而斧斤至焉，樹成蔭而衆鳥息焉，醯酸而蜹聚焉[10]。故言有召禍也，行有招辱也。君子慎其所立乎[11]！

〔1〕這句是説，物類的興起，一定有它開始的原因。

〔2〕象，像。象其德，等於説依照各人的德性。

〔3〕忘身，指忘記了自身的利害。作，起。

〔4〕剛强的東西自己導致折斷，柔弱的東西自己導致約束。柱，通"祝"，這裏當"斷"講（從王引之説，見《讀書雜誌》）。

〔5〕構，集結。

〔6〕這兩句大意是説，把柴同樣地放在那裏，火總是向比較乾燥的柴燒去。施，鋪陳。若一，像一樣。

〔7〕水就溼，指水向潮溼的地方流。

〔8〕疇，通"儔"，同類。疇生，同類的草木生長在一起。"羣焉"應爲"羣居"（依王念孫説，見《讀書雜誌》）。

〔9〕質，箭靶。的，箭靶正中的圓心。張，指張掛起來。

〔10〕醯（xī），醋。蜹（ruì），同"蚋"，蟲名，蚊類。

〔11〕立，指立身行事。

積土成山，風雨興焉[1]；積水成淵，蛟龍生焉[2]；積善成德，而神明自得[3]，聖心備焉[4]。故不積蹞步[5]，無以至千里；不積小流，無以成江海。騏驥一躍[6]，不能十步；駑馬十駕[7]，功在不舍[8]。鍥而舍之[9]，朽木不折；鍥而不舍，金石可鏤[10]。螾無爪牙之利[11]，筋骨之强，上食埃土，下飲黄泉，用心一也[12]。蟹六跪而二螯[13]，非蛇蟺之穴無可寄託者[14]，用心躁也[15]。是故無冥冥之志者,無昭昭之明;無惛惛之事者,無赫赫之功〔16〕。行衢道者不至〔17〕,事兩君者不容〔18〕。目不能兩視而明〔19〕,耳不能兩聽而聰〔20〕。螣蛇無足而飛〔21〕,梧鼠五技而窮〔22〕。詩曰〔23〕:"尸鳩在桑,其子七兮〔24〕。淑人君子〔25〕,其儀一兮〔26〕。其儀一兮,心如結兮〔27〕。"故君子結於一也〔28〕。

〔1〕積土成山,就能在那裏産生風雨。

〔2〕蛟,古代傳説中能發洪水的一種龍。

〔3〕而,連詞,這裏當"則"字講。神明,指人的智慧。得,獲得。

〔4〕聖心,聖人的思想。備,具備。

〔5〕蹞,同"跬"(kuǐ),半步。按:古人以再舉足爲步,古人所謂蹞(或跬),等於今天所謂一步。

〔6〕騏驥,良馬名。

〔7〕駑馬,劣馬。十駕,馬拉車一天叫一駕,十駕也就是積十天的路程。

〔8〕功,成績。不舍(shě),不止,這裏指不停止前進。

〔9〕鍥(qiè),雕刻。

〔10〕鏤(lòu),也是雕刻。

〔11〕螾,同"蚓",蚯蚓。

〔12〕這是用心專一〔的緣故〕。

〔13〕跪,腿。六跪應當是八跪之誤(依盧文弨説。見《荀子》謝墉校本)。螯(áo),節足動物前面的鉗夾。

〔14〕蟺,通"鱔"。

〔15〕躁,浮躁,不專一。

〔16〕冥冥,昏暗不明的樣子。冥冥之志,這裏指精誠專一的精神。昭昭,明顯的樣子。昭昭之明,指智慧豁然貫通。惛惛,略等於冥冥。惛惛之事,指默默無聞的工作。赫赫,略等於昭昭。赫赫之功,指出類拔萃的事業。

〔17〕衢道,四通的路,等於説歧路。

〔18〕不容，不被雙方所寬容。

〔19〕兩視，同時看兩樣東西。明，看得清楚。

〔20〕聰，聽得清楚。

〔21〕螣(téng)蛇，據説是龍類，能興雲霧而游於空中。

〔22〕"梧"當爲"鼫"(shí)(依楊倞説)。鼫鼠，形狀像兔子。技，技能。據説這種鼠"能飛不能上屋；能緣(爬樹)不能窮木(爬到樹頂)；能游不能渡谷；能穴(挖洞)不能掩身；能走不能先人"，所以説"五技而窮"。

〔23〕見《詩經·曹風·鳲鳩》。

〔24〕尸鳩，即"鳲鳩"，布穀鳥。毛傳："鳲鳩之養其子，朝從上下，莫(暮)從下上，平均如一。"這是説尸鳩喂小鳥，平均對待，始終如一。

〔25〕淑人，善良的人。

〔26〕儀，儀表，態度。其儀一，態度始終不變。

〔27〕如結，像東西凝結在一起不散，比喻專心。

〔28〕這是説君子爲學或做工作都應當把精神集中在一點上。

吕氏春秋

《吕氏春秋》是戰國末年秦相國吕不韋的食客們共同撰寫的。原書分十二紀(六十篇)、六論(三十六篇)、八覽(六十四篇)，加上序意，應該有一百六十一篇，但現在八覽裏缺了一篇，所以全書現存一百六十篇。因爲書中有八覽，後人也叫這部書爲《吕覽》。

這部書由於是集體著述，思想很不統一，很多地方甚至相互矛盾。在文字上也有雜湊的痕迹。大致説來，它的思想是以儒家、道家爲主，兼採墨、法、名、農各派的學説。所以從東漢的班固起，都把《吕氏春秋》列爲雜家的著作。它既有各家的精華，也有各家的糟粕。由於它想調和各家的觀點使之成爲《吕氏春秋》的新的思想體系，所以有不少主張都不及原來各家的説法徹底。

《吕氏春秋》還没有較好的注本。東漢高誘的注,今天看來簡單了一些。清代人作了不少校勘工作,基本上補正了原文的脱漏和錯誤。現在通行的是清代畢沅的校刻本。比較完善的要算近人許維遹的《吕氏春秋集釋》。

察　傳[1]

夫得言不可以不察[2],數傳而白爲黑,黑爲白。故狗似玃[3],玃似母猴[4],母猴似人,人之與狗則遠矣。此愚者之所以大過也[5]。

聞而審,則爲福矣;聞而不審,不若不聞矣[6]。齊桓公聞管子於鮑叔[7],楚莊聞孫叔敖於沈尹筮[8],審之也,故國霸諸侯也。吴王聞越王勾踐於太宰嚭[9],智伯聞趙襄子於張武[10],不審也,故國亡身死也。

〔1〕察,審察。傳(chuán),傳聞。

〔2〕"得"應作"傳"(依王念孫説,見《讀書雜誌》《吕氏春秋》校本)。

〔3〕玃(jué),大母猴。

〔4〕母猴,又叫沐猴,獼猴,比玃稍小。

〔5〕過,用如動詞,指犯錯誤。

〔6〕而,假設連詞,等於説如果。審,審察。

〔7〕管子,即管仲。鮑叔,即鮑叔牙。參看第一册第194頁《憲問》注〔1〕。

〔8〕楚莊,楚莊王。孫叔敖,見第一册第314頁《舜發於畎畝之中》注〔5〕。沈尹筮,楚國大夫,名筮,"沈"是邑名,"尹"是官名。他把孫叔敖推薦給楚莊王。

〔9〕太宰,官名。嚭(pǐ),伯嚭,春秋時吴國人。吴國打敗了越國後,越王勾踐賄賂伯嚭,要他勸説吴王接受越國求和的請求,吴王聽了伯嚭的話。後來勾踐發憤圖强,終於滅了吴國。

〔10〕智伯，名瑶，晉國荀首的後代（荀首封於智，以邑爲姓），晉哀公時的權臣，和韓趙魏並稱爲晉國的四大家。趙襄子，名無恤，晉卿趙衰的後代，世襲爲晉卿。張武，晉人，智伯的家臣，他勸説智伯糾合韓魏，把趙襄子圍在晉陽，後來趙襄子用張孟談計，暗地聯合韓魏，滅了智伯。

凡聞言必熟論〔1〕，其於人必驗之以理。魯哀公問於孔子曰："樂正夔一足〔2〕，信乎？"孔子曰："昔者舜欲以樂傳教於天下，乃令重黎舉夔於草莽之中而進之〔3〕，舜以爲樂正。夔於是正六律〔4〕，和五聲〔5〕，以通八風〔6〕，而天下大服。重黎又欲益求人〔7〕，舜曰：'夫樂，天地之精也〔8〕，得失之節也〔9〕。故唯聖人爲能和樂之本也〔10〕。夔能和之，以平天下〔11〕，若夔者一而足矣〔12〕。'故曰'夔一足'，非'一足'也。"宋之丁氏家無井，而出溉汲〔13〕，常一人居外〔14〕。及其家穿井，告人曰："吾穿井得一人。"有聞而傳之者曰："丁氏穿井得一人。"國人道之，聞之於宋君〔15〕。宋君令人問之於丁氏，丁氏對曰："得一人之使〔16〕，非得一人於井中也。"求聞之若此〔17〕，不若無聞也。子夏之晉，過衛，有讀史記者曰："晉師三豕涉河〔18〕。"子夏曰："非也，是己亥也。夫己與三相近，豕與亥相似〔19〕。"至於晉而問之，則曰，晉師己亥涉河也。

〔1〕熟，深透。

〔2〕樂（yuè）正，樂官之長。夔（kuí），人名，相傳爲舜的掌管音樂的官。

〔3〕重（zhòng）黎，人名，相傳爲顓頊（zhuānxū）的後代，堯的掌管時令的官，後爲舜臣。草莽，等於説草野，指民間。

〔4〕六律，見本册第389頁《胠篋》注〔8〕。

〔5〕五聲，即宫商角徵（zhǐ）羽五音。

〔6〕通,調和。八風,八方的風,又叫八卦之風,這裏指陰陽之氣。

〔7〕益求人,多找些像夔這樣的人。

〔8〕精,精華。

〔9〕節,這裏有“關鍵”的意思。古人很重視音樂,認爲音樂的興廢,是一個國家治亂的關鍵。

〔10〕這句應該是:“故唯聖人爲能和;和,樂之本也。”(依許維遹説。)大意是:衹有聖人纔能做到和,而和是音樂中最根本的東西。

〔11〕平,使動用法,使……安定。

〔12〕像夔這樣的人,有一個就够了。

〔13〕出,出門。溉,灌注。汲,從井中打水。溉汲,就是打水的意思。

〔14〕常常派一人住在外面,專管打水。

〔15〕聞,使動用法。

〔16〕使,使用。這句意思是説,現在家裏有了井,無須專派一人住在外面打水,等於多得到一人使用。

〔17〕聞,本作“能”,依畢沅校改。

〔18〕史記,記載歷史的書。涉河,過黄河。

〔19〕古文“己”作“[illegible]”,與“三”字相似;亥、豕,古文同形,即[illegible]。己亥,干支紀日。

辭多類非而是,多類是而非〔1〕,是非之經〔2〕,不可不分,此聖人之所慎也。然則何以慎?緣物之情及人之情,以爲所聞,則得之矣〔3〕。

〔1〕大意是:言辭很多是似是而非,似非而是。類,像。

〔2〕經,界,界綫。

〔3〕遵循着事物的規律和人的情理,用這種方法來審察自己所聽到的傳聞,就可以得到真實的情況。緣,循着,順着。爲,這裏指審察。

韓非子

韓非,戰國末期韓國的諸公子,是當時儒派大師荀卿的學生。韓非繼承和發展了荀子的法術思想,同時又吸取了他以前的法家學説,成爲法家的集大成者。秦始皇十四年(公元前 233 年),因受李斯的讒害,被殺於秦。他的著作後人稱作《韓非子》。他反對以血統爲中心的等級制度,提倡"貴族""民萌"(氓)平等;反對"用人唯親",提倡"用人唯賢";反對儒家的"禮治",提倡"法治";同時還提出"術"(君主駕馭臣民的手段)和"勢"(君主的權力)來和"法"相輔相成。

韓非的文章在先秦諸子散文中是很具特色的:嚴刻峻峭,周密細緻。

《韓非子》現存五十五篇,通行的注本是清人王先慎的《韓非子集解》。今人陳奇猷的《韓非子集釋》、梁啟雄的《韓子淺解》,搜集的資料比較完備,可以參考。

五　蠹(節録)〔1〕

儒以文亂法〔2〕,俠以武犯禁〔3〕,而人主兼禮之〔4〕,此所以亂也。夫離法者罪〔5〕,而諸先生以文學取〔6〕;犯禁者誅,而羣俠以私劍養〔7〕。故法之所非,君之所取;吏之所誅,上之所養也。法趣上下,四相反也,而無所定〔8〕。雖有十黄帝〔9〕,不能治也。故行仁義者非所譽〔10〕,譽之則害功〔11〕;工文學者非所用〔12〕,用之則亂法。楚之有直躬〔13〕,其父竊羊而謁之吏〔14〕。令尹曰:"殺之〔15〕。"以爲直於君而曲於父[16]，報而罪之[17]。以是觀之，夫君之直臣，父之暴子也[18]。魯人從君戰，三戰三北[19]，仲尼問其故，對曰："吾有老父，身死莫之養也。"仲尼以爲孝，舉而上之[20]。以是觀之，夫父之孝子，君之背臣也[21]。故令尹誅而楚姦不上聞[22]，仲尼賞而魯民易降北，上下之利，若是其異也。而人主兼舉匹夫之行[23]，而求致社稷之福，必不幾矣[24]。

〔1〕蠹(dù)，蛀蟲。韓非認爲儒者、游俠、縱横家、患御者(國君的近臣)、商工之民，都是對國家有害的人，故合稱爲五蠹。他在斥責"五蠹"的同時，還抨擊了時政，從正面提出了重農尚武，以法制治國的主張。這篇文章是韓非闡發自己法家思想的代表作。

〔2〕儒，儒家。文，指古代文獻經典。法，法制。

〔3〕俠，游俠。禁，禁令。

〔4〕人主，指國君。兼禮之，都以禮對待他們。

〔5〕離，通"罹"(lí)，觸犯。罪，治罪。

〔6〕諸先生，指上文所謂"儒"。文學，與上文的"文"同義，不是現代所謂"文學"。取，録用，被動用法。

〔7〕以私劍養，意思是靠着行刺的行徑被養。

〔8〕法，指法之所非。趣，通"取"，指君之所取。上，指上之所養。下，指吏之所誅。這是説這四種情況自相矛盾而没有一定的標準。

〔9〕黄帝，軒轅氏，傳説中遠古時代的好帝王。

〔10〕非所譽，不是〔應當〕稱譽的人。

〔11〕功，指耕戰之事。

〔12〕工，擅長，精通。

〔13〕之，爲"人"字之誤(依松皋圓説。見《韓非子纂聞》)。直躬，直身而行的人(指品行，參用朱熹説，見《論語集注》)。

〔14〕謁之吏，向官吏報告這件事。謁，稟告。

〔15〕令尹，楚官職名，相當於後代的宰相。之，指直躬。

〔16〕認爲他對君忠，對父親卻不孝。曲，不直，這裏指不孝。

〔17〕報，判決。罪，治罪。

〔18〕暴，下凌上叫暴，這裏指不孝。

〔19〕北，敗走。

〔20〕舉，舉薦。上，用如動詞。上之，使之上，等於説置之上位。

〔21〕背臣，叛臣。

〔22〕楚姦，楚國壞人的犯罪行爲。上聞，向上報告使國君了解。聞，使聽見，相當於報告。

〔23〕舉，指稱贊。

〔24〕幾，庶幾，希望。

古者蒼頡之作書也〔1〕，自環者謂之"私"〔2〕，背私謂之"公"〔3〕。公私之相背也，乃蒼頡固以知之矣〔4〕。今以爲同利者，不察之患也〔5〕。然則爲匹夫計者〔6〕，莫如脩行義而習文學〔7〕。行義脩則見信，見信則受事〔8〕；文學習則爲明師，爲明師則顯榮〔9〕。此匹夫之美也。然則無功而受事，無爵而顯榮，有政如此，則國必亂，主必危矣。故不相容之事，不兩立也〔10〕。斬敵者受賞，而高慈惠之行〔11〕；拔城者受爵禄〔12〕，而信廉愛之説；堅甲厲兵以備難〔13〕，而美薦紳之飾〔14〕；富國以農，距敵恃卒〔15〕，而貴文學之士；廢敬上畏法之民，而養游俠私劍之屬〔16〕：舉行如此〔17〕，治强不可得也〔18〕。國平養儒俠〔19〕，難至用介士〔20〕，所利非所用〔21〕，所用非所利。是故服事者簡其業〔22〕，而游學者日衆，是世之所以亂也。

〔1〕蒼頡,相傳爲黄帝的史官,據説我國的文字是由他創造的。書,指文字。

〔2〕自環,自繞。私,盧文弨曰:"説文引作自營爲厶,營環本通用,私當作厶。"按:古文"厶"作"ᘓ",所以説"自環者謂之私"。

〔3〕公,从"八"从"厶","八"等於説背,有"相違背"的意思。

〔4〕固,本來。以,通"已"。

〔5〕現在認爲公私利益一致,那是没有經過仔細考察的毛病。同利,指公私的利益相同。

〔6〕計,計劃,考慮。者,語氣詞。

〔7〕"行"當作"仁",下句"行義脩"的"行"同此(依王先慎説)。

〔8〕受事,指接受國君委任的工作。

〔9〕顯榮,顯貴榮耀。

〔10〕不兩立,等於説不並存。

〔11〕高,意動用法,以……爲高,這裏有"推崇"的意思。

〔12〕拔,指攻陷。

〔13〕堅,堅固,使動用法。甲,甲胄。厲,磨,後來作"礪"。備,防備。

〔14〕美,意動用法,以……爲美。薦,通"搢",插的意思。紳,衣帶。儒者的服裝,要插笏(音 hù,古代臣朝見君時所拿的手版)於衣帶間,所以稱薦紳。

〔15〕距,通"拒"。恃,依靠。

〔16〕廢,指棄而不用。屬,略等於現代的"輩"。

〔17〕舉行,等於説措施。

〔18〕治,和"亂"相對,指國家太平。强,强盛。

〔19〕平,太平。

〔20〕介士,即甲士。

〔21〕國家給以利益的人不是國家要用的人。

〔22〕服事,即服役。服事者,泛指從事勞動的人。簡,這裏有怠慢、荒廢的意思。

今境内之民皆言治,藏商管之法者家有之〔1〕,而國愈貧;言耕者衆,執耒者寡也[2]。境内皆言兵,藏孫吴之書者家有之[3],而兵愈弱;言戰者多,被甲者少也[4]。故明主用其力,不聽其言[5];賞其功[6],必禁無用[7];故民盡死力以從其上。夫耕之用力也勞,而民爲之者,曰:可得以富也[8];戰之爲事也危,而民爲之者,曰:可得以貴也。今修文學,習言談,則無耕之勞而有富之實,無戰之危而有貴之尊,則人孰不爲也?是以百人事智而一人用力[9]。事智者衆,則法敗;用力者寡,則國貧。此世之所以亂也。故明主之國,無書簡之文[10],以法爲教;無先王之語[11],以吏爲師;無私劍之捍[12],以斬首爲勇。是境内之民,其言談者必軌於法[13],動作者歸之於功[14],爲勇者盡之於軍[15]。是故無事則國富[16],有事則兵强,此之謂王資[17]。既畜王資而承敵國之釁[18],超五帝侔三王者[19],必此法也。

〔1〕商,商鞅,秦孝公之相。管,管仲。法,指有關法令方面的書。家,每家。

〔2〕耒(lěi),犂。

〔3〕孫,孫武,春秋時吴國人,或指戰國時齊國的孫臏。吴,吴起,先爲魏文侯將,後爲楚悼王相。他們都是有名的軍事家。

〔4〕言戰,談論戰略。被,通"披"。被甲,指參加戰鬥。

〔5〕明主用人的力,不聽人的空言。兩個"其"字都是泛指。

〔6〕其,也是泛指。

〔7〕無用,指對國家没有用處的儒家和游俠的活動。

〔8〕以富,靠〔耕種〕富足起來。

〔9〕事智,從事智力活動,指"修文學""習言談"。用力,指從事耕戰等體力勞動。

〔10〕書簡，就是書籍。簡，竹簡，上古没有紙，把文字寫在竹簡上，稱爲簡策。書簡之文，就是上文所謂文學。

〔11〕先王之語，古聖王的遺言遺教。

〔12〕捍，通“扞”，干犯，即指上文“俠以武犯禁”。

〔13〕軌，用如動詞，這裏有“遵循”的意思。

〔14〕動作者，指勞動人民。歸，使動用法。功，指農耕之事。

〔15〕盡之於軍，使他們全部到軍隊中去服務。

〔16〕無事，無戰事，指國家太平。

〔17〕資，等於説資本。王資，建立王業的資本，這是比喻。

〔18〕畜，通“蓄”。承，通“乘”，指趁機會。釁（xìn），縫隙，這裏引申爲破綻、弱點的意思。

〔19〕侔（móu），相等。五帝，説法不一，一般是指黄帝，顓頊（zhuānxū），帝嚳（kù），堯，舜。三王，指夏禹，商湯，周文王。

今則不然。士民縱恣於内〔1〕，言談者爲勢於外〔2〕。外内稱惡〔3〕，以待强敵，不亦殆乎？故羣臣之言外事者，非有分於從衡之黨，則有仇讎之患，而借力於國也〔4〕。從者，合衆弱以攻一强也；而衡者，事一强以攻衆弱也。皆非所以持國也〔5〕。今人臣之言衡者，皆曰：“不事大〔6〕，則遇敵受禍矣！”事大未必有實〔7〕，則舉圖而委〔8〕，效璽而請兵矣〔9〕。獻圖則地削，效璽則名卑。地削則國削，名卑則政亂矣。事大爲衡，未見其利也，而亡地亂政矣。人臣之言從者，皆曰：“不救小而伐大，則失天下〔10〕，失天下則國危，國危而主卑。”救小未必有實，則起兵而敵大矣。救小未必能存，而交大未必不有疏〔11〕，有疏則爲强國制矣。出兵則軍敗，退守則城拔。救小爲從，未見其利，而亡地敗軍矣。

〔1〕士民，指儒士，游俠。縱，放肆。恣，驕横。内，指國内。

〔2〕言談者，指縱横家。爲勢於外，指借國外的力量造成自己的權勢。外，指國外。

〔3〕稱，舉，行。

〔4〕大意是羣臣中向國君談外交事務的人，不是屬於合縱家或連横家一黨，就是個人有仇怨，而想借國家的力量報私仇。外事，外交事務。分，指分屬。非……則，不是……就是。從，通"縱"，即合縱。戰國時蘇秦倡合縱之説，説服六國共同對秦。衡，通"横"，即連横。爲了對付合縱，張儀倡連横之説，使六國各自和秦結成聯盟，以便各個擊破。患，一本作"忠"。

〔5〕持國，保持住國家。

〔6〕事大，事奉大國。

〔7〕實，指實際行動。"未"是衍文，下文"救小未必有實"中的"未"同此（依俞樾説，見《諸子平議》）。

〔8〕圖，地圖。委，交付。

〔9〕效，獻。璽，國君的印。請，指請求大國發落。"兵"字是衍文（依俞樾説，見《諸子平議》）。

〔10〕失天下，指失去天下人的信任。

〔11〕王先慎認爲"交"當作"敵"。以"敵"爲是。這兩句大意是：援救小國未必一定能使它存在，而以大國爲敵，未必不會有疏忽。

是故事强，則以外權市官於内〔1〕；救小，則以内重求利於外〔2〕，國利未立，封土厚禄至矣；主上雖卑，人臣尊矣；國地雖削，私家富矣。事成則以權長重〔3〕，事敗則以富退處〔4〕。人主之聽説於其臣，事未成而爵禄已尊矣。事敗而弗誅，則游説之士，孰不爲用矰繳之説〔5〕，而徼倖其後〔6〕？故破國亡主，以聽言談者之浮説，此其故何也[7]？是人君不明乎公私之利，不察當否之言[8]，而誅罰不必其後也[9]。皆曰："外事，大可以王，小可以安[10]。"夫王者，能攻人者也，而安則不可攻也；强則能攻人者也，治則不可攻也。治强不可責於外，内政之有也[11]。今不行法術於内，而事智於外，則不至於治强矣[12]。

〔1〕外權，國外的權勢。市，買。市官，指獵取官位。内，指國内。

〔2〕重，指權勢。内重，指國内的權勢。外，指國外。

〔3〕以權長重，指縱横家憑藉權勢在國内得到長期重用。

〔4〕退處，指隱居。

〔5〕矰繳，見第一册第114頁《莊辛説楚襄王》注〔9〕。矰繳之説，指縱横家用來獵取功名富貴的虚言浮辭。

〔6〕這句是説，縱横家希望事敗之後能儌倖地免禍。其後，指事敗以後。

〔7〕國君甘願冒着破國亡主的危險，去聽縱横家的空談，他們這樣做的原因是什麽呢？"此""其"都是指示代詞，指上面的話。

〔8〕當（dàng），適當。否，這裏指不適當。

〔9〕在縱横家事敗以後没有堅决給他們懲罰。必，一定，有"堅决執行"的意思。不必其後，等於説不必於其後。

〔10〕王（wàng），統一天下。"大""小"都指外交活動的效果。

〔11〕責，求。外，這裏指外交活動。有，取。内政之有，從内政中取得。

〔12〕至，達到。此處有删節。

夫明王治國之政，使其商工游食之民少而名卑[1]，以寡趣本務而趨末作[2]。今近習之請行[3]，則官爵可買；官爵可買，則商工不卑也矣。姦財貨賈得用於市[4]，則商人不少矣。聚斂倍農[5]，而致尊過耕戰之士[6]，則耿介之士寡[7]，而高價之民多矣[8]。

〔1〕游食之民，指没有定居的人，如商賈、工匠等。

〔2〕趣，通"趨"，"寡"字當爲衍文（依《韓非子纂聞》）。本務，根本的事務，指農業。"趨"當爲"外"（依王先慎説）。外，用如動詞，有"排斥""疏遠"的意思。末作，不重要的行業，指工商。

〔3〕近習，指國君左右親近的人。請，指近習的請求。行，實行。

〔4〕貨賈（gǔ），指投機的商業活動。用，這裏有"施行"的意思。

〔5〕這是説商人聚積的錢財比農民的收入要多一倍。

〔6〕致尊，指得到社會的尊重。過，超過。

〔7〕耿介，光明正大。

〔8〕"高價"當爲"商賈"（依《韓非子纂聞》）。

是故亂國之俗：其學者，則稱先王之道以籍仁義〔1〕，盛容服而飾辯説〔2〕，以疑當世之法〔3〕，而貳人主之心〔4〕。其言古者〔5〕，爲設詐稱〔6〕，借於外力，以成其私〔7〕，而遺社稷之利〔8〕。其帶劍者，聚徒屬立節操以顯其名〔9〕，而犯五官之禁〔10〕。其患御者〔11〕，積於私門〔12〕，盡貨賂〔13〕，而用重人之謁〔14〕，退汗馬之勞〔15〕。其商工之民，修治苦窳之器〔16〕，聚沸靡之財〔17〕，蓄積待時〔18〕，而侔農夫之利〔19〕。——此五者，邦之蠹也。人主不除此五蠹之民，不養耿介之士，則海内雖有破亡之國，削滅之朝〔20〕，亦勿怪矣。

〔1〕以，而。籍，通"藉"，憑藉。籍仁義，指憑藉仁義進行説教。

〔2〕盛，整。盛容服，指講究容貌服裝。飾辯説，修飾辭令。

〔3〕疑，惑亂。

〔4〕貳，不專一，這裏是使動用法。

〔5〕"古"當爲"談"（依顧廣圻説，見《韓非子識誤》）。

〔6〕爲，通"僞"。爲設，虚構事實。詐稱，説謊弄假。

〔7〕私,指個人利益。

〔8〕遺,丢掉,不管。

〔9〕徒屬,黨徒。

〔10〕五官,指司徒,司馬,司空,司士,司寇。五官之禁,泛指國家的禁令。

〔11〕患御,等於説近習。

〔12〕私門,指貴族世卿之門。

〔13〕盡,用作動詞,指搜括盡。

〔14〕用,採用,接受。重人,指有權勢的重要人物。謁,請託。

〔15〕汗馬之勞,指戰功。

〔16〕苦,粗劣。窳(yǔ),有毛病。

〔17〕商人工匠積聚了許多供人揮霍的財物。沸靡,奢侈揮霍。

〔18〕囤積貨物,等待時機。

〔19〕侔,通"牟",謀取。

〔20〕削滅,被動用法。朝,朝廷。

常用詞(五) 63字

説聽毁譽勸　居登臨過　稱量　鬻市假　離合　因改　作爲取求奉致得　益竭

堅利完備陳故窮難夷平庸　已必　一參什伯

晦朔時世期　官吏爵　權衡　果實　聰明功名　北中下

253.【説】

(一)説明,解釋。《論語·八佾》:"成事不~。"(已經作了的,不要再解釋了。)又名詞。《墨子·非攻上》:"若以此~往,殺十人,十重不義,必有十死罪矣。"

(二)學説,主張,説法。《孟子·滕文公下》:"我亦欲正人心,息邪~。"《韓非子·難一》:"矛楯之~也。"

(三)讀 shuì。説服。《孟子·盡心下》:"~大人則藐之。"《史記·淮陰侯列傳》:"廣武君~成安君曰。"

(四)讀 yuè。喜悦。《論語·學而》:"學而時習之,不亦~乎?"《左傳·僖公三十年》:"秦伯~,與鄭人盟。"這個意義後代寫作"悦"。

254.【聽】

(一)讀 tīng,又讀 tìng。聽。《禮記·檀弓下》:"夫子式而~之。"引申爲理會。《韓非子·五蠹》:"先王勝其法,不~其泣。"

(二)舊讀 tìng。聽從。《禮記·曲禮下》:"三諫而不~,則逃之。"《漢書·張騫傳》:"其勢宜~。"

(三)讀 tīng。舊又讀 tìng。治理,判斷。《論語·顏淵》:"~訟吾猶人也,必也,使無訟乎!"成語有"垂簾~政"。[~事](1)治理政事。《漢書·韓延年傳》:"是日移病不~事。"(2)名詞。中堂叫"~事"。《世説新語·政事》:"~事前除雪後猶溼。"《晉書·陶侃傳》作"廳事"。後代"客廳"的"廳"即由處理政事的中堂逐漸發展而來。

(四)讀 tìng。任從,由着,放任。《莊子·徐无鬼》:"匠石運斤成風,~而斲之。"今成語有"~其自然"。

255.【毁】

(一)損壞,傷害。《論語·季氏》:"龜玉~於櫝中,是誰之過與?"

(二)毁謗,説别人的壞話。跟"譽"相對。《孟子·離婁上》:"有不虞之譽,有求全之~。"《韓非子·五蠹》:"譽輔其賞,~隨其罰。"

256.【譽】

稱贊。《墨子·非攻上》:"從而~之,謂之義。"引申爲好名聲。《孟子·告子上》:"令聞廣~施於身。"現代變爲雙音詞"名~"。

按:動詞的"譽"讀平聲(yú),名詞的譽讀去聲(yù)。

257.【勸】

鼓勵,獎勵。與"懲""沮"相對。《莊子·胠篋》:"雖有軒冕之賞弗能~。"《左傳·成公二年》:"我戮之不祥。赦之,以~事君者。"又《成公三年》:"所以懲不敬而~有功也。"又表示奮勉。《論語·爲政》:"舉善而教不能,則~。"引申爲鼓動,勸説(説明道理使人聽從)的意思。《左傳·僖公五年》:"陳轅宣仲怨鄭申侯之反己於召陵,故~之城其賜邑。"《史記·高祖本紀》:"亞父是時~項羽遂下滎陽。"王維《渭城曲》:"~君更盡一杯酒,西出陽關無故人。"[~進]封建時代臣子勸説其所事之主正式即皇帝位。《晉書·温嶠傳》:"乃以爲左長史,檄告華夷,奉表~進。"《宋書·武帝紀中》:"於是陳留王虔嗣等二百七十人,及宋臺羣臣,並上表~進。"

258.【居】

(一)坐。《論語·陽貨》:"~,吾語女!"引申爲居住的意思。《孟子·滕文公下》:"仲子所~之室,伯夷之所築與?抑亦盜跖之所築與?"又爲處在。《孟子·離婁上》:"~下位而不獲於上。"又名詞。住處。《左傳·宣公二年》:"問其名~,不告而退。"又爲當或任。《老子》二章:"功成而弗~。"今成語有"~之不疑"。

(二)用於"有頃""久之""傾之"的前面,表示相隔了一段時間,意義比較虚。《戰國策·齊策四》:"~有頃,倚柱彈其劍,歌曰。"《史記·李將軍列傳》:"~久之,孝景崩。"又:"~頃之,石建卒。”

259.【登】

(一)從低處走上高處。《荀子·勸學》:“故不~高山,不知天之高也。”今成語有“一步~天”。

(二)成,特指莊稼成熟。《孟子·滕文公上》:“五穀不~。”

260.【臨】

(一)從高處往低處看。《荀子·勸學》:“不~深谿,不知地之厚也。”《詩經·秦風·黄鳥》:“~其穴,惴惴其慄。”今成語有“居高~下”。引申爲從上監視着。《詩經·大雅·大明》:“上帝~女。”又爲從上面到下面來。這個意義往往被用作敬詞。《左傳·襄公三年》:“請君~之。”後代雙音詞有“蒞~”“光~”。又用於抽象的意義,表示遇到。《論語·述而》:“必也~事而懼,好謀而成者也。”

(二)對着書畫的範本進行摹倣(後起義),如説“~摹”“~帖”。

(三)衆人相聚而哭。《左傳·宣公十二年》:“卜~于大宫。”又:“國人大~,守陴者皆哭。”(陴 pí:城上的短牆。)又特指衆人定時在靈柩前哭。《漢書·霍光傳》:“朝暮~。”按:這個意義舊讀 lìn。

261.【過】

(一)走過,經過。《論語·微子》:“孔子~之,使子路問津焉。”《吕氏春秋·察傳》:“子夏之晉,~衞。”引申爲超過,勝過。《左傳·隱公元年》:“大都不~參國之一。”《論語·公冶長》:“由也,好勇~我。”又爲過分。《戰國策·齊策四》:“王聞之~矣。”

(二)名詞。過錯。《左傳·宣公二年》:“人誰無~?”又動詞。犯錯誤。《論語·學而》:“~則勿憚改。”《左傳·宣公二年》:“~而能改,善莫大焉。”

注意:第一義讀平聲(guō)或去聲(guò),第二義衹讀去聲。

262.【稱】

(一)稱量物體的輕重。《莊子·胠篋》:"爲之權衡以~之。"

(二)舉。《詩經·豳風·七月》:"~彼兕觥,萬壽無疆。"引申爲舉薦,推舉。《左傳·襄公三年》:"祁奚請老,晉侯問嗣焉,~解狐。"

(三)稱頌,稱道。《國語·周語中》:"君子不自~也。"《禮記·檀弓下》:"其仁不足~也。"引申爲稱述,述説。《史記·淮陰侯列傳》:"常~義兵不用詐謀奇計。"

(四)讀 chèn。相稱,適合,配得上。《洛陽伽藍記·開善寺》:"朝臣莫不~力而去。"今雙音詞有"~職""相~"。

263.【量】

(一)讀 liáng。動詞,計算物體容積。《莊子·胠篋》:"爲之斗斛以~之。"引申爲量長短。枚乘《上書諫吴王》:"石稱丈~,徑而寡失。"

(二)讀 liàng。名詞。斗斛之類的量器。《論語·堯曰》:"謹權~。"《左傳·昭公三年》:"齊舊四~:豆、區、釜、鍾。"引申爲容積,分量。《論語·鄉黨》:"唯酒無~,不及亂。"又《子張》:"多見其不知~也。"又爲度量衡的規定。《史記·秦始皇本紀》:"器械一~。"(甲冑戈矛之類的大小長短輕重都有統一規定。)

(三)讀 liàng。才具,才華抱負。《三國志·蜀書·諸葛亮傳》:"劉備以亮有殊~,乃三顧亮於草廬之中。"又《吴書·周瑜傳》注:"瑜雅~高致。"又特指寬容人的限度,度量。《晉書·武帝紀》:"帝宇~弘厚,容納讜正。"(讜 dǎng:直言。)《南史·宋高帝紀》:"上少有大~。"

(四)讀 liàng。審察,揣度。《孟子·公孫丑上》:"~敵而後進。"王安石《答司馬諫議書》:"而某不~敵寡衆。"今成語有"~力而行"。

264.【鬻】

讀 yù。賣。《莊子·逍遥遊》:"今一朝而~技百金,請與之。"

265.【市】

(一)交易物品的場所,市場。《孟子·滕文公上》:"從許子之道,則~賈不貳。"《韓非子·五蠹》:"姦財貨賈得用於~,則商人不少矣。"按:"城市""市鎮"由此意義發展而來。

(二)買。《戰國策·齊策四》:"責畢收,以何~而反?"又:"竊以爲君~義。"

266.【假】

(一)借。《左傳·僖公五年》:"晉侯復~道於虞以伐虢。"引申作憑藉的意思。《荀子·勸學》:"~輿馬者,非利足也,而致千里。"又:"君子生非異也,善~於物也。"又"假寐"二字連用,指不脱衣冠睡覺。《左傳·宣公二年》:"坐而~寐。"

(二)不是真的。《史記·淮陰侯列傳》:"大丈夫定諸侯,即爲真王耳,何以~爲!"注意:在"真假"這個意義上,先秦一般衹用"僞",兩漢以後纔用"假"。

(三)如果。《史記·淮陰侯列傳》:"~令韓信學道謙讓。"

[辨]假,借。在上古漢語中表示"借用"這個概念的時候,一般衹用"假",不用"借"。"假道於虞"一般不能説"借道於虞"。中古以後,則多用"借"而少用"假"。

267.【離】

(一)分散,分離。跟"合"相對,又跟"即"相對。《論語·季氏》:"邦分崩~析而不能守也。"《楚辭·九章·哀郢》:"民~散而相失兮,方仲春而東遷。"今成語有"若即若~""悲歡~合"。

(二)遭受,觸犯。《楚辭·離騷》:"進不入以~尤兮,退將復脩吾初服。"《韓非子·五蠹》:"夫~法者罪,而諸先生以文學取。"在這個意義上,又寫作"罹"。

268.【合】

(一)閉,合攏。跟"開"相對。《戰國策·燕策二》:"蚌~而拑其喙。"漢樂府《上邪》:"冬雷震震,夏雨雪,天地~,乃敢與君絶!"引申爲對合,符合。《戰國策·齊策四》:"使吏召諸民當償者,悉來~券。"又爲會合。《論語·憲問》:"桓公九~諸侯。"

(二)兩軍接觸(交戰)。《左傳·成公二年》:"自始~而矢貫余手及肘。"《史記·蕭相國世家》:"多者百餘戰,少者數十~。"近代雙音詞"回~"由此發展而來。

(三)應該(後起義)。杜甫《歲晏行》:"好惡不~長相蒙。"白居易《與元九書》:"始知文章~爲時而著,歌詩~爲事而作。"

(四)全(後起義)。《舊唐書·陸德明傳》:"~朝賞歎。"

269.【因】

(一)動詞。依靠,憑藉。《左傳·僖公三十年》:"~人之力而敝之,不仁。"《楚辭·卜居》:"余有所疑,願~先生決之。"引申爲順着。《莊子·養生主》:"~其固然。"又爲接着。《論語·先進》:"加之以師旅,~之以饑饉。"又爲因襲。《論語·爲政》:"殷~於夏禮。"[~而]趁此,就此。《史記·陳涉世家》:"不如~而立之。"

(二)介詞。表示"通過"的意思。《戰國策·趙策三》:"魏王使客將軍辛垣衍間入邯鄲,~平原君謂趙王曰。"

(三)介詞。表示"由於"的意思。《史記·衛將軍驃騎列傳》:

"~前使絶國功,封騫博望侯。"(絶國:遼遠的國家。騫:指張騫。)注意:這是介詞,後面跟着的是名詞、代詞或名詞性詞組,和現代漢語連詞"因爲"不同。但連詞"因爲"由此發展而來。

(四)名詞。緣由。鄒陽《獄中上梁王書》:"無~而至前。"

(五)副詞。於是。《戰國策・齊策四》:"以責賜諸民,~燒其券。"《史記・陳涉世家》:"嬰後聞陳王已立,~殺襄彊。"蘇軾《石鐘山記》:"余自齊安舟行適臨汝……~得觀所謂石鐘者。"

270.【改】

變更,更换。《論語・雍也》:"回也不~其樂。"《韓非子・五蠹》:"今有不才之子,父母怒之弗爲~。"

[辨]更,改。在古代漢語中,"更"除了有"改變"的意義之外,還有"調换""替代""交替"的意思,而"改"卻没有。例如《莊子・養生主》"良庖歲更刀"的"更",不能换成"改"。

271.【作】

(一)起來。《論語・先進》:"舍瑟而~。"又用於抽象的意義,表示"興起"。《孟子・公孫丑上》:"賢聖之君六七~。"今成語有"精神振~""掌聲大~"。

(二)創造,製作。《論語・述而》:"述而不~。"《孟子・梁惠王上》:"始~俑者,其無後乎!"

272.【爲】

(一)做,造作。《戰國策・齊策四》:"王使人~冠。"按:"爲"字是一個動詞,是"做"的意思,但古人"爲"的含義非常廣泛,在具體的上下文中,它的涵義比較具體。《論語・先進》:"~國以禮。"又《陽貨》:"女~周南召南矣乎?"又《微子》:"殺雞~黍而食之。"《孟子・告子下》:"固哉高叟之~詩也!"《左傳・隱公元年》:"不如早~之所。”又《僖公三十年》:“且君嘗~晉君賜矣。”我們可以隨文譯爲“治”“學”“煮”“解”“給”……但是不能認爲“爲”字本身有這些意義。引申爲當作,作爲。《莊子·逍遥遊》:“世世以洴澼絖~事。”又爲變成,成爲。《莊子·逍遥遊》:“化而~鳥。”又爲叫作。《莊子·逍遥遊》:“北冥有魚,其名~鯤。”《荀子·勸學》:“蘭槐之根是~芷。”

又爲算做,算是。《論語·爲政》:“知之~知之,不知~不知。”《孟子·梁惠王上》:“不~不多矣。”“以爲”連用相當於現代説:“把……當作……”《左傳·僖公三十年》:“若舍鄭以~東道主。”

(二)略等於“是”。《孟子·公孫丑上》:“爾~爾,我~我。”

(三)介詞。被。《韓非子·五蠹》:“必~鯀禹笑矣。”

(四)讀 wèi。動詞。爲了某人的利益,站在某人的一方面。《左傳·僖公四年》:“豈不穀是~?”《論語·述而》:“夫子~衛君乎?”

(五)讀 wèi。介詞。替,給。《莊子·養生主》:“庖丁~文惠君解牛。”又因爲。《孟子·梁惠王上》:“始作俑者,其無後乎!~其象人而用之也。”《莊子·養生主》:“~之四顧。”介詞後面的賓語,有時可以省略。《莊子·養生主》:“怵然~戒,視~止,行~遲。”

(六)語氣詞,常跟疑問代詞相呼應,表示疑問語氣。《論語·顏淵》:“君子質而已矣,何以文~?”又《季氏》:“何以伐~?”

[辨]作,爲。“作”的本義是站起來,因此,當“作”用於“做”的意義的時候,也常常含有“興起”“創造”“建立”的意思。至於“爲”字,一般衹表示“做”,有時也表示“治理”等,所以跟“作”是有區别的。

273.【取】

(一)拿,拿來佔有。《左傳·僖公三十年》:“若不闕秦,將焉~

之?”引申爲採取。《孟子·盡心下》:“吾於武成,~二三策而已矣!”(武成:《尚書》中的一篇。)又爲從中取出。《荀子·勸學》:“青~之於藍,而青於藍。”注意:“取”的反面是“舍”(捨),所以“取舍”對舉(取:要;舍:不要);又和“與”(予)相對,故又有所謂“取與”(取:拿人家的東西;與:拿東西給人家);又是“去”的反面,故還有所謂“去取”(去:抛棄;取:要)。

(二)攻取,攻下,佔領。《左傳·文公八年》:“秦人伐晉,~武城。”《史記·廉頗藺相如列傳》:“大破之,~陽晉。”

(三)娶〔妻〕。《詩經·齊風·南山》:“~妻如之何?”《論語·述而》:“君~於吴爲同姓。”(魯和吴都是姬姓國。)這個意義後來寫作“娶”。

274.【求】

(一)找,尋找。《孟子·梁惠王上》:“猶緣木而~魚也。”又《告子上》:“人有雞犬放,則知~之。”求的結果是“得”(找到),所以常和“得”字相應。《戰國策·楚策一》:“虎~百獸而食之,得狐。”《史記·廉頗藺相如列傳》:“~人可使報秦者,未得。”引申爲要求,責求。《論語·學而》:“君子食無~飽,居無~安。”又《微子》:“無~備於一人。”今成語有“~全責備”。

(二)向别人求得利益。《戰國策·齊策一》:“四境之内莫不有~於王。”又《趙策三》:“吾視居此圍城之中者,皆有~於平原君者也。”引申爲請求。《戰國策·趙策四》:“趙氏~救於齊。”

[辨]請,求。在古漢語中,“請”和“求”不是同義詞。在“請求”的意義上,二者也有細微差别。“請”多表示請對方讓我做某事,“求”則多表示請對方做某事。“求救於齊”一般不説“請救於齊”。

275.【奉】

（一）兩手恭敬地捧着。《左傳·成公二年》："再拜稽首，~觴加璧以進。"引申爲恭敬地接受下來（抽象意義）。如説"~命"。

（二）陪從〔在上位者〕。《左傳·莊公八年》："管夷吾、召忽~公子糾來奔。"

（三）供養。《老子》七十七章："損不足以~有餘。"又爲侍奉。《孟子·告子上》："妻妾之~。"

（四）通"俸"。《戰國策·趙策四》："位尊而無功，~厚而無勞。"

276.【致】

（一）給與，送給，獻出。《左傳·文公六年》："盡具其帑，與其器用財賄，……送~諸竟。"（竟：通"境"。）《論語·子張》："士見危~命。"雙音詞有"~敬""~意"。

（二）使至，導致。《荀子·勸學》："假輿馬者，非利足也，而~千里。"《韓非子·五蠹》："而~尊過耕戰之士。"又："而求~社稷之福，必不幾矣。"今成語有"學以~用"。

［辨］至，致。"至"是"到"，"致"是"使到來"。"至"字是不及物動詞，"致"是及物動詞。"招致""導致"的意義不寫作"至"，"到來"的意義不寫作"致"。《孟子·萬章上》："莫之致而至者命也。""致"與"至"不可以互换，因爲前者是及物動詞而後者是不及物動詞的緣故。

277.【得】

（一）獲得，得到。跟"失"相對。《左傳·襄公十五年》："楚人或~玉。"《孟子·梁惠王上》："雖不~魚，無後災。"用於抽象意義時表示得到某種好處。《莊子·養生主》："吾聞庖丁之言，~養生焉。"《孟子·公孫丑下》:"～道多助,失道寡助。"引申爲事情做對了,得當。揚雄《解嘲》:"叔孫通起於枹鼓之間,解甲投戈,遂作君臣之儀,～也。"《漢書·敘傳》:"歷古今之～失。"

(二)表示情況容許,有"能做到"的意思。《論語·顏淵》:"雖有粟,吾～而食諸?"《孟子·滕文公上》:"雖欲耕,～乎?"《戰國策·燕策二》:"漁者～而並禽之。"

278.【益】

(一)水漫出來,漲。《吕氏春秋·察今》:"澭水暴～,荆人弗知。"注意:在這個意義上,後來都寫作"溢",但在先秦許多古籍中都作"益"。引申爲多或富裕。《吕氏春秋·貴當》:"其家必日～。"

(二)增加。跟"損"相對。《莊子·秋水》:"禹之時,十年九潦,而水弗爲加～;湯之時,八年七旱,而崖不爲加損。"《孟子·告子下》:"曾～其所不能。"(曾:增。)

(三)副詞。更加。《孟子·梁惠王下》:"如水～深,如火～熱。"

(四)利益,好處。跟"損"相對。《僞古文尚書·大禹謨》:"滿招損,謙受～。"《論語·衛靈公》:"吾嘗終日不食,終夜不寢,以思,無～,不如學也。"又形容詞。有益的。《論語·季氏》:"～者三友,損者三友。"

279.【竭】

枯竭。跟"盈"相對。《左傳·莊公十年》:"彼～我盈,故克之。"引申爲盡,把所有的都用上。《左傳·成公三年》:"其～力致死,無有二心。"《楚辭·卜居》:"～智盡忠。"

280.【堅】

硬,結實。跟"脆"相對。《莊子·逍遥遊》:"以盛水漿,其～不能自舉也。”注意：古代没有“硬”字，“堅”就是“硬”。用作狀語時，表示緊緊地。如“～守”“～持”。用作動詞時，表示使牢固。《史記·淮陰侯列傳》：“～營勿與戰。”今成語有“～壁清野”。又用如名詞。《史記·陳涉世家》：“將軍身披～執鋭。”《後漢書·光武帝紀》：“衝其中～。”

281.【利】

（一）鋭利，快。一般指兵器或工具的鋭利。跟“鈍”相對。《荀子·勸學》：“金就礪則～。”《孟子·公孫丑下》：“兵革非不堅～也。”注意：古代對於刀刃鋒利這個意義衹用“利”，不用“快”。引申爲言語鋒利，會説話。《論語·陽貨》：“惡～口之覆邦家者。”今成語有“談鋒犀～”。

（二）利益。跟“害”相對。《論語·憲問》：“見～思義。”又動詞。《墨子·非攻上》：“以虧人自～也。”又形容詞。《左傳·僖公三十年》：“然鄭亡，子亦有不～焉。”

［辨］鋭，利。“鋭”指鋒芒尖鋭，“利”指刃口快。泛指則没有分别。

282.【完】

（一）完整，完善，没有損壞。《荀子·勸學》：“巢非不～也。”杜甫《石壕吏》詩：“出入無～裙。”現代變成爲雙音詞“～整”“～全”“～善”“～美”等。用如動詞時表示使之完整。

（二）修繕，修葺。《左傳·隱公元年》：“大叔～聚，繕甲兵。”《孟子·萬章上》：“父母使舜～廩。”（廩 lǐn：倉房。）注意：古代漢語中的“完”没有“完了”“完畢”的意義。“完了”“完畢”這種引申義是後起的。

283.【備】

(一)完備,齊備。《論語·微子》:"無求~於一人。"《荀子·勸學》:"而神明自得,聖心~焉。"《戰國策·齊策四》:"世無騏驎騄耳,王駟已~矣。"現代變爲雙音詞"完~""具~"。

(二)防備。《左傳·僖公三十二年》:"師勞力竭,遠主~之。"《莊子·胠篋》:"將爲胠篋、探囊、發匱之盜而爲守~。"

[辨]完,備。兩者都含"全"的意思,但側重點不同。"備"着重在數量,有"什麽都有"的意思,所以"求全責備"不能改作"求全責完"。"完"着重在完整,所以"完卵""完裙"都不能説成"備"。

284.【陳】

(一)陳列。《左傳·隱公五年》:"~魚而觀之。"《論語·季氏》:"~力就列。"[下~]賓主相見陳列禮品之處,位在堂下,故稱"下陳"。古代統治者將財物、婢妾填充内庭,叫做"充下陳"。《戰國策·齊策四》:"狗馬實外廄,美人充下~。"

(二)陳述,陳説。《孟子·公孫丑下》:"吾非堯舜之道,不敢以~於王前。"《楚辭·離騷》:"跪敷衽以~詞兮。"(敷衽:平展衣襟。)《古詩十九首》:"歡樂難具~。"

(三)陣。《論語·衛靈公》:"衛靈公問~於孔子。"《史記·淮陰侯列傳》:"出,背水~。"注意:古代文獻中,"陣"多作"陳"。

(四)舊。跟"新"相對。《詩經·小雅·甫田》:"我取其~。"

285.【故】

(一)原因。《左傳·隱公元年》:"公語之~。"《墨子·非攻上》:"此何~也。"又用作連詞,表示"所以""因此"。《論語·先進》:"求也退,~進之;由也兼人,~退之。"《孟子·公孫丑上》:"~事半古之人,功必倍之。"

(二)事變,事故。《國語·鄭語》:"王室多~。"《孟子·盡心上》:"父母俱存,兄弟無~。"現代有雙音詞"事~"。

(三)舊的,歷史悠久的。《論語·爲政》:"温~而知新。"《戰國策·齊策四》:"以~相爲上將軍。"《孟子·梁惠王下》:"所謂~國者,非謂有喬木之謂也。"[~舊]平日有接觸的人,朋友。《論語·泰伯》:"~舊不遺,則民不偷。"(偷:薄。)[~人]舊友。孟浩然《過故人莊》詩:"~人具雞黍,邀我至田家。"今成語有"非親非~"。

(四)故意。《僞古文尚書·大禹謨》:"刑~無小。"(故意犯罪的人,就是情節輕也要懲處。)今成語有"明知~犯"。

286.【窮】

(一)阻塞不通。跟"通"或"達"相對。《楚辭·天問》:"阻~西征,巖何越焉?"(傳説禹的父親鯀被舜流放於羽山,西行度越險阻,墜崖而死。)《莊子·列禦寇》:"夫處~閭阨巷。"王勃《滕王閣序》:"豈效~途之哭?"引申爲到盡頭。《山海經·大荒南經》:"南海之中有氾天之山,赤水~焉。"(赤水:水名。窮焉:源頭到此山爲止。)陶潛《桃花源記》:"欲~其源。"又爲走投無路。《史記·項羽本紀》:"~來從我,不忍殺之。"《三國志·魏書·邴原傳》:"~鳥入懷。"

(二)極,盡。《禮記·樂記》:"~高極遠而測深厚。"王勃《滕王閣序》:"~睇眄於中天。"韓愈《柳子厚墓誌銘》:"故卒死於~裔。"今熟語有"無~無盡"。

(三)生活困難,無依靠。《孟子·梁惠王下》:"老而無妻曰鰥,老而無夫曰寡,老而無子曰獨,幼而無父曰孤,此四者,天下之~民而無告者。"《戰國策·齊策四》:"振困~,補不足。"

(四)不得仕進,不能顯貴。跟"通""達"相對。這是由第一義發展而來。《孟子·盡心上》:"~則獨善其身,達則兼善天下。"《莊子·德充符》:"~達貧富。"又《讓王》:"古之得道者,~亦樂,通亦樂。"王勃《滕王閣序》:"~且益堅,不墜青雲之志。"

[辨]貧,窮。在古代(特别是上古),"貧"和"窮"是完全不同的兩個概念。缺乏衣食金錢,叫"貧"不叫"窮",不能顯貴衹能叫"窮",決不叫"貧"。從它們的反義詞也可以看得很清楚:"貧"的對面是"富","窮"的對面是"通"或"達"。《莊子·德充符》:"死生存亡,窮達貧富。""窮達"對舉,"貧富"對舉,是很明顯的。"困窮"連用時,包括有"貧困"的意思,後來"窮"單用也漸漸能表示"貧"了。不過這是很晚的事情了。

287.【難】

(一)不容易,困難。跟"易"相對。《老子》二章:"故有無相生,~易相成。"又十二章:"~得之貨,令人行妨。"《論語·憲問》:"貧而無怨~,富而無驕易。"

(二)讀nàn。責備。《孟子·離婁下》:"於禽獸又何~焉?"又爲詰問,反駁。《史記·廉頗藺相如列傳》:"奢不能~。"王安石《答司馬諫議書》:"闢邪説,~壬人。"(壬人:佞人,巧言諂媚之人。)今有雙音詞"責~""非~"。又爲名詞。辯駁的觀點,論點。《漢書·高帝紀》:"〔漢王〕以問張良,良發八~。"又《公孫賀等傳·贊》:"〔桓寬〕極其論~,著數萬言。"

(三)讀nàn。禍亂,亂事。《左傳·成公十三年》:"利吾有狄~。"《莊子·逍遥遊》:"越有~,吴王使之將。"起事叫"發~"。《漢書·項籍傳》:"天下初發~。"又爲災難,患難。《左傳·莊公三十年》:"自毁其家,以紓楚國之~。"(紓:解除。)杜甫《登樓》詩:"萬方多~此登臨。"

288.【夷】

(一)平,平坦。《老子》五十三章:“大道甚~,而民好徑。”《韓非子·五蠹》:“千仞之山,跛牂易牧者,~也。”(牂 zāng:母羊。)用如動詞,表示剷平,挖平。《左傳·成公十六年》:“塞井~竈,陳於軍中。”《國語·周語下》:“是以人~其宗廟。”

(二)剷除。《左傳·隱公六年》:“見惡如農夫之務去草焉,芟~蘊崇,絶其本根,勿使能殖。”(芟 shān:割除。蘊崇:堆積。)引申爲滅族。《史記·秦本紀》:“誅三父等而~三族。”(三父:人名。)《漢書·李廣傳》:“大臣無罪~滅者數十家。”

(三)我國古代東部地區的種族名。《孟子·離婁下》:“舜生於諸馮,遷於負夏,卒於鳴條,東~之人也。”(諸馮、負夏、鳴條,都是我國東部古地名)。又泛指漢族以外的民族,和“夏”相對。《論語·八佾》:“~狄之有君,不如諸夏之亡也。”(狄:古代北部的種族名。)《孟子·滕文公上》:“吾聞用夏變~者,未聞變於~者也。”王勃《滕王閣序》:“臺隍枕~夏之交。”

289.【平】

(一)平坦。《漢書·李陵傳》:“尚四五十里,得~地。”引申爲公正,公平。《詩經·小雅·節南山》:“赫赫師尹,不~謂何?”

(二)平定。《孟子·滕文公上》:“當堯之時,天下猶未~。”

290.【庸】

(一)用。一般衹見於“無~”這種固定形式。《左傳·隱公元年》:“無~,將自及。”後代成語有“無~諱言”。[登~]指舉薦賢才。《尚書·堯典》:“若時登~。”

(二)平庸,平凡,一般,中等。《戰國策·魏策四》:“此~夫之怒也,非士之怒也。”賈誼《過秦論》上:“材能不及中~。”今成語有

"~~碌碌"。

(三)副詞。豈,難道。《左傳·莊公十四年》:"~非貳乎?"韓愈《師説》:"夫~知其年之先後生於吾乎?"[~詎]豈,難道。《莊子·齊物論》:"~詎知吾所謂知之非不知邪?~詎知吾所謂不知之非知邪?"

291.【已】

(一)動詞。停止。《論語·泰伯》:"死而後~。"《荀子·勸學》:"學不可以~。"今成語有"稱讚不~""精進不~"。[不得~]表示情勢所迫,不能不這樣做(不能停止)。《論語·顔淵》:"必不得~而去,於斯三者何先?"《孟子·滕文公下》:"予豈好辯哉?予不得~也?"引申爲止於,限於。動詞。《莊子·馬蹄》:"馬知~此矣。"[而~][而~矣]略等於現代漢語的"罷了"。《孟子·梁惠王上》:"言舉斯心加諸彼而~。"《孟子·公孫丑上》:"子誠齊人也,知管仲晏子而~矣!"也可以説成"也~矣"。《論語·先進》:"亦各言其志也~矣。"

(二)副詞。已經。《論語·微子》:"道之不行,~知之矣!"

(三)語氣詞。通"矣"。《孟子·梁惠王上》:"然則王之所大欲可知~。"

292.【必】

副詞,一定。《墨子·非攻上》:"~有一死罪矣。"《莊子·養生主》:"恢恢乎其於遊刃~有餘地矣!"注意:有時跟"矣"連用,放在句末。《史記·項羽本紀》:"楚擊其外,趙應其内,破秦軍~矣。"又用如動詞或形容詞,表示"必行"。《韓非子·五蠹》:"故明主~其誅也。"又:"是以賞莫如厚而信,使民利之;罰莫如重而~,使民畏之。"《漢書·宣帝紀贊》:"孝宣之治,信賞~罰。"又表示堅信。《史記·淮陰侯列傳》:"且漢王不可~。"又:"故臣以爲足下~漢王之不危己,亦誤矣。"

293.【一】

(一)基數。《左傳·隱公元年》:"大都不過參國之~。"又用如動詞或形容詞,表示"統一""一致"。《孟子·梁惠王上》:"孰能~之?"《韓非子·五蠹》:"法莫如~而固,使民知之。"

(二)專一。《荀子·勸學》:"用心~也。"

(三)相同,一樣。《孟子·離婁下》:"先聖後聖,其揆~也。"《荀子·天論》:"故君子之所以日進,與小人之所以日退,~也。"

(四)全。《禮記·雜記下》:"~國之人皆若狂。"《左傳·宣公十四年》:"~國謀之,何以不亡?"用作狀語,表示一概,全都。《詩經·邶風·北風》:"政事~埤益我。"(埤 pí 益我:堆在我身上。)

(五)副詞。乃,竟。《戰國策·齊策一》:"靖郭君之於寡人,~至於此乎!"[~何]副詞。多麽。《戰國策·燕策一》:"此~何慶弔相隨之速也!"杜甫《石壕吏》詩:"吏呼~何怒,婦啼~何苦?"

[辨]一,壹。"一"的意義比"壹"廣得多。"壹"一般衹用於"專一"的意義。該用"壹"的地方可以用"一",如《荀子·勸學》:"用心一也。"但該用"一"的地方,一般不用"壹"。

294.【參】

(一)讀 sān。三分。《左傳·隱公元年》:"大都不過~國之一。"

(二)讀 shēn。星宿名。《詩經·召南·小星》:"嘒彼小星,維~與昴。"(嘒 huì:微小的樣子。昴 mǎo:星宿名。)

(三)[~差](cēncī),不整齊的樣子。《詩經·周南·關雎》:"~差荇菜,左右流之。"

(四)讀 cān,通"驂"。[~乘]即車右。司馬遷《報任安書》:"同子~乘。"參看"右"字條。按:"~加""~與"是後起義。

[辨]三,參。"三"的意義比"參"廣。"參"衹用於"三分",或配合成三。該用"參"的地方有時可以用"三",但該用"三"的地方決不能用"參"。"三"在古代漢語中有時是表極數,如《論語·先進》"南容三復白圭",在這種情況下"三"讀去聲。"參"則無此用法。

295.【什】

(一)作爲一個單位的十。軍隊中十人爲"什"。《逸周書·大聚》:"十夫爲~。"《禮記·祭器》:"軍旅~伍。"(伍:作爲一個單位的五。)《史記·匈奴列傳》:"亦各置千長,百長,~長。"古時五家爲保,十家相連爲"什伍"。《史記·商君列傳》:"令民爲~伍。"《詩經》的雅和頌每十篇爲一"什"。如《小雅》有"鹿鳴之~",《大雅》有"文王之~",《周頌》有"清廟之~"。[~物]家庭日用之物。《後漢書·祭彤傳》:"下至居室~物,大小無不悉備。"

(二)詩篇。這是由於《詩經》雅頌十篇爲一"什",所以後代泛稱詩篇爲"~篇",後來又省稱"什"。《文心雕龍·情采》:"昔詩人~篇,爲情而造文。"蕭統《文選序》:"故與夫篇~,雜而集之。"白居易《與元九書》:"'餘霞散成綺,澄江靜如練''離花先委露,別葉乍辭風'之~,麗則麗矣。"

(三)十倍。《孟子·滕文公上》:"或相~百,或相千萬。"《老子》八十章:"使有~伯之器而不用。"

(四)十分,表示分數。《孟子·滕文公上》:"其實皆~一也。"注意:"十"與"什"同音,在口語中沒有分別;在書面上,作爲分母的時候,寫作"什"是爲了便於區別。

[辨]十,什。二者同音,意義也同源,但用法不一樣。“十”用於基數和序數,而“什”不用於基數和序數。“什”表示作爲單位的十,“十”無此用法。因此“什伍”不能作“十伍”,“什長”也不能作“十長”。至於“什”表示十倍或十分,這種地方可以换成“十”。《莊子·達生》“而失者十一”,指十分之一。韓愈《應科目時與人書》“蓋十八九矣”,指十分之八九。

296.【伯】

(一)長(zhǎng),大的。《孟子·告子上》:“鄉人長於~兄一歲,則誰敬?”《詩經·邶風·泉水》:“問我諸姑,遂及~姊。”注意:上古不用數字排行,衹用“伯”“仲”“叔”“季”。“伯”是老大,“仲”是老二,“叔”和“季”都指較小的,不一定是老三、老四。説“伯兄”“伯姊”就是指“大哥”“大姐”,説“伯父”是指比父親年長的父輩。上古單稱“伯”“叔”不是指後世的“伯父”“叔父”。“伯”“叔”指“伯父”“叔父”是較後的意義。

(二)古代五等爵(公,侯,伯,子,男)之一。《左傳·僖公三十年》:“晉侯秦~圍鄭。”

(三)通“霸”。尊長。所謂“稱霸”就是“稱尊”“稱長”,“霸諸侯”就是作諸侯的首腦。司馬遷《報任安書》:“絳侯誅諸吕,權傾五~。”

(四)通“佰”。作爲一個單位的百。又表示百倍。例皆見“什”字條。

297.【晦】

(一)陰曆每月的最後一天。《莊子·逍遥遊》:“朝菌不知~朔。”

(二)天色昏暗。跟“明”相對。《詩經·鄭風·風雨》:“風雨如~。”引申爲一般的黑暗,不清楚。歐陽修《醉翁亭記》:“~明變化者,山間之朝暮也。”比喻不顯達或隱逸。《晉書·隱逸傳·論》:“君子之行殊塗,顯~之謂也。”

298.【朔】

(一)陰曆每月的初一。《論語·八佾》:“子貢欲去告~之餼羊。”《莊子·逍遥遊》:“朝菌不知晦~。”

(二)北方。曹植《朔風詩》:“仰彼~風,用懷魏都。”杜甫《詠懷古迹》五首:“一去紫臺連~漠。”

299.【時】

(一)季節(指春,夏,秋,冬)。《論語·陽貨》:“天何言哉?四~行焉,百物生焉!”《孟子·梁惠王上》:“不違農~,穀不可勝食也。”

(二)時候。《莊子·養生主》:“始臣之解牛之~。”引申爲時機,機會。《論語·陽貨》:“好從事而亟失~。”用如副詞,表示按時。《莊子·秋水》:“秋水~至。”《論語·學而》:“學而~習之。”注意:上古“時”字用如副詞時,一般都當“以時”(按時)講,不當“時常”講。

300.【世】

(一)三十年爲一世。《論語·子路》:“如有王者,必~而後仁。”(如有受天命的王者,一定要等三十年,然後仁政纔能大行。)引申爲一生,一輩子。《論語·衛靈公》:“君子疾没~而名不稱焉。”(疾:恨。没世:終身。)

(二)父子相繼爲一世,世代。《孟子·離婁下》:“君子之澤,五~而斬。”(斬:絶,斷絶。)也泛指前代或後代。《論語·季氏》:“今不取,後~必爲子孫憂。”《楚辭·離騷》:“鷙鳥之不羣兮,自前～而固然。”注意：父子相繼，上古稱“世”不稱“代”；自從唐人避唐太宗的廟諱（李世民），纔改“世”爲“代”。

（三）時代。《論語·雍也》：“難乎免於今之～矣！”《莊子·逍遥遊》：“且舉～而譽之而不加勸，舉～而非之而不加沮。”陶潛《桃花源記》：“問今是何～。”

301.【期】

（一）一定的時間，期限。《詩經·王風·君子于役》：“君子于役，不知其～。”又動詞。約會。《詩經·鄘風·桑中》：“～我乎桑中。”引申爲期望。《韓非子·五蠹》：“不～修古，不法常可。”

（二）讀jī。一周年。《論語·陽貨》：“宰我問三年之喪，～已久矣。”也稱“～月”。《論語·子路》：“苟有用我者，～月而已可也；三年有成。”在這個意義上也寫作“朞”。

［辨］時，世，期。“時”和“世”衹有用“時代”的意義時纔是同義詞。例如《莊子·馬蹄》“赫胥氏之時”可以説成“赫胥氏之世”。其餘不能互换。“時”和“期”在泛指“時間”時是同義詞。現代有雙音詞“時期”。但二者分用時有區别。“時”的本義是“時令”（四時），後來纔用來指“時間”“時候”。“期”則是指“固定的時期”，如三天，五天，三年，五年。在“期限”的意義上決不能用“時”。“期”與“世”不易混。

302.【官】

（一）行政機關（指處所）。《論語·子張》：“不見宗廟之美，百～之富。”《墨子·尚賢中》：“不能治千人者，使處於萬人之～。”（有一萬屬員的行政機關。）注意：這個意義可以説成“官府”（官與府是並列結構）。《荀子·彊國》：“及都邑～府，其百吏肅然。”引申爲行政職務。《左傳·成公二年》：“敢告不敏，攝～承乏。”又《襄公三年》:"伯華得~。"注意:這個意義可以説成"官守"或"官職"(官與守,官與職,都是並列結構)。《左傳·昭公二十三年》:"信其鄰國,慎其~守。"又《襄公三十一年》:"臣有臣之威儀,其中畏而愛之,故能守其~職。"又引申爲行政機關的首長。《論語·憲問》:"百~總己,以聽於冢宰。"(所有機構中的長官都全面負責他的職務而服從太宰的統一領導。)注意:"官"字在上古用於"行政機構"和"職務"的意義最多,用於最後一個意義的很少。

(二)耳,目,口,鼻,心叫"五官"。《莊子·養生主》:"~知止而神欲行。"這裏"官"指目。《荀子·君道》:"人之百事,如耳目鼻口之不可以相借~也。"

303.【吏】

(一)官吏,特指下級的小官員。《戰國策·齊策四》:"使~召諸民當償者,悉來合券。"注意:據《説文》説,"吏"是"治人者也",所以凡官吏皆可稱"吏"。但是由於詞義的演變,後來"吏"一般衹指一般的小官員或吏卒。《韓非子·五蠹》:"州部之~,操官兵,推公法,而求索姦人。"這裏的"吏"指吏卒之類。

(二)法官。司馬遷《報任安書》:"因爲誣上,卒從~議。"賈誼《過秦論》上:"俛首係頸,委命下~。"

[辨]官,吏。"官"一般指的是機構和職務,"吏"指的是人。這樣,上古所謂"吏",略等於後代所謂"官"。上古大官小官都稱"吏",後代"吏"專指各級政府機構中從事具體工作的辦事人員。有時"吏"雖也指稱高級官員,但那是有條件的。如"封疆大吏"。"官"在後代可以指稱一般官員,但行政職務的意義仍舊沿用。如王安石《答司馬諫議書》的"以爲侵官、生事"。

304.【爵】

(一)古代酒器之一種。《左傳・莊公二十三年》:“虢公請器,王與之~。”又《宣公二年》:“臣侍君宴,過三~,非禮也。”

(二)爵位,古代貴族的等級。舊説指公,侯,伯,子,男,又指卿,大夫,士。《韓非子・五蠹》:“官~可買,則商工不卑也矣。”

(三)通“雀”。《孟子・離婁上》:“爲叢敺~者鸇也。”(叢:叢林。敺 qū:趕。鸇:猛禽,鷂鷹之類。)

305.【權】

(一)秤,秤錘。《莊子・胠篋》:“爲之~衡以稱之。”用如動詞,表示衡量。《孟子・梁惠王上》:“~,然後知輕重。”

(二)權力,權勢,職權。賈誼《過秦論》上:“比~量力。”《史記・項羽本紀》:“項王乃疑范增與漢有私,稍奪之~。”注意:古代漢語裏,衹有“權力”的意思,没有“權利”的意思。古代也“權利”連用,但所指的是威勢和貨財。《荀子・勸學》:“是故~利不能傾也。”(威勢和貨財不能動摇他。)[~貴]有權勢的貴官。李白《夢遊天姥吟留别》詩:“安能摧眉折腰事~貴?”韓愈《柳子厚墓誌銘》:“其後以不能媚~貴,失御史。”

(三)權變,變通,靈活性。跟“經”相對。《公羊傳・桓公十一年》:“~者反於經。”(經:原則。)《孟子・離婁上》:“男女授受不親,禮也;嫂溺援之以手者,~也。”今成語有“通~達變”,雙音詞有“~宜”。引申爲隨機應變。“~謀”,指策略。多用於貶義。《漢書・孔光傳》:“光素聞傅太后爲人剛暴,長于~謀。”“~詐”,指欺騙手段。《漢書・刑法志》:“作爲~詐,以相傾覆。”“~略”,也指“策略”,但用於褒義。《晉書・祖逖傳》:“多~略,是以少長咸宗之。”“~術”,也指“策略”,但用於貶義。《宋史・徐誼傳》:“三代聖王,有至誠而無~術。"

306.【衡】

(一)駕車用的工具,軛上的横木。《莊子·馬蹄》:"夫加之以~扼。"(扼:軛。)[抗~][爭~]敵對,匹敵。《史記·酈生陸賈列傳》:"欲以區區之越與天子抗~爲敵國。"《洛陽伽藍記·王子坊》:"卿之財産應得抗~。"又:"常與高陽爭~。"

(二)稱重量的器具,秤,天平。《莊子·胠篋》:"爲之權~以稱之。"又動詞。衡量。《淮南子·主術》:"~之於左右,無私輕重。"

(三)通"横"。《詩經·齊風·南山》:"~從其畝。"("衡從"即"横縱"。)賈誼《過秦論》上:"外連~而鬥諸侯。"

[辨]權,衡,度,量。"權""衡"是關於輕重的,二字的意義也稍有不同(見"衡"字條)。"度"是關於長度的;"量"是關於容量的。四者是不一樣的。

307.【果】

(一)果子,果實。《禮記·曲禮上》:"賜~於君前。"《韓非子·五蠹》:"民食~蓏蜯蛤。"

(二)充盈,充實。《莊子·逍遥遊》:"腹猶~然。"

(三)堅決。《論語·子路》:"言必信,行必~。"現代雙音詞有"~斷""~敢"。

(四)形容詞或副詞。表示成爲事實。一般用於否定。《孟子·梁惠王下》:"君是以不~來也。"又《公孫丑》下:"聞王命而遂不~。"陶潛《桃花源記》:"聞之,欣然規往。未~,尋病終。"

(五)副詞。果然。《戰國策·楚策一》:"~誠何如?"《禮記·中庸》:"~能此道矣,雖愚必明,雖柔必强。"

308.【實】

(一)果實,種子。《莊子·逍遥遊》:"魏王貽我大瓠之種,我樹之成,而~五石。"《詩經·王風·黍離》:"彼稷之~。"

(二)充實。跟"虚"相對。《莊子·山木》:"向也虚而今也~。"(向:從前。)《荀子·王制》:"府庫已~。"引申爲實際内容。和"名"相對。《莊子·逍遥遊》:"名者~之賓也。"《荀子·正名》:"制名以指~。"今成語有"名不副~"。

(三)句中語氣詞。在敘述句中,用在動詞前面加强語氣。《詩經·邶風·北門》:"天~爲之。"《左傳·僖公五年》:"鬼神非人~親,惟德是依。"蘇軾《賈誼論》:"非才之難,所以自用者~難。"

309.【聰】

耳力好,聽覺敏鋭。跟"聾"相對。《孟子·離婁上》:"師曠之~,不以六律不能正五音。"引申爲聽得清楚。《荀子·勸學》:"目不能兩視而明,耳不能兩聽而~。"引申爲明智。《禮記·中庸》:"唯天下至聖,爲能~明睿知。"(睿 ruì:深明通達。)注意:上古"聰明"連用也是作爲兩個詞看待的。後代纔變爲雙音詞,指"有智慧",現代又當"悟性好"講,都是逐漸引申而來的。

310.【明】

(一)亮,光明。《詩經·齊風·雞鳴》:"東方~矣。"引申爲明白,清楚。《楚辭·卜居》:"物有所不足,智有所不~。"又用如副詞,表示"明白地"。《孟子·公孫丑下》:"我~告子。"用在動詞及其賓語的後面,表示"事情是很明顯的"。《戰國策·齊策一》:"此不叛寡人~矣。"又引申爲證明。《韓非子·五蠹》:"何以~其然也?"又爲英明。諸葛亮《出師表》:"恐託付不效,以傷先帝之~。"

(二)眼力,視力。《孟子·梁惠王上》:"~足以察秋毫之末。"

司馬遷《報任安書》:"左丘失~,厥有國語。"今有"雙目失~"。又形容詞。眼力好,視覺鋭敏。《孟子·離婁上》:"離婁之~,公輸子之巧,不以規矩不能成方員。"引申爲看得清楚。《荀子·勸學》:"目不能兩視而~。"

311.【功】

工作,包括農事、勞役、文事、武事等。《詩經·豳風·七月》:"載纘武~。"又《大雅·崧高》:"世執其~。"成語有"~虧一簣""計日程~"。引申爲成績,成就。《孟子·公孫丑上》:"故事半古之人,~必倍之。"《荀子·勸學》:"駑馬十駕,~在不舍。"引申爲功業,事業。《孟子·公孫丑上》:"管仲晏子之~,可復許乎?"再進而引申爲功勞,功勳。《史記·項羽本紀》:"勞苦而~高如此,未有封侯之賞。"

312.【名】

(一)名字。《莊子·逍遥遊》:"其~爲鯤。"又動詞。稱名,命名。《論語·子路》:"故君子~之必可言也。"《楚辭·離騷》:"~余曰正則兮,字余曰靈均。"

(二)名義,爵號。《莊子·天下》:"易以道陰陽,春秋以道~分。"(名分:人所居的名義及其應守的本分。)《左傳·昭公三十二年》:"慎器與~。"《論語·子路》:"必也正~乎!"

(三)名譽,名望。《禮記·中庸》:"必得其~。"

313.【北】

(一)北方。《莊子·逍遥遊》:"窮髮之~,有冥海者,天池也。"

(二)敗逃。《韓非子·五蠹》:"魯人從君戰,三戰三~。"又:"仲尼賞而魯民易降~。"賈誼《過秦論》上:"追亡逐~。"

314.【中】

(一)内部,中間,中心。《論語·季氏》:"龜玉毁於櫝~,是誰之過與?"引申爲中等。《論語·雍也》:"~人以上,可以語上也。"《戰國策·齊策一》:"上書諫寡人者,受~賞。"[~國]指中原一帶。《孟子·滕文公上》:"獸蹄鳥迹之道,交於~國。"《三國志·吴書·周瑜傳》:"驅~國士衆,遠涉江湖之間。"

(二)讀 zhòng。射中。《孟子·萬章下》:"由射於百步之外也,其至,爾力也;其~,非爾力也。"引申爲適合,符合。《莊子·養生主》:"莫不~音。"《荀子·勸學》:"木直~繩。"又:"其曲~規。"

315.【下】

(一)形容詞。下面的,下級的。跟"上"相對。《莊子·逍遥遊》:"故九萬里則風斯在~矣。"《左傳·成公二年》:"~臣不幸,屬當戎行。"引申爲低。跟"高"相對。《老子》二章:"高~相傾。"注意:上古没有"低"字,凡"低"的意義都説"下"。

(二)動詞。降下,走下。《論語·八佾》:"揖讓而升,~而飲。"《莊子·逍遥遊》:"不過數仞而~。"

按:形容詞的"下"舊讀上聲,動詞的"下"舊讀去聲,今皆讀去聲。

古漢語通論

(十三)連詞,介詞

1.連詞

古代漢語常用的連詞有"與""及""且""而""以""則""於是"

“故”“是故”“然”“況”“而況”“雖”“若”“如”“苟”等等。例如:

今由與求也相夫子。(論語·季氏)

生莊公及共叔段。(左傳·隱公元年)

公語之故,且告之悔。(同上)

今臣之刀十九年矣,所解數千牛矣,而刀刃若新發於硎。(莊子·養生主)

焉用亡鄭以陪鄰?(左傳·僖公三十年)

屨大小同,則賈相若。(孟子·滕文公上)

孟嘗君使人給其食用,無使乏。於是馮諼不復歌[①]。(戰國策·齊策四)

求也退,故進之;由也兼人,故退之。(論語·先進)

是故質的張而弓矢至焉。(荀子·勸學)

(是故,本義是“這個緣故”,可以看作雙音詞,等於單説“故”。)

吾不能早用子,今急而求子,是寡人之過也。然鄭亡,子亦有不利焉。(左傳·僖公三十年)

(然,然而,但是。)

蔓草猶不可除,況君之寵弟乎?(左傳·隱公元年)

(況,何況。)

技經肯綮之未嘗,而況大軱乎?(莊子·養生主)

雖有智慧,不如乘勢;雖有鎡基,不如待時。(孟子·公孫丑上)

---

① “於是”用在句首,本來是“在這時候”的意思,例如《左傳·成公三年》:“於是荀首佐中軍矣,故楚人許之。”由於用於句首,所以發展爲雙音的連詞,略等於現代的“於是”。《左傳·襄公三年》:“祁奚請老。晉侯問嗣焉,稱解狐——其讎也。將立之而卒。又問焉。對曰:‘午也可。’於是羊舌職死矣。晉侯曰:‘孰可以代之?’對曰:‘赤也可。’於是使祁午爲中軍尉,羊舌赤佐之。”前一個“於是”當“在這時候”講,後一個“於是”是連詞。這是要依據上下文,細玩文意,來加以區别的。

(雖,雖然,即使。)

若使燭之武見秦君,師必退。(左傳·僖公三十年)

王如知此,則無望民之多於鄰國也。(孟子·梁惠王上)

苟虧人愈多,其不仁兹甚矣,罪益厚。(墨子·非攻上)

古代漢語的連詞很多,現在衹提出"而""以""則"三個連詞來加以討論,並附帶説明古書上常見的"然而""雖然""然則"的用法。

(1)而

連詞"而"字的作用是連接形容詞、動詞或動詞性的詞組,表示兩種性質或兩種行爲的聯繫。例如:

敏於事而慎於言。(論語·學而)

子温而厲,威而不猛,恭而安。(論語·述而)

以上是兩種性質的聯繫。

朝濟而夕設版焉。(左傳·僖公三十年)

臣以神遇而不以目視。(莊子·養生主)

以上是兩種行爲的聯繫。

"而"字還可以連接兩個句子,表示兩件事情的聯繫。例如:

彼節者有間,而刀刃者無厚。(莊子·養生主)

故令尹誅而楚姦不上聞,仲尼賞而魯民易降北。(韓非子·五蠹)

在古代漢語裏,"而"字一般不連接名詞或名詞性的詞組,連接名詞或名詞性詞組的,是連詞"與"字和"及"字(例見上文)①。《荀子·勸學》"蟹六跪而二螯","而"字所以能連接"六跪"和"二螯",是因爲它們在這裏用作謂語而帶有描述的性質,這是應該注意的。

① 這是就一般情況説,或許有個别例外。

“而”字可以用於順接,也可以用於逆接。所謂順接,是説相連接的兩項在意思上有某種類似,或者有密切的關係,中間没有轉折。例如:

美而艷。(左傳·桓公元年)

任重而道遠。(論語·泰伯)

是故質的張而弓矢至焉;林木茂而斧斤至焉;樹成蔭而衆鳥息焉;醯酸而蜹聚焉。(荀子·勸學)

順接的“而”字有時可以譯爲“而且”,有時可以譯爲“就”“便”(注意位置不同),這要看具體的上下文。但是更多的情況是現代口語不用與“而”字相當的連詞,現代書面語言仍舊沿用“而”字。

所謂逆接,是説相連接的兩項在意思上相反,或者不相諧調;不是事理相因,語意連貫,而是有個轉折。例如:

辭多類非而是,多類是而非。(吕氏春秋·察傳)

目不能兩視而明,耳不能兩聽而聰。(荀子·勸學)

遠人不服而不能來也,邦分崩離析而不能守也,而謀動干戈於邦内。(論語·季氏)

逆接的“而”字可以譯爲“卻”“可是”“但是”。

有時候,“而”字用在一句話的主語和謂語之間,細玩文意,實際上也是一種逆接。例如:

先生獨未見夫僕乎?十人而從一人者,寧力不勝,智不若耶?畏之也。(戰國策·趙策三)

(這意味着十人不應該從一人,而從一人。)

君子而不仁者有矣夫。(論語·憲問)

(這意味着君子應該仁,而不仁。)

有時候,“而”字用在主語和謂語之間,含有假設的意思,可以譯爲"如果"。例如：

人而無信，不知其可也。（論語·爲政）

人而無恒，不可以作巫醫。（論語·子路）

士而懷居，不足以爲士矣。（論語·憲問）

其實這種用法仍然是和逆接的用法相通的。《詩經·鄘風·相鼠》："相鼠有皮，人而無儀。人而無儀，不死何爲？"可以證明這一點。

有一點值得注意：所謂順接和逆接，衹是從具體的上下文的意思看的，並不是説"而"字有兩種性質。順接和逆接也不是截然分開的。例如《論語·公冶長》："始吾於人也，聽其言而信其行；今吾於人也，聽其言而觀其行。"第一個"而"字似乎是順接，第二個"而"字似乎是逆接，其實這兩個"而"字的作用都是表示兩種行爲的聯繫，在性質上是毫無分别的。

"而"字還可以用在狀語和動詞之間。例如：

太后盛氣而揖之。（戰國策·趙策四）

吾嘗終日而思矣，不如須臾之所學也。（荀子·勸學）

子路率爾而對。（論語·先進）

(2) 以

連詞"以"字也是用來連接兩個動詞或動詞性的詞組的，它表示在時間上一先一後的兩種行爲的聯繫。《左傳·成公二年》"余折以御"，就是一個例子。"而"字也有這種用法，例如《左傳·隱公元年》："公入而賦。"這在古漢語通論（十一）裏已經説過了。

用"以"字連接動詞或動詞性詞組的時候，後一行爲往往是前一行爲的目的，或者是前一行爲所産生的結果。例如：

晉侯復假道於虞以伐虢。（左傳·僖公五年）

（“假道於虞”的目的是“伐虢”。）

勞師以襲遠，非所聞也。（左傳·僖公三十二年）

（“勞師”的目的是“襲遠”。）

焉用亡鄭以陪鄰？（左傳·僖公三十年）

（“亡鄭”的結果是“陪鄰”。）

志士仁人，無求生以害仁，有殺身以成仁。（論語·衛靈公）

（“求生”的結果是“害仁”；“殺身”的目的是“成仁”。）

但是“以”字本身並不表示目的或結果。後一行爲是前一行爲的目的還是結果，這是從具體的上下文的意思來看的。這種連詞“以”是由介詞“以”進一步虚化而成的。

和“而”字一樣，“以”字也可以用在狀語和動詞之間，但是不如“而”字常見。例如：

若潛師以來，國可得也。（左傳·僖公三十二年）

願夫子輔吾志，明以教我。（孟子·梁惠王上）

（3）則

連詞“則”字一般用來連接條件複句中的分句，表示條件的分句在前，表示結果的分句在後。這種用法的“則”字可以譯爲“就”或“便”。例如：

諫而不入，則莫之繼也。（左傳·宣公二年）

君能有終，則社稷之固也。（同上）

故遠人不服，則修文德以來之。（論語·季氏）

王如知此，則無望民之多於鄰國也。（孟子·梁惠王上）

聖人已死，則大盗不起，天下平而無故矣。（莊子·胠篋）

“則”字又常常用於緊縮句，但是這種緊縮句也正是條件複句的緊縮。例如：

用之則行,舍之則藏。(論語·述而)

得之則生,弗得則死。(孟子·告子上)

故木受繩則直,金就礪則利。(荀子·勸學)

獻圖則地削,效璽則名卑。(韓非子·五蠹)

有時候没有用"則"字,從句子的意思上也可以看出是條件和結果的關係。例如:

今不取,後世必爲子孫憂。(論語·季氏)

聖人不死,大盜不止。(莊子·胠篋)

民無信不立。(論語·顔淵)

但是没有用"則"字的緊縮句不一定都是條件複句的緊縮。可能是因果關係,例如"肉腐出蟲,魚枯生蠹"(《荀子·勸學》);也可能是時間修飾,例如"食不語,寢不言"(《論語·鄉黨》)。我們閲讀古書時應該細心分辨。

有時候,"則"字所連接的兩項並不是條件和結果的關係,衹是第二件事情的出現,不是第一件事情的施事者所預期到的,這時候也用"則"字。在這種情況下,"則"字不能譯作"就"或"便",而是含有"原來已經"的口氣。例如:

使子路反見之,至則行矣。(論語·微子)

其子趨而往視之,苗則槁矣。(孟子·公孫丑上)

公使陽處父追之,及諸河,則在舟中矣。(左傳·僖公三十三年)

現代漢語没有和這種用法相當的連詞。

"則"字又可以用在意思相對待的並列的分句裏,以表示一種對比。例如:

入則無法家拂士,出則無敵國外患者,國恒亡。(孟子·告

子下)

子女玉帛,則君有之;羽毛齒革,則君地生焉。(左傳·僖公二十三年)

在這種情況下,"則"字前面的詞語有時候是表示時間修飾。例如:

鄒魯之臣,生則不得事養,死則不得飯含。(戰國策·趙策三)

是故無事則國富,有事則兵强,此之謂王資。(韓非子·五蠹)

(4)然而,然則,雖然

在古代漢語裏,"然"和"而"、"然"和"則"、"雖"和"然"常常連用,成爲"然而""然則""雖然"這幾種形式;其中"然"字是指示代詞,"而""則""雖"纔是真正的連詞。我們在閱讀古書的時候,應當把它們當中的兩個成分分開來理解。

"然而"中的"然"字表示"如此"。"然而"實際上等於説"如此,可是……"。例如:

七十者衣帛食肉,黎民不飢不寒;然而不王者,未之有也。(孟子·梁惠王上)

夫環而攻之,必有得天時者矣;然而不勝者,是天時不如地利也。(孟子·公孫丑下)

"然則"中的"然"字也是表示"如此"。"然則"實際上等於説"如此,就……"。例如:

對曰:"……臣實不才,又誰敢怨?"王曰:"然則德我乎?"(左傳·成公三年)

魯仲連曰:"然梁之比于秦若僕耶?"辛垣衍曰:"然。"魯仲連曰:"然則吾將使秦王烹醢梁王。"(戰國策·趙策三)

現代漢語用"雖然"的地方,上古漢語衹用一個"雖"字。古代"雖"字和"然"字也常常連用,但是"然"字還有實在意義,"雖然"

實際上應作"雖然如此"講。例如:

對曰:"臣不任受怨,君亦不任受德,無怨無德,不知所報。"王曰:"雖然,必告不穀。"(左傳·成公三年)

雖然,每至於族,吾見其難爲,怵然爲戒,視爲止,行爲遲。(莊子·養生主)

2.介詞

古代漢語常用的介詞有"以""於""爲""與""之"等等。例如:

野馬也,塵埃也,生物之以息相吹也。(莊子·逍遥遊)

夫鵷鶵發於南海,而飛於北海。(莊子·秋水)

庖丁爲文惠君解牛。(莊子·養生主)

冬,與越人水戰,大敗越人。(莊子·逍遥遊)

不聞先王之遺言,不知學問之大也。(荀子·勸學)

下面討論介詞"以""於""爲""之"的用法。

(1)以

"以"字本來是一個動詞,意思是"用",例如《論語·憲問》:"桓公九合諸侯,不以兵車,管仲之力也。""以"字又表示"以爲"(認爲)的意思,例如《戰國策·趙策四》:"老臣以媪爲長安君計短也。"但是更常見的是用作介詞,它是由動詞"以"虚化而來的。

介詞"以"字的主要用法有兩種:第一種,表示行爲以某物爲工具或憑藉,在意義上雖然可以譯成現代的"用"或"拿",但是它具有更純粹的介詞性質。"以"的賓語所表示的事物,可以是具體的,也可以是比較抽象的。例如:

許子以釜甑爨,以鐵耕乎?(孟子·滕文公上)

臣以神遇而不以目視。(莊子·養生主)

君若以德綏諸侯,誰敢不服?(左傳·僖公四年)

以亂易整,不武。(左傳·僖公三十年)

儒以文亂法,俠以武犯禁。(韓非子·五蠹)

第二種,引進原因,在意義上略等於現代的"因爲",但是"以"字後面的話應該認爲是介詞的賓語。例如:

左右以君賤之也,食以草具。(戰國策·齊策四)

君子不以言舉人,不以人廢言。(論語·衛靈公)

以母則不食,以妻則食之。(孟子·滕文公下)

今子欲以子之梁國而嚇我邪?(莊子·秋水)

關於"以"字組成的介賓詞組,在詞序上有兩種變化值得注意:第一,整個介賓詞組可以放在動詞前面,也可以放在動詞(及其賓語)的後面。再舉幾個放在後面的例子:

五畝之宅,樹之以桑,五十者可以衣帛矣。(孟子·梁惠王上)

我非愛其財而易之以羊也。(同上)

南方有鳥焉,名曰蒙鳩,以羽爲巢,而編之以髮,繫之葦苕。(荀子·勸學)

凡聞言必熟論,其於人必驗之以理。(吕氏春秋·察傳)

第二,爲了强調介詞"以"的賓語,可以把賓語提到"以"的前面。例如:

吾道一以貫之。(論語·里仁)

詩三百,一言以蔽之,曰:思無邪。(論語·爲政)

江漢以濯之,秋陽以暴之,皜皜乎不可尚已!(孟子·滕文公上)

有時候,提前的賓語是代詞"是"字。"是以"等於説"因此"。例如:

敏而好學,不恥下問,是以謂之文也。(論語·公冶長)

仲尼之徒無道桓文之事者,是以後世無傳焉。(孟子·梁惠王上)

是以十九年而刀刃若新發於硎。(莊子·養生主)

"以"字後面的賓語所指的事物,如果已經在上文出現過,這賓語就可以省略。這時候"以"字可以譯成現代漢語的"拿來""拿去",但是"以"字的詞性和它們並不完全相同。例如:

小人有母,皆嘗小人之食矣,未嘗君之羹。請以遺之。(左傳·隱公元年)

若亡鄭而有益於君,敢以煩執事。(左傳·僖公三十年)

王見之,曰:"牛何之?"對曰:"將以釁鐘。"(孟子·梁惠王上)

魏王貽我大瓠之種,我樹之成而實五石,以盛水漿,其堅不能自舉也。(莊子·逍遥遊)

表示憑藉或引進原因的"以"字,它的賓語也可能承上省略。這時候"以"字仍表示"藉此""因此"的意思。例如《莊子·逍遥遊》:"能不龜手一也,或以封,或不免於洴澼絖,則所用之異也。"不過這種省略的情況比較少見。

"無以",等於説"没有什麽可以拿來……";"有以",等於説"有什麽可以拿來……"。例如:

爾貢包茅不入,王祭不共,無以縮酒,寡人是徵。(左傳·僖公四年)

自夫子之死也,吾無以爲質矣!(莊子·徐无鬼)

臣乃得有以報太子。(戰國策·燕策三)

(2)於(于,乎,諸)

"於"字的用法大致可以分爲三種:第一種,引進處所;第二種,引進比較的對象;第三種,引進行爲的主動者。"於"字的第三種用法在古漢語通論(八)裏已經講過了,現在討論第一種用法和第二種用法。

第一種用法的"於"字略等於現代的"在""到""從""對於""在……方面"等意義。例如:

子路宿於石門。(論語·憲問)

王坐於堂上。(孟子·梁惠王上)

以上表示"在"。

海運則將徙於南冥。(莊子·逍遥遊)

河内凶,則移其民於河東,移其粟於河内。(孟子·梁惠王上)

以上表示"到"。

虎兕出於柙。(論語·季氏)

青,取之於藍而青於藍。(荀子·勸學)

以上表示"從"。

問於桀溺。(論語·微子)

當仁不讓於師。(論語·衛靈公)

己所不欲,勿施於人。(同上)

季氏將有事於顓臾。(論語·季氏)

以上表示"向"或"對"。

始吾於人也,聽其言而信其行;今吾於人也,聽其言而觀其行。(論語·公冶長)

不義而富且貴,於我如浮雲。(論語·述而)

以上表示"對於"。

敏於事而慎於言。(論語·學而)

夫子固拙於用大矣。(莊子·逍遥遊)

以上表示"在……方面"。

以上引進處所的"於"字可以分爲若干小類,衹是從現代漢語與古代漢語的對比上説的;至於古代漢語本身,並不須要這樣分别。試看《論語·季氏》"虎兕出於柙,龜玉毁於櫝中",兩句的句式是相同的;第一個"於"字解作"從",第二個"於"字解作"在",都衹是受了前面動詞的影響,"於"字本身的詞義和詞性都没有發生變化。

再説,古代漢語的"於"字,比現代漢語的"在""到"等具有更純粹的介詞性。因此,往往"在於"連用,"至於"連用。"在"和"至"在古代漢語裏是動詞,不是介詞,動詞與介詞連用是完全合理的。例如:

其耳目在於旗鼓。(國語·晉語)

不似豪末之在於馬體乎?(莊子·秋水)

今恩足以及禽獸,而功不至於百姓者,獨何與?(孟子·梁惠王上)

雖然,每至於族,吾見其難爲。(莊子·養生主)

吾非至於子之門,則殆矣。(莊子·秋水)

在討論"於"字引進處所這一用法時,有一件事值得提出來説一説。那就是在古人的思想表達中常常有"今……於此"的説法,字面上是説此時此地,實際上是表示一種假設。例如:

今有人於此,少見黑曰黑,多見黑曰白,則以此人不知白黑之辯矣;少嘗苦曰苦,多嘗苦曰甘,則必以此人爲不知甘苦之辯矣。(墨子·非攻上)

今王田獵於此,百姓聞王車馬之音,見羽旄之美,舉疾首蹙頞而相告曰:"吾王之好田獵,夫何使我至於此極也?父子不相見,兄弟妻子離散。"(孟子·梁惠王下)

有時候祇説"……於此(斯)",也是表示假設。例如:

有楚大夫於此,欲其子之齊語也,則使齊人傅諸?使楚人傅諸?(孟子·滕文公下)

有美玉於斯,韞匵而藏諸?求善賈而沽諸?(論語·子罕)

這種假設的情況,通常是作爲比喻來説明某個問題的。

用"於"字組成的介賓詞組,除表示"對於"必須放在動詞前面外,其餘有的偶爾也放在動詞之前,《孟子·梁惠王上》"夫子言之,於我心有戚戚焉",就是一個例子。但是更多的是放在動詞之後("宿於石門""坐於堂上")。中古以後,放在動詞前面的漸漸多起來了,不過古文家大致還是遵用上古的語法。

有時候,可以不用"於"字,《史記》常用這種語法。例如:

晉軍函陵,秦軍氾南。(左傳·僖公三十年)

寡人有罪國家。(戰國策·齊策)

吾聞秦軍圍趙王鉅鹿。(史記·項羽本紀)

將軍戰河北,臣戰河南。(同上)

項王則夜起飲帳中。(同上)

引進處所的"於"字也可以用來引進時間。例如:

子於是日哭,則不歌。(論語·述而)

繁啟蕃長於春夏,畜積收臧於秋冬。(荀子·天論)

第二種用法的"於"字略等於現代的"比,"一般用於描寫句。例如:

季氏富於周公。(論語·先進)

叔孫武叔語大夫於朝曰:"子貢賢於仲尼。"(論語·子張)

王如知此,則無望民之多於鄰國也。(孟子·梁惠王上)

且王者之不作,未有疏於此時者也;民之憔悴於虐政,未有

甚於此時者也。(孟子·公孫丑上)

小子識之,苛政猛於虎也。(禮記·檀弓)

我們要注意古今詞序的不同:在古代漢語裏,表示比較的介賓詞組放在形容詞的後面("苛政猛於虎");在現代漢語裏,表示比較的介賓詞組放在形容詞的前面("苛政比老虎更兇猛")。

有時候,不是比較程度,衹是指出異同,也可以用同樣的結構。例如:

我則異於是,無可無不可。(論語·微子)

是何異於刺人而殺之,曰:"非我也,兵也。"(孟子·梁惠王上)

"于"字大致等於"於",但是上古"于""於"不同音。《尚書》《詩經》一般用"于",《論語》除引《尚書》而外,通例不用"于",《孟子》大多數用"於",這跟時代或作者編者的方言有關。也有一些古書是"于""於"並用的,如《左傳》。在這些書裏,"于""於"是有大致的分工的:如果所介的是地名,一般用"于"不用"於";如果在被動句或描寫句裏,一般用"於"不用"于"。很少例外。

"乎"字也可以當"於"字用。例如:

浴乎沂,風乎舞雩。(論語·先進)

千乘之國,攝乎大國之間。(同上)

以吾一日長乎爾。(同上)

異乎三子者之撰。(同上)

或問乎曾西曰。(孟子·公孫丑上)

雞鳴狗吠相聞而達乎四境。(同上)

但是,"乎"字不是在任何情況下都能代替"於"字的。比如(甲)被動句通常不用"乎"字("東敗於齊"不說"東敗乎齊");(乙)"對於”的意義不用“乎”字（“始吾於人也”不説“始吾乎人也”）。相反地，有一種特殊情況卻衹用“乎”不用“於”：“惡乎”的意義是“於何”（詞序不同），不能説成“惡於”。在上古時代，一般也不用“於何”。例如：

君子去仁，惡乎成名？（論語·里仁）

敢問夫子惡乎長？（孟子·公孫丑上）

“諸”字等於説“之於”，它是“之”“於”二字的合音。例如：

殺之，寘諸畚。（左傳·宣公二年）

穆公訪諸蹇叔。（左傳·僖公三十二年）

（訪之於蹇叔；向蹇叔諮詢此事。）

子張書諸紳。（論語·衛靈公）

（書之於紳；把它寫在衣帶上。）

言舉斯心加諸彼而已。（孟子·梁惠王上）

後代有人把“諸於”二字連用，那是謬誤的仿古，因爲“諸”字已經代表“之於”，自然不能再加“於”字了。

（3）爲

介詞“爲”字讀 wèi，略等於現代的“給”“替”或“因爲”。例如：

及莊公即位，爲之請制。（左傳·隱公元年）

爲人謀而不忠乎？（論語·學而）

而求也爲之聚斂而附益之。（論語·先進）

爲長者折枝。（孟子·梁惠王上）

然則一羽之不舉，爲不用力焉；輿薪之不見，爲不用明焉；百姓之不見保，爲不用恩焉。（孟子·梁惠王上）

介詞“爲”字後面的賓語可以省略。例如：

君子不能爲謀也。（禮記·檀弓下）

每至於族，吾見其難爲，怵然爲戒，視爲止，行爲遲。（莊子·養生主）

(4)之

介詞“之”字的用法是放在定語和名詞之間，把定語介紹給名詞，有的略等於現代漢語的“的”。例如：

仲尼之徒無道桓文之事者，是以後世無傳焉。（孟子·梁惠王上）

今臣之刀十九年矣。（莊子·養生主）

其翼若垂天之雲。（莊子·逍遥遊）

是故無冥冥之志者，無昭昭之明；無惛惛之事者，無赫赫之功。（荀子·勸學）

“之”字還有一種用法最值得注意，那就是把它用在主語謂語之間，取消句子的獨立性。所謂取消句子的獨立性，就是使句子在形式上詞組化，意思上不完整，如果不依賴一定的上下文，就不能獨立存在。細分起來，有兩種情況：

第一，在一個分句的主語謂語之間用“之”字，表示語意未完，讓聽者或讀者等待下文。例如：

左師公曰：“父母之愛子，則爲之計深遠。”（戰國策·趙策四）

苟子之不欲，雖賞之不竊。（論語·顔淵）

虢射曰：“皮之不存，毛將安傅？”（左傳·僖公十四年）

（“傅”同“附”。）

單説“父母愛子”，是一個獨立而完整的句子，現在在主語“父母”和謂語“愛子”之間用一個“之”字，説成“父母之愛子”，這就在形式上詞組化了，不能認爲有獨立性了；在意思上也顯得話還没有説完，聽者或讀者必然等待下文——“則爲之計深遠”。其餘兩個例子,也可以作同樣的分析。

在表示時間修飾的分句裏,最容易見到這種"之"字。例如:

臣之壯也,猶不如人。(左傳·僖公三十年)

媪之送燕后也,持其踵爲之泣,念悲其遠也,亦哀之矣。(戰國策·趙策四)

君子之至於斯也,吾未嘗不得見也。(論語·八佾)

鵬之徙於南冥也,水擊三千里。(莊子·逍遥遊)

可以説這是上古漢語表示時間修飾經常用的一種句法。《莊子·養生主》"始臣之解牛之時,所見無非牛者",既在主語謂語之間用"之"字,又説"之時",倒反而少見。

第二,這種"之"字又常常用在充當主語或賓語的主謂結構之間。先看做主語的主謂結構之間用"之"字的例子:

貢之不入,寡君之罪也。(左傳·僖公四年)

子之哭也,壹似重有憂者?(禮記·檀弓下)

民之悦之,猶解倒懸也。(孟子·公孫丑上)

湯之問棘也是已。(莊子·逍遥遊)

有時候,不是在主語謂語之間用"之"字,而是在主語和"於"字介賓詞組之間用"之"字,這樣形成的結構再做句子的主語。例如:

寡人之於國也,盡心焉耳矣。(孟子·梁惠王上)

君子之於禽獸也,見其生,不忍見其死;聞其聲,不忍食其肉。(同上)

再看做賓語的主謂結構之間用"之"字的例子:

宦三年矣,未知母之存否。(左傳·宣公二年)

歲寒,然後知松柏之後彫也。(論語·子罕)

唯恐緘縢扃鐍之不固也。(莊子·胠篋)

又況聞樊將軍之在乎！（戰國策·燕策三）

無或乎王之不智也。（孟子·告子上）

上面所討論的在主語和謂語之間加"之"字的句法，其主語都是名詞。假如這個名詞已經在上文出現，就常常用一個"其"字來代替它，因爲"其"字所代替的正是名詞加介詞"之"字。例如：

宋人有曹商者，爲宋王使秦。其往也，得車數乘。（莊子·列禦寇）

孟子，吾見師之出，而不見其入也。（左傳·僖公三十二年）

陽貨瞯孔子之亡也，而饋孔子蒸豚；孔子亦瞯其亡也，而往拜之。（孟子·滕文公下）

（"瞯"kàn，視，瞧。）

第一個例子裏的"其往也"，等於説"曹商之往也"；第二個例子裏的"其入也"，等於説"師之入也"；第三個例子裏的"其亡也"，等於説"陽貨之亡也"。再舉兩個例子：

其視下也，亦若是則已矣。（莊子·逍遥遊）

彼，其於世，未數數然也。（同上）

（十四）句首句中語氣詞；詞頭，詞尾

1.句首句中語氣詞

語氣詞不一定在句尾；有些虚詞，它們的位置在句首或句中，同樣地能起表示語氣的作用。關於句尾語氣詞，我們在前面幾節通論講判斷句、敘述句和疑問句的時候，已經大略地談過了。現在再談句首句中語氣詞。在這裏我們着重討論"夫""其""唯"三個字。

（1）夫

"夫"（fú）字用於句首，表示要發議論。它是從指示代詞"夫"

字發展來的，已經變成了純粹的語氣詞，不能再解作“這個”或“那個”。現代漢語裏没有適當的虚詞可以和它對譯。下面是用句首語氣詞“夫”字的例子：

夫得言不可以不察，數傳而白爲黑，黑爲白。（吕氏春秋·察傳）

夫處窮閭阨巷，困窘織屨，槁項黄馘者，商之所短也；一悟萬乘之主而從車百乘者，商之所長也。（莊子·列禦寇）

夫如是，故遠人不服，則脩文德以來之。既來之，則安之。（論語·季氏）

“且夫”“故夫”“今夫”略等於説“且”“故”“今”，但是增加了“夫”字，也是表示要發議論。例如：

且夫水之積也不厚，則其負大舟也無力。（莊子·逍遥遊）

故夫知效一官，行比一鄉，德合一君，而徵一國者，其自視也亦若此矣。（同上）

今夫顓臾，固而近於費。（論語·季氏）

“若夫”則等於“至於”：

此雖免於行，猶有所待者也；若夫乘天地之正，而御六氣之辯，以遊無窮者，彼且惡乎待哉？（莊子·逍遥遊）

（2）其

語氣詞“其”字用於句首或句中，表示委婉的語氣。在陳述句或疑問句裏，它表示“大概”“恐怕”等意思；在祈使句裏，它就簡單地表示委婉的語氣，略等於現代漢語句末語氣詞“吧”字或“啊”字所表示的委婉語氣。例如：

吾其被髮左衽矣！（論語·憲問）

（我們恐怕已經變爲夷狄了吧！）

王之好樂甚，則齊國其庶幾乎！（孟子·梁惠王上）

（那麽齊國大概差不多了吧！）

吾其還也。（左傳・僖公三十年）

（我還是回去吧。）

其是之謂乎？（左傳・隱公元年）

（大概是説這個吧？）

其我之謂矣！（左傳・宣公二年）

（大概就是説我了吧！）

以上是陳述句和疑問句。

君其問諸水濱。（左傳・僖公四年）

（您還是向水濱追問吧。）

吾子其無廢先君之功！（左傳・隱公三年）

（您可别廢棄了先君的事業啊！）

以上是祈使句。

"其"字又可加重反問的語氣。例如：

一之謂甚，其可再乎？（左傳・僖公五年）

欲加之罪，其無辭乎？（左傳・僖公十年）

其誰曰不然？（左傳・隱公元年）

其誰不知？（左傳・僖公三十二年）

其何以行之哉！（論語・爲政）

其何傷於日月乎？（論語・子張）

這種加重反問語氣的"其"字，往往用在疑問代詞的前面。

（3）惟（唯、維）

"惟"字用在句子的開頭，是古人所謂的發語詞。在記敘文中，"惟"往往用在全文的開始，引出年月日。例如：

惟十有三年春，大會于孟津。（尚書・泰誓上）

惟十有三祀,王訪于箕子。(尚書·洪範)

(祀,年)

"唯"字用作句首語氣詞時,有時是表示希望。例如:

闕秦以利晉,唯君圖之。(左傳·僖公三十年)

(希望您考慮考慮這個。)

唯荆卿留意焉。(戰國策·燕策三)

(希望您把這件事放在心上。)

"唯"字用於句首又可以幫助判斷語氣。例如《左傳·僖公四年》:"唯是風馬牛不相及也。"

"惟""維"用於句中,也是幫助判斷語氣。例如:

黍稷非馨,明德惟馨。(左傳·僖公五年)

髡彼兩髦,實維我儀。(詩經·鄘風·柏舟)

厥土惟白壤。(尚書·禹貢)

民惟邦本,本固邦寧。(僞古文尚書·五子之歌)

除了上述的"夫""其""惟(唯、維)"等外,還有許多句首句中語氣詞。例如"爾有母遺,繄我獨無"(《左傳·隱公元年》),"民不易物,惟德繄物"(《左傳·僖公五年》),這個"繄"字也是句首句中語氣詞。這些都不一一列舉了。

2.詞頭,詞尾

詞頭、詞尾不是一個詞,它們衹是詞的構成部分,本身没有詞彙意義,衹表示詞性。有些詞頭也不專門表示一種詞性。在那種情況下,就真正是有音無義了。

(甲)關於詞頭,我們衹講"有""其""言""于""薄"五字。

(1)有

"有"字作爲詞頭,用於專名的前面。常見的有上古時代的朝代名、國名、部族名等。例如：

我不可不監于有夏，亦不可不監于有殷。（尚書·召誥）

上及有虞，下及五伯。（莊子·大宗師）

禹攻有扈。（莊子·人間世）

鯀納有莘氏女，生禹。（史記·夏本紀）

"有"字又用於某些名詞的前面。例如：

友于兄弟，施于有政。（論語·爲政）

孔甲擾于有帝。（左傳·昭公二十九年）

（孔甲，夏王。擾，順。帝，上帝。）

"有"字又用於某些形容詞的前面。例如：

不我以歸，憂心有忡。（詩經·邶風·擊鼓）

（有忡，等於"忡忡"，心中不寧的樣子。）

有洸有潰。（詩經·邶風·谷風）

（"有洸有潰"等於"洸洸潰潰"，形容水激怒潰決的樣子。）

"有"字還有一種特别的用途，在這裏順便講一講，就是"有"字嵌入數目字的中間，表示整數和零數的關係。在上古時代，"十五"也常説成"十有五"，"三百六十六"也常説成"三百六十有六"。例如：

吾十有五而志於學。（論語·爲政）

必有寢衣，長一身有半。（論語·鄉黨）

舜相堯二十有八載。（孟子·萬章上）

朞三百有六旬有六日。（尚書·堯典）

（朞jī，一周年。）

但是這種用法的"有"字不是詞頭，這是應該注意的。

（2）其

"其"字用作詞頭，一般用於形容詞或不及物動詞的前面。

例如:

擊鼓其鏜,踴躍用兵。(詩經·邶風·擊鼓)

北風其涼,雨雪其雱。(詩經·邶風·北風)

(雨雪,降雪。雱 pāng,雪盛的樣子。)

八月其穫,十月隕蘀。(詩經·豳風·七月)

(穫,收穫。隕蘀,葉子落下來。)

(3)言

"言"字用作詞頭,放在動詞的前面。例如:

言告師氏,言告言歸。(詩經·周南·葛覃)

翹翹錯薪,言刈其楚。(詩經·周南·漢廣)

陟彼南山,言采其蕨。(詩經·召南·草蟲)

(4)于

"于"字用作詞頭,也放在動詞的前面。例如:

之子于歸,宜其室家。(詩經·周南·桃夭)

君子于役,不知其期。(詩經·王風·君子于役)

王于興師,修我戈矛,與子同仇。(詩經·秦風·無衣)

(5)薄

"薄"字用作詞頭,也放在動詞的前面。例如:

薄汙我私,薄澣我衣。(詩經·周南·葛覃)

薄伐玁狁,至于大原。(詩經·小雅·六月)

此外還有一些詞頭如"載""誕""式"等字,它們的情况比較複雜,不一定都放在動詞前面。這裏就不細講了。值得注意的是:除"有"字外,這些詞頭一般衹用於詩歌,散文中很少用到。

(乙)關於詞尾,我們着重講一個"然"字。"然"字是一個指示代詞,表示"這樣""那樣"。當"然"字放在形容詞後面的時候,它

的指示性就減輕了,變了詞尾的性質。例如:

辛垣衍怏然不悦。(戰國策·趙策三)

文王聞之,喟然而歎。(同上)

硜硜然小人哉!(論語·子路)

夫子憮然。(論語·微子)

填然鼓之。(孟子·梁惠王上)

舉欣欣然有喜色。(同上)

天油然作雲,沛然下雨,則苗浡然興之矣。(同上)

"乎""焉""如""爾"等字,用作詞尾時,它們的作用和"然"字相等。例如:

焕乎其有文章。(論語·泰伯)

我心憂傷,惄焉如擣。(詩經·小雅·小弁)

孔子於鄉黨,恂恂如也,似不能言者。(論語·鄉黨)

子路率爾而對。(論語·先進)

這些詞尾加在形容詞的後面,能增加形象化的色彩。甚至本來不是形容詞的,也變爲形容詞的性質,例如"欣"字本來是動詞,但"欣欣然"卻是形容詞;單説"欣然"也變了形容詞,例如《莊子·秋水》:"於是焉河伯欣然自喜。"

第六單元

文　選

詩　經

《詩經》是我國最早的一部詩歌總集，收周代詩歌三百零五篇，分爲風、雅、頌三類。

風包括周南、召南、邶、鄘、衛、王、鄭、齊、魏、唐、秦、陳、檜、曹、豳等十五部分，合稱十五國風（簡稱國風），共一百六十篇。大部分是民間歌謡，小部分是貴族作品。

雅分大雅、小雅，共一百零五篇。小雅，大部分是貴族的作品，小部分是民間歌謡。大雅則全是貴族的作品，其中有敘事詩，有祭祀詩。

頌有周頌、魯頌、商頌，共四十篇。周頌産生於西周前半期，魯頌大約是公元前7世紀魯國的詩，商頌大約是公元前8、7世紀宋國的詩。這些詩多半是西周、魯國和宋國的最高統治者用於宗廟祭祀的樂歌，也都是貴族的作品。

《詩經》産生的時代，上自西周初期（公元前11世紀），下至春秋中期（公元前6世紀），共約五百多年。除極少數是西周作品外，大部分是東周時代的作品。它所包括的時期是如此之長，題材又十分廣泛,所以反映了當時社會的各個方面,如複雜的社會生活和階級鬥爭,人民大衆的思想和感情等,具有很强的現實主義精神。

《詩經》不僅在我國文學史上有極重要的地位,就是在漢語發展史上的地位也是非常重要的。它反映了周初到春秋中葉文學語言的真實面貌,具有豐富的詞彙,尤其在研究上古音韻方面,它是極爲重要的資料。

《詩經》的“經”字是漢儒加上去的,先秦衹稱爲詩,不稱詩經。《詩經》經秦火後,至漢復傳,傳詩者共有四家,即齊、魯、韓、毛。齊人轅固所傳的叫齊詩,魯人申培所傳的叫魯詩,燕人韓嬰所傳的叫韓詩,魯人毛亨所傳的叫毛詩。四家解詩,多有不同。自東漢鄭玄爲毛傳(原名詁訓傳,傳音 zhuàn)作箋後,學毛詩的漸多,以後其他三家逐漸衰廢,而且先後亡佚了。現在的《詩經》就是毛亨所傳的。

歷代的《詩經》注本和研究《詩經》的著作很多,通行的較好的注本有:《毛詩正義》(漢毛亨傳,東漢鄭玄箋,唐孔穎達疏),《詩集傳》(宋朱熹著),《詩毛氏傳疏》(清陳奂著),《毛詩傳箋通釋》(清馬瑞辰著)。歷代的解詩者爲時代所限,解釋《詩經》,不盡符合《詩經》的原意,甚至作了一些歪曲。因此,我們讀這些注本時,必須抱審慎的態度,對古人的解説,既不可迷信,也不應一筆抹煞。

國　風

關　雎(周南)〔1〕

關關雎鳩〔2〕,在河之洲〔3〕。窈窕淑女〔4〕,君子好逑〔5〕。

参差荇菜[6]，左右流之[7]。窈窕淑女，寤寐求之[8]。

求之不得，寤寐思服[9]。悠哉悠哉[10]，輾轉反側[11]。

参差荇菜，左右采之。窈窕淑女，琴瑟友之[12]。

参差荇菜，左右芼之[13]。窈窕淑女，鐘鼓樂之[14]。

〔1〕關雎（jū），篇名。《詩經》每篇都用第一句裏的幾個字（一般是兩個字）作爲篇名。周南，西周初期，周公旦住東都洛邑（在今河南洛陽東北），統治東方諸侯。周南當是在周公統治下的南方（今洛陽以南直到湖北）的詩歌。《關雎》是一首情歌，寫一個男子思慕一位女子，並設法去追求她。

〔2〕關關，鳥的和鳴聲。雎鳩，一種水鳥。

〔3〕洲，水中的陸地。這裏以在小洲上叫的雎鳩引出下文兩句話，這種表達方法叫做興（xìng）。興用一種事物引出自己想要説的事物，兩種事物之間有一定的聯繫，但在解釋時，不能牽强附會。

〔4〕窈窕（yǎotiǎo），美好的樣子。淑，品德好。

〔5〕逑（qiú），配偶。

〔6〕参差（cēncī），長短不齊。荇（xìng），一種水草，可以吃。

〔7〕向左邊右邊尋找。流，順水之流而取（依朱熹説）。

〔8〕寤（wù），睡醒。寐（mèi），睡着了。

〔9〕服，想。思服，想念。

〔10〕悠（yōu），思（依毛傳）。

〔11〕輾轉，轉動。反側，翻來覆去。

〔12〕琴瑟，都是古代的樂器。琴有五弦或七弦，瑟有二十五弦。友，親愛。這是説用琴瑟作樂來表達愛她之意。

〔13〕芼（mào），選擇。

〔14〕用鐘鼓奏樂來使她快樂。

[韻部]鳩、洲、逑，幽部。流、求，幽部。得、服、側，職部。采、友，之部。芼，宵

部;樂,藥部,宵藥合韻。

卷　耳(周南)[1]

采采卷耳[2],不盈頃筐[3]。嗟我懷人[4],寘彼周行[5]。

陟彼崔嵬[6],我馬虺隤[7]。我姑酌彼金罍[8],維以不永懷[9]。

陟彼高岡,我馬玄黄[10]。我姑酌彼兕觥[11],維以不永傷[12]。

陟彼砠矣[13],我馬瘏矣[14]。我僕痡矣[15],云何吁矣[16]!

〔1〕這首詩寫一個采卷耳的婦女懷念她遠行在外的愛人,想像他在外的各種情況。

〔2〕采采,茂盛鮮明的樣子。卷耳,又名苓耳,一種菊科植物,嫩苗可以吃。

〔3〕盈,滿。頃筐,斜口筐子,後高前低。

〔4〕嗟(juē),歎詞。懷,想念。

〔5〕寘,放。彼,指示代詞,那。周行(háng),大道(依朱熹説)。

〔6〕這句以下都是婦人想像她愛人在外的情況。陟(zhì),登。崔嵬(wéi),高山。

〔7〕我,婦人設想的她愛人的自稱。以下幾個"我"同。虺隤(huītuí),病。

〔8〕姑,姑且。酌,斟酒喝。罍(léi),盛酒器。這是説從金罍裏舀酒喝。

〔9〕維,句首語氣詞。以,介詞,它的賓語省略了,這裏是"藉此"的意思。永,長。懷。想念。

〔10〕玄黄,病。

〔11〕觥(gōng),飲酒器。兕(sì)觥,形似兕頭的觥。

〔12〕永傷,長久的憂思。

〔13〕砠(jū),有土的石山。

〔14〕瘏(tú),病。

〔15〕痡(pū),病。

〔16〕我多麽憂愁啊!云,詞氣詞。吁(xū),憂愁。

[韻部]筐、行,陽部。嵬、隤、罍、懷,微部。岡、黄、觥、傷,陽部。砠、瘏、痡、吁,魚部。

桃　夭(周南)〔1〕

桃之夭夭〔2〕,灼灼其華〔3〕。之子于歸〔4〕,宜其室家〔5〕。

桃之夭夭,有蕡其實〔6〕。之子于歸,宜其家室。

桃之夭夭,其葉蓁蓁〔7〕。之子于歸,宜其家人。

〔1〕這是一篇祝賀女子出嫁的輕快活潑的短詩。詩人熱情地贊美新娘,並祝她婚後生活幸福。

〔2〕夭夭(yāoyāo),少壯的樣子。

〔3〕灼灼(zhuózhuó),花盛的樣子,形容桃花火一般地紅艷。華,同"花"。

〔4〕之,這,指示代詞。子,指女子。于,動詞詞頭。歸,出嫁。後世就用"于歸"指出嫁。

〔5〕能使夫妻關係和諧、家庭和美。宜,和順,用如動詞,使動用法。室家,泛指夫妻。《左傳·桓公十八年》:"男有室,女有家。"下文"家室""家人"同義。

〔6〕有,形容詞詞頭。蕡(fén),大的樣子。實,果實。

〔7〕蓁蓁(zhēnzhēn),樹葉繁盛的樣子。

[韻部]華、家,魚部。實、室,質部。蓁、人,真部。

芣　苢(周南)〔1〕

采采芣苢〔2〕,薄言采之〔3〕。采采芣苢,薄言有之〔4〕。

采采芣苢，薄言掇之〔5〕。采采芣苢，薄言捋之〔6〕。

采采芣苢，薄言袺之〔7〕。采采芣苢，薄言襭之〔8〕。

〔1〕這是一篇反映勞動的詩歌，是婦女們採集芣苢時唱的。詩中刻畫了採芣苢的勞動過程，洋溢着飽滿的勞動熱情。

〔2〕采采，茂盛鮮明的樣子。芣苢（fúyǐ），植物名，就是車前子。

〔3〕薄言，都是動詞詞頭。

〔4〕有，取得。

〔5〕掇（duō），摘取。

〔6〕捋（luō），成把地順着莖採下。

〔7〕袺（jié），手提着衣襟兜着。

〔8〕襭（xié），把衣襟掖在帶間兜着。

［韻部］采、有，之部。掇、捋，月部。袺、襭，質部。

北　門（邶風）〔1〕

出自北門，憂心殷殷〔2〕。終窶且貧〔3〕，莫知我艱。已焉哉〔4〕！天實爲之，謂之何哉〔5〕！

王事適我〔6〕，政事一埤益我〔7〕！我入自外，室人交徧讁我〔8〕。已焉哉！天實爲之，謂之何哉！

王事敦我〔9〕，政事一埤遺我〔10〕！我入自外，室人交徧摧我〔11〕。已焉哉！天實爲之，謂之何哉！

〔1〕邶（bèi），國名，周武王封紂子武庚在這裏，後來併入衛國。在今河南淇縣以北至湯陰縣一帶。這篇詩寫一個生活困難又不堪公務之苦的小官吏的慨歎，反映了最高統治者和下層官吏的矛盾。

〔2〕殷殷，憂愁的樣子。

〔3〕終，既已。窶（jù），窮到没法講求禮節。且，而且。貧，窮到没法生活（指

缺乏衣食金錢)。

〔4〕算了吧!

〔5〕謂之何,等於説奈之何(依王念孫説,見《經傳釋詞》引)。

〔6〕王事,指君王命令服勞役之事。適,擿(擲)字的省借(依馬瑞辰説,見《毛詩傳箋通釋》)。適我,投給我。

〔7〕政事,指賦税的事。一,一概,全部。埤(pí),厚,等於説重重地。益我,加給我。

〔8〕室人,家裏人。交,更迭(替换)。徧,同"遍",都。讁(zhé),同"謫",責怪。

〔9〕敦我,和"適我"同義。

〔10〕遺,加。

〔11〕摧,折磨。

[韻部]門、殷、貧、艱,文部;爲、何,歌部。適、益、讁,錫部;爲、何,歌部。敦,文部;遺、摧,微部,文微合韻。爲、何,歌部。

靜　女(邶風)〔1〕

靜女其姝〔2〕,俟我於城隅〔3〕。愛而不見,搔首踟躕〔4〕。

靜女其孌〔5〕,貽我彤管〔6〕。彤管有煒〔7〕,説懌女美〔8〕。

自牧歸荑〔9〕,洵美且異〔10〕。匪女之爲美〔11〕,美人之貽〔12〕。

〔1〕這是寫一個男子赴他情人的約會的詩。詩中刻畫了他見到那女子前後的不同心情。

〔2〕靜,閒雅安詳。其,形容詞詞頭。姝(shū),美麗。

〔3〕俟(sì),等候。城隅,指城上的角樓。

〔4〕搔，撓（náo）。踟躕（chíchú），走來走去。

〔5〕孌（luán），嬌美。

〔6〕貽（yí），贈給。彤（tóng），紅色。彤管，到底是什麽，向來説法不一，一説是紅色管狀的初生的草，就是下文的“荑”。此説較妥。

〔7〕有，形容詞詞頭。煒（wěi），紅而有光。

〔8〕説（yuè），即後來的“悦”。懌（yì），喜歡。女，你，後來寫作“汝”，指彤管。

〔9〕牧，放牧牛羊的地方。歸（kuì），通“饋”，贈給。荑（tí），剛長出的茅（草名）。

〔10〕洵（xún），確實。異，與衆不同。

〔11〕不是你（指荑）本身美。匪，通“非”。

〔12〕因爲你是美人贈給的。

〔韻部〕姝、隅、躕，侯部。孌、管，元部。煒，微部；美，脂部，微脂合韻。荑、美，脂部。異，職部；貽，之部，職之合韻。

柏　舟（鄘風）〔1〕

汎彼柏舟〔2〕，在彼中河〔3〕。髧彼兩髦〔4〕，實維我儀〔5〕。之死矢靡它〔6〕。母也天只〔7〕！不諒人只〔8〕！

汎彼柏舟，在彼河側。髧彼兩髦，實維我特〔9〕。之死矢靡慝〔10〕。母也天只！不諒人只！

〔1〕鄘（yōng），國名，周武王把他的弟弟管叔封在這裏，後來併入衛國。故城在今河南汲縣境。這篇詩寫一個姑娘自己找好了對象，不顧母親的阻撓，誓死忠於愛情，不肯改變主意，表現了她的强烈的鬥争性。

〔2〕汎，漂浮。柏舟，用柏木造的船。

〔3〕中河，就是河中。

〔4〕髧（dàn），髮下垂的樣子。兩髦（máo），男子没到成人時，披着頭髮，下齊眉毛，分向兩邊梳着，叫作“兩髦”。

〔5〕維,句中語氣詞,幫助判斷語氣。儀,配偶。

〔6〕之,至。矢,通"誓"。靡(mǐ),没有。它(tuō),同"他",指示代詞,别的。這裏指别的心,就是"二心"。

〔7〕母親啊!天啊!只,語氣詞,帶有感歎意味。

〔8〕諒,相信。人,人家,實指自己。

〔9〕特,配偶。

〔10〕慝(tè),通"忒"(tè),更改,變動。

[韻部]河、儀、它,歌部;天、人,真部。側、特、慝,職部;天、人,真部。

牆有茨(鄘風)〔1〕

牆有茨〔2〕,不可埽也〔3〕。中冓之言〔4〕,不可道也〔5〕;所可道也〔6〕,言之醜也〔7〕。

牆有茨,不可襄也〔8〕。中冓之言,不可詳也〔9〕;所可詳也,言之長也〔10〕。

牆有茨,不可束也〔11〕。中冓之言,不可讀也〔12〕;所可讀也,言之辱也〔13〕。

〔1〕相傳這是諷刺衛國統治階級荒淫無恥的詩。衛宣公死後,他的妻宣姜和他的庶長子公子頑私通,衛國人作了這篇詩來諷刺他們。

〔2〕茨(cí),蒺藜。

〔3〕埽,同"掃",掃除。

〔4〕中冓(gòu)之言,指内室裏淫僻的話。

〔5〕道,説。

〔6〕可説的話啊。

〔7〕談起它來真醜惡啊。言,談論。

〔8〕襄,除去。

〔9〕詳,細説。

〔10〕談起它來話長啊。

〔11〕束,舊注“束而去之”,含有“收拾乾淨”的意思。

〔12〕讀,誦言(依朱熹説),等於説公開地説出來。

〔13〕辱,恥辱。

[韻部]埽、道、道、醜,幽部。襄、詳、詳、長,陽部。束、讀、讀、辱,屋部。

相　鼠(鄘風)〔1〕

相鼠有皮〔2〕,人而無儀〔3〕。人而無儀,不死何爲〔4〕?

相鼠有齒,人而無止〔5〕。人而無止,不死何俟?

相鼠有體〔6〕,人而無禮。人而無禮,胡不遄死〔7〕?

〔1〕這也是諷刺當時統治階級荒淫無恥的詩。説他們連老鼠都不如,表現了人民對統治階級的痛恨和鄙視。

〔2〕看那老鼠還有一張皮。相(xiàng),仔細看。

〔3〕儀,合於禮貌的外表或舉動。

〔4〕何爲,做什麽。

〔5〕止,容止,指守禮法的行爲。

〔6〕體,肢體。

〔7〕胡,爲什麽。遄(chuán),快。

[韻部]皮、儀、儀、爲,歌部。齒、止、止、俟,之部。體、禮、禮、死,脂部。

氓(衛風)〔1〕

氓之蚩蚩〔2〕,抱布貿絲〔3〕,匪來貿絲,來即我謀〔4〕。送子涉淇〔5〕,至于頓丘〔6〕,匪我愆期〔7〕,子無良媒。將子無怒〔8〕,秋以爲期〔9〕。

〔1〕衛,國名,周武王把他的弟弟康叔封在這裏,在今河南北部及河北南部。

《氓》是一首棄婦詩，反映了封建社會裏婦女的痛苦，不僅是對那薄倖的男子而且是對男權社會的强烈的控訴。

〔2〕氓（méng），民，這裏指詩中的男主角。蚩蚩（chīchī），忠厚的樣子。

〔3〕布，幣。上古以布爲貨幣。貿，交易，買。

〔4〕來就我商量〔婚事〕。即，就。

〔5〕涉，渡。淇，河名，在今河南北部。

〔6〕頓丘，地名，在今河南清豐縣。

〔7〕愆（qiān），錯，過。愆期，過期，指拖延日期。

〔8〕將（qiāng），願。

〔9〕以秋天爲結婚的時期。“秋”是“以”的賓語。

乘彼垝垣〔1〕，以望復關〔2〕。不見復關，泣涕漣漣〔3〕；既見復關，載笑載言〔4〕。爾卜爾筮〔5〕，體無咎言〔6〕。以爾車來〔7〕，以我賄遷〔8〕。

〔1〕乘，登。垝（guǐ），毁壞，倒塌。垣，牆。

〔2〕復關，地名，是那個男子住的地方。

〔3〕涕，淚。漣漣，淚流的樣子。

〔4〕載，動詞詞頭。

〔5〕卜，在龜甲上鑽個小坑，用火炙燒，根據龜甲上燒出的裂紋來判斷吉凶。筮（shì），用蓍（shī）草的莖來占卦。

〔6〕體，卦體，就是用龜蓍占卜所顯示的現象。咎言，不吉利的話。

〔7〕以，介詞。

〔8〕賄，財物。

桑之未落〔1〕，其葉沃若〔2〕。于嗟鳩兮〔3〕，無食桑葚〔4〕！于嗟女兮，無與士耽〔5〕！士之耽兮，猶可説也〔6〕；女之耽兮，不可説也。

〔1〕這句話表時間。表時間的分句裏，主謂之間加上介詞“之”，取消它的獨立性，更顯示出它和主句的密切關係。

〔2〕沃若，潤澤的樣子。若，詞尾。連上句比喻自己年輕貌美。

〔3〕于(xū)嗟，感歎詞。于，通“吁”。鳩，斑鳩。兮(xī)，語氣詞，相當於現代漢語的“啊”。

〔4〕桑葚(shèn)，桑的果實。據説斑鳩吃了桑葚能醉，這句話比喻女子不要沉溺在愛情裏。

〔5〕士，未婚男子的通稱。耽(dān)，沉溺在歡樂裏，這裏有“迷戀”的意思。

〔6〕説，通“脱”，解脱。

桑之落矣，其黄而隕〔1〕。自我徂爾〔2〕，三歲食貧〔3〕。淇水湯湯〔4〕，漸車帷裳〔5〕。女也不爽〔6〕，士貳其行〔7〕。士也罔極〔8〕，二三其德〔9〕。

〔1〕其黄，指其葉黄。隕(yǔn)，落下。這兩句比喻自己容顔衰老。

〔2〕徂(cú)，往。徂爾，往你那裏去。

〔3〕三歲，三年。食貧，吃的東西缺乏。

〔4〕湯湯(shāngshāng)，水大的樣子。

〔5〕漸，浸溼。帷裳，指車圍子。連上句是説被遺棄後渡淇水回來的情況。

〔6〕爽，差錯。

〔7〕貳，不專一，用如動詞。行，行爲。

〔8〕罔，無。罔極，等於説無常，没有準。

〔9〕把他的心變了，等於説變了心。二三，用如動詞，使動用法，有改變、反覆的意思。

三歲爲婦，靡室勞矣〔1〕；夙興夜寐〔2〕，靡有朝矣〔3〕！言既遂矣〔4〕，至于暴矣〔5〕；兄弟不知，咥其笑矣〔6〕！静言思之〔7〕，躬自悼矣〔8〕！

〔1〕没有家務勞動，意思是丈夫還愛自己，不使自己從事家務勞動。靡，没有。室勞，家務勞動。

〔2〕夙(sù)興，早起。夜寐，晚睡。這句是説自己卻早起晚睡，從事家務勞動。

〔3〕無有片刻之暇。朝(zhāo),早晨。這裏指短時間。

〔4〕你的心願已經滿足了。言,句首語氣詞。既,已經。遂,順心,滿意。

〔5〕暴,横暴。

〔6〕咥(xì),笑的樣子。笑,譏笑。

〔7〕言,動詞詞頭。

〔8〕躬,自身,自己。悼,傷心。

及爾偕老〔1〕,老使我怨。淇則有岸,隰則有泮〔2〕。總角之宴〔3〕,言笑晏晏〔4〕,信誓旦旦〔5〕,不思其反〔6〕。反是不思〔7〕,亦已焉哉〔8〕!

〔1〕及,同。偕老,夫妻共同生活到老。

〔2〕隰(xí),窪溼的地方。泮(pàn),水邊。連上句是説:淇水和窪溼之地都有個邊緣。言外之意是自己的愁怨卻没有個盡頭。

〔3〕總,扎。小孩子的頭髮扎成抓髻叫"總角"。宴,快樂。

〔4〕晏晏,温和,柔順。連上句是説:兩人在童年的時候是很好的。

〔5〕信誓,表示誠信的誓言。旦旦,通"怛怛",誠懇的樣子。

〔6〕反,違反,變心。連上句是説:那時發下的誓言很誠懇,没想到他以後會變心。

〔7〕反是,違反這誓言。是,指示代詞,指"誓"。

〔8〕已,罷了,算了。連上句是説:他既然違反了誓言不思念舊情,那就算了吧。

[韻部]蚩、絲、絲、謀、淇、丘、期、媒、期,之部。垣、關、關、漣、關、言、言、遷,元部。落、若,鐸部;葚、耽,侵部;説、説,月部。隕、貧,文部;湯、裳、爽、行,陽部;極、德、職部。勞、朝、笑,宵部;暴、悼,藥部,宵藥合韻。怨、岸、泮、宴、晏、旦、反,元部;思、哉,之部。

木　瓜(衛風)〔1〕

投我以木瓜〔2〕,報之以瓊琚〔3〕。匪報也,永以爲好也〔4〕。

投我以木桃〔5〕，報之以瓊瑶〔6〕。匪報也，永以爲好也。

投我以木李〔7〕，報之以瓊玖〔8〕。匪報也，永以爲好也。

〔1〕這篇詩寫情人互相贈送東西以表愛情。

〔2〕投，扔，這裏作送給解。木瓜，果類，形橢圓。

〔3〕瓊(qióng)，美玉。琚(jū)，佩玉的一種。瓊琚，美麗的佩玉。

〔4〕好，愛。

〔5〕木桃，就是桃。

〔6〕瑶，美玉。

〔7〕木李，就是李子。

〔8〕玖(jiǔ)，黑色的玉。

[韻部]瓜、琚，魚部；報、好，幽部。桃、瑶，宵部；報、好，幽部。李、玖，之部；報、好，幽部。

黍　離(王風)〔1〕

彼黍離離，彼稷之苗〔2〕。行邁靡靡〔3〕，中心摇摇〔4〕。知我者謂我心憂，不知我者謂我何求〔5〕。悠悠蒼天〔6〕！此何人哉〔7〕？

彼黍離離，彼稷之穗。行邁靡靡，中心如醉。知我者謂我心憂，不知我者謂我何求。悠悠蒼天！此何人哉？

彼黍離離，彼稷之實。行邁靡靡，中心如噎〔8〕。知我者謂我心憂，不知我者謂我何求。悠悠蒼天！此何人哉？

〔1〕周平王遷洛邑，是爲東周，領土在今洛陽一帶。東周王國境内的詩歌就

叫王風。這篇詩是寫流浪者的憂憤。一個找不到出路而流落他鄉的客子,觸景生情,聯想到自己的悲慘遭遇,不禁悲憤交集。

〔2〕黍,今北方叫黍子。稷,不黏的黍。離離,纍纍下垂的樣子。之,用在主語和謂語之間的介詞。這兩句是說我來時黍已離離垂穗,而稷衹長苗而未長穗(依鄭玄説)。

〔3〕行,道。邁,行。行邁,道上走。靡靡,緩慢的樣子。

〔4〕中心,就是心中。搖搖,心神不定的樣子。

〔5〕求,尋找。

〔6〕悠悠,遥遠的樣子。

〔7〕此,不知指的是誰,有人説就是指不知我的人。

〔8〕噎(yē),塞住。

[韻部]離、靡,歌部;苗、搖,宵部;憂、求,幽部;天、人,真部。離、靡,歌部;穗,質部,醉,物部,質物合韻;憂、求,幽部;天、人,真部。離、靡,歌部;實、噎,質部;憂、求,幽部;天、人,真部。

君子于役(王風)〔1〕

君子于役〔2〕,不知其期〔3〕。曷至哉〔4〕?雞棲于塒〔5〕,日之夕矣〔6〕,羊牛下來〔7〕。君子于役,如之何勿思〔8〕!

君子于役,不日不月〔9〕。曷其有佸〔10〕?雞棲于桀〔11〕,日之夕矣,羊牛下括〔12〕。君子于役,苟無飢渴〔13〕!

〔1〕這篇詩寫妻子思念在遠方長期服役没有歸期的丈夫。

〔2〕君子,這裏指丈夫。于,動詞詞頭。役,戍守邊疆。

〔3〕期,指服役的期限。

〔4〕什麽時候回到家來呢?曷,等於説何時。

〔5〕塒(shí),在牆壁上鑿成的雞窩。

〔6〕之,主謂之間的介詞。

〔7〕下來,指從高處回來。

〔8〕如之何,等於説怎麽。勿思,不想念。

〔9〕不計日子,不計月份。日、月,都用如動詞。

〔10〕有,通"又"。佸(huó),聚會。有佸,再會。

〔11〕桀,木樁。

〔12〕括,至。

〔13〕苟,尚(依王引之説,見《經傳釋詞》),表示希望。希望丈夫在外免於飢渴。

[韻部]期、哉、塒、來、思,之部。月、佸、桀、括、渴,月部。

風　雨(鄭風)〔1〕

風雨淒淒〔2〕,雞鳴喈喈〔3〕。既見君子〔4〕,云胡不夷〔5〕?

風雨瀟瀟〔6〕,雞鳴膠膠〔7〕。既見君子,云胡不瘳〔8〕?

風雨如晦〔9〕,雞鳴不已〔10〕。既見君子,云胡不喜?

〔1〕鄭風,鄭國的民間歌謡。這篇詩寫一個女子正在想念她的愛人而愛人就回來了的喜悦心情。

〔2〕淒淒,寒涼。

〔3〕喈喈(jiējiē),雞叫聲。

〔4〕君子,指丈夫。

〔5〕云,句首語氣詞(參用王引之説,見《經傳釋詞》)。胡,爲什麽。夷,這裏指心情舒暢。

〔6〕瀟瀟,又猛又急。

〔7〕膠膠,雞叫聲。

〔8〕瘳(chōu),病好了。

〔9〕晦,夜晚。如晦,指昏暗得好像夜晚。

〔10〕已,止。

[韻部]淒、喈、夷,脂部。瀟、膠、瘳,幽部。晦、已、喜,之部。

伐　檀(魏風)〔1〕

坎坎伐檀兮〔2〕,寘之河之干兮〔3〕,河水清且漣猗〔4〕。不稼不穡〔5〕,胡取禾三百廛兮〔6〕?不狩不獵〔7〕,胡瞻爾庭有縣貆兮〔8〕?彼君子兮〔9〕,不素餐兮〔10〕!

〔1〕魏,國名,這是春秋時代的魏國,國君姓姬。最初受封的不知是誰,後爲晉獻公所滅,故城在今山西芮城縣東北。這篇詩對不勞而獲的過着寄生生活的剥削階級,給以嚴厲的質問與尖鋭的諷刺。

〔2〕坎坎(kǎnkǎn),用斧砍木的聲音。伐,砍。檀,樹名,木材可以造車。

〔3〕寘,放。干,岸。

〔4〕漣,風吹水面,紋如連鎖叫漣。猗(yī),語氣詞,用法同"兮"。

〔5〕稼,耕種。穡(sè),收穫。

〔6〕廛(chán),一夫所居曰廛,三百廛指三百夫所耕之田穀,甚言其多,不一定是確數。下文"三百億""三百囷"的用法同此。

〔7〕狩(shòu),冬天打獵,這裏泛指打獵。

〔8〕瞻,望見。縣,懸掛,後來寫作"懸"。貆(huán),就是獾(huān)。

〔9〕君子,指靠剥削而生活的統治者。

〔10〕素餐,白吃,指不勞而食。這是一句諷刺話。

坎坎伐輻兮〔1〕,寘之河之側兮,河水清且直猗〔2〕。不稼不穡,胡取禾三百億兮〔3〕?不狩不獵,胡瞻爾庭有縣特兮〔4〕？彼君子兮，不素食兮！

〔1〕輻，車輪上的輻條。伐輻，砍取製輻的木材。下章“伐輪”仿此。

〔2〕直，直波。

〔3〕億，十萬，指禾把的數目（依鄭玄説）。

〔4〕特，三歲的獸。

坎坎伐輪兮〔1〕，寘之河之漘兮〔2〕，河水清且淪猗〔3〕。不稼不穡，胡取禾三百囷兮〔4〕？不狩不獵，胡瞻爾庭有縣鶉兮〔5〕？彼君子兮，不素飧兮〔6〕！

〔1〕輪，車輪。

〔2〕漘（chún），水邊。

〔3〕淪，小的波紋。

〔4〕囷（qūn），圓形的穀倉，也就是囤。

〔5〕鶉（chún），就是鵪（ān）鶉。

〔6〕飧（sūn），熟食，這裏指吃飯。

［韻部］檀、干、漣、廛、貆、餐，元部。輻、側、直、億、特、食，職部。輪、漘、淪、囷、鶉、飧，文部。

碩　鼠（魏風）〔1〕

碩鼠碩鼠〔2〕，無食我黍！三歲貫女〔3〕，莫我肯顧〔4〕。逝將去女〔5〕，適彼樂土〔6〕。樂土樂土，爰得我所〔7〕。

碩鼠碩鼠，無食我麥！三歲貫女，莫我肯德〔8〕。逝將去女，適彼樂國。樂國樂國，爰得我直〔9〕。

碩鼠碩鼠，無食我苗！三歲貫女，莫我肯勞〔10〕。逝將去女，適彼樂郊。樂郊樂郊，誰之永號〔11〕？

〔1〕這篇詩寫農民對統治者沈重剥削的憤恨和對美好生活的嚮往。

〔2〕碩(shuò)鼠,大老鼠,這裏比喻剥削者。

〔3〕侍奉你多年。三歲,極言其時間長,不是確指三年。貫,侍奉。女(rǔ),你,後來寫作"汝"。這裏指鼠,也就是指剥削者。

〔4〕顧,顧念,照顧。

〔5〕逝,通"誓"。

〔6〕適,到……去。樂土,可以安居樂業的地方。下兩章"樂國""樂郊"都是同樣的意思。按:這種地方衹是詩人的理想,在當時實際上是不存在的。

〔7〕爰(yuán),於是,即在這裏。所,處所,指可以安居的地方。

〔8〕德,用如動詞,加惠。

〔9〕直,通"植",相當於"所",這裏指適宜的處境(依王引之説,見《經義述聞》)。

〔10〕勞,慰問。

〔11〕誰去了還長歎呢?之,往。永號,長歎。

[韻部]鼠、黍、女、顧、女、土、土、所,魚部。鼠、女、女,魚部;麥、德、國、國、直,職部。鼠、女、女,魚部;苗、勞、郊、郊、號,宵部。

鴇羽(唐風)[1]

肅肅鴇羽[2],集于苞栩[3]。王事靡盬[4],不能蓺稷黍[5]。父母何怙[6]?悠悠蒼天!曷其有所[7]?

肅肅鴇翼,集于苞棘[8]。王事靡盬,不能蓺黍稷。父母何食?悠悠蒼天!曷其有極[9]?

肅肅鴇行[10],集于苞桑。王事靡盬,不能蓺稻粱[11]。父母何嘗[12]?悠悠蒼天!曷其有常[13]?

〔1〕唐,國名,周成王封他的弟弟叔虞於此。叔虞子燮父徙居晉水旁,改稱晉。這首詩是寫農民在徭役重壓之下發出的無可奈何的呻吟。

〔2〕肅肅，鳥振動羽翼的聲音。鴇(bǎo)，雁類。

〔3〕苞，叢生。栩(xǔ)，櫟(lì)樹。

〔4〕盬(gǔ)，止息(依王引之說，見《經義述聞》)。

〔5〕蓺，種植。

〔6〕怙(hù)，依靠。

〔7〕什麽時候纔能得其所呢(指能得安居)？曷，指何時。

〔8〕棘(jí)，酸棗樹。

〔9〕極，盡頭。

〔10〕行，翮，羽莖，這裏指翅。

〔11〕粱，像小米的一種穀物。

〔12〕嘗，吃。

〔13〕什麽時候纔能有正常的生活呢？常，指正常的情況。

〔韻部〕羽、栩、盬、黍、怙、所，魚部。翼、棘、稷、食、極，職部。行、桑、粱、嘗、常，陽部。

蒹葭(秦風)〔1〕

蒹葭蒼蒼〔2〕，白露爲霜。所謂伊人〔3〕，在水一方〔4〕。遡洄從之〔5〕，道阻且長〔6〕。遡游從之〔7〕，宛在水中央〔8〕。

〔1〕秦，在今陝西甘肅一帶。這是一首懷念人的詩。詩中寫追尋所懷念的人，但終於是可望而不可即。

〔2〕蒹(jiān)，荻，像蘆葦。葭(jiā)，蘆葦。蒼蒼，茂盛的樣子。

〔3〕伊人，那人。伊，指示代詞。

〔4〕在河的另一邊。

〔5〕遡(sù)，通"溯"，逆着河流向上游走。洄，彎曲的水道。從，就。

〔6〕阻，險阻，難走。

〔7〕游，流，指直流的水道。

〔8〕宛，彷彿，副詞。

蒹葭萋萋〔1〕，白露未晞〔2〕。所謂伊人，在水之湄〔3〕。遡洄從之，道阻且躋〔4〕。遡游從之，宛在水中坻〔5〕。

〔1〕萋萋，茂盛的樣子。

〔2〕晞(xī)，乾。

〔3〕湄(méi)，水和草交接的地方，也就是岸邊。

〔4〕躋(jī)，昇高。

〔5〕坻(chí)，水中高地。

蒹葭采采〔1〕，白露未已〔2〕。所謂伊人，在水之涘〔3〕。遡洄從之，道阻且右〔4〕。遡游從之，宛在水中沚〔5〕。

〔1〕采采，茂盛鮮明的樣子。

〔2〕已，止，指乾了。

〔3〕涘(sì)，水邊。

〔4〕右，向右拐彎，也就是説道路彎曲。

〔5〕沚(zhǐ)，水中陸地。

[韻部]蒼、霜、方、長、央，陽部。萋、湄、躋、坻，脂部；晞，微部，脂微合韻。采、已、涘、右、沚，之部。

黄　鳥(秦風)〔1〕

交交黄鳥〔2〕，止于棘〔3〕。誰從穆公〔4〕？子車奄息〔5〕。維此奄息〔6〕，百夫之特〔7〕。臨其穴〔8〕，惴惴其慄〔9〕。彼蒼者天，殲我良人〔10〕！如可贖兮，人百其身〔11〕。

〔1〕秦穆公死後，用一百七十七人殉葬，其中有爲人民所敬重的子車氏三弟

兄。這篇詩就是哀悼他們的。

〔2〕交交,鳥叫聲。

〔3〕止,停留。

〔4〕從,指從死,即殉葬。

〔5〕子車奄息,人名,子車是氏。

〔6〕維,句首語氣詞。

〔7〕能和一百人相配的人(指他的才能)。特,匹敵,配。

〔8〕穴,墓穴。

〔9〕惴惴(zhuìzhuì),害怕的樣子。慄,哆嗦。連上句是説奄息身臨墓穴殉葬時的恐怖情況。

〔10〕殲(jiān),消滅。良人,善人。

〔11〕大意是:如果可以替换的話,我們每個人都願意拿一百個身體(死一百次)去换他的性命。贖,贖身,這裏指替换。

交交黄鳥,止于桑。誰從穆公?子車仲行。維此仲行,百夫之防〔1〕。臨其穴,惴惴其慄。彼蒼者天,殲我良人!如可贖兮,人百其身。

〔1〕能當(比)得一百人的人。防,當,比。

交交黄鳥,止于楚〔1〕。誰從穆公?子車鍼虎。維此鍼虎,百夫之禦〔2〕。臨其穴,惴惴其慄。彼蒼者天,殲我良人!如可贖兮,人百其身。

〔1〕楚,一種叢生的樹木,又叫荆。

〔2〕能抵得一百人的人。禦,抵。

〔韻部〕棘、息、息、特,職部;穴、慄,質部;天、人、身,真部。桑、行、行、防,陽部;穴、慄,質部;天、人、身,真部。楚、虎、虎、禦,魚部;穴、慄,質部;天、人、身,真部。

無　衣(秦風)〔1〕

豈曰無衣〔2〕？與子同袍〔3〕。王于興師〔4〕，修我戈矛〔5〕，與子同仇〔6〕。

豈曰無衣？與子同澤〔7〕。王于興師，修我矛戟〔8〕，與子偕作〔9〕。

豈曰無衣？與子同裳〔10〕。王于興師，修我甲兵〔11〕，與子偕行〔12〕。

〔1〕這篇詩是寫秦國人民慷慨從軍，相互友愛，同仇敵愾的愛國精神的。詩中表現出對戰爭的樂觀與無畏，充滿着昂揚熱烈的情緒。

〔2〕衣，上衣，泛指衣服。

〔3〕袍，長衣。

〔4〕于，動詞詞頭。興師，起兵。

〔5〕戈矛，都是長柄的兵器。

〔6〕同仇，你我的仇敵是共同的。

〔7〕澤，指汗衣。

〔8〕戟，一種長柄的兵器。

〔9〕偕，一同，一起。作，起。偕作，一塊兒行動起來。

〔10〕裳，下衣。

〔11〕甲，鎧甲。兵，兵器。

〔12〕行，行走。偕行，指一塊兒上戰場。

〔韻部〕衣，微部，師，脂部，微脂合韻；袍、矛、仇，幽部。衣、師，微脂合韻；澤、戟、作，鐸部。衣、師，微脂合韻；裳、兵、行，陽部。

月　出(陳風)〔1〕

月出皎兮〔2〕。佼人僚兮〔3〕，舒窈糾兮〔4〕。勞心悄兮[5]。

月出皓兮。佼人懰兮,舒懮受兮。勞心慅兮[6]。

月出照兮。佼人燎兮,舒夭紹兮。勞心慘兮[7]。

〔1〕陳,周武王把舜的後人封在這裏,在今河南開封以東到安徽亳縣一帶。這一篇是月下懷人的詩。在形式上,它是具有特殊風格的雙聲疊韻詩。

〔2〕皎,與第二章的"皓"都是皎潔光明的意思。

〔3〕佼(jiǎo)人,美人。僚(liǎo),和第二章的"懰"(liǔ),第三章的"燎",都是嬌美的樣子。

〔4〕舒,緩,指女子舉止從容閒雅。窈糾(yǎojiǎo),和第二章的"懮(yǒu)受",第三章的"夭紹",都是形容女子身材苗條,體態輕盈,行步時柔美多姿的樣子。

〔5〕勞心,憂心。悄,憂愁的樣子。

〔6〕慅(cǎo),憂愁的樣子。

〔7〕慘,當作懆(依朱熹説)。懆音 cǎo,憂愁不安。

[韻部]皎、僚、悄,宵部;糾,幽部,宵幽合韻。皓、懰、受、慅,幽部。照、燎、紹、懆(慘),宵部。

七　月(豳風)[1]

七月流火[2],九月授衣[3]。一之日觱發[4],二之日栗烈[5]。無衣無褐[6],何以卒歲[7]?三之日于耜[8],四之日舉趾[9]。同我婦子[10],饁彼南畝[11]。田畯至喜[12]。

〔1〕豳(bīn),也作"邠",國名,在今陝西旬邑縣西至彬縣一帶。這篇詩寫我國上古時代農民受剥削壓迫的情況。他們終年辛勤勞動,而絶大部分的勞動是爲"公"的,最好的生産果實都被統治者佔去,自己卻得不到温飽,過着悲慘的生活。

〔2〕七月,夏曆七月。流,向下行。火,星宿名,或稱“大火”,就是“心宿”。周時夏曆六月黄昏時候,心宿出現於南方,方向最正,位置最高。到了七月,就偏西向下了。

〔3〕授衣,把裁製冬衣的工作交給婦女們去作。

〔4〕一之日,指周曆一月的日子,就是夏曆十一月,下文的“二之日”是夏曆十二月,“三之日”是夏曆一月(正月),“四之日”是夏曆二月。夏曆三月不叫五之日,衹稱爲春。從四月到十月就依照夏曆,也就是現在農村裏還沿用的農曆。觱(bì)發,大風觸物的聲音。

〔5〕栗烈,等於説凜冽(lǐnliè),寒冷。

〔6〕褐,參看第一册第301頁《許行》注〔6〕。

〔7〕靠什麽來過完這一年呢?意思是没法過冬。卒,終了。

〔8〕于,爲,這裏指修理。耜(sì),農具,是犁的一種。

〔9〕趾,腳。舉趾,指舉足下地,開始耕種。

〔10〕同,偕同,動詞。我,家長自稱(依朱熹説)。婦子,女人和小孩子。

〔11〕饁(yè),送飯。南畝,泛指田地。

〔12〕農官來到田間,〔看到大家都在勞動,〕心中歡喜。田畯(jùn),農官。

七月流火,九月授衣。春日載陽〔1〕,有鳴倉庚〔2〕。女執懿筐〔3〕,遵彼微行〔4〕,爰求柔桑〔5〕。春日遲遲〔6〕,采蘩祁祁〔7〕。女心傷悲,殆及公子同歸〔8〕。

〔1〕春,指夏曆三月。載,開始。陽,天氣和暖。

〔2〕有,動詞詞頭。倉庚,鳥名,就是黄鶯。

〔3〕懿筐,深筐。

〔4〕遵,循,順着……走。微行,小道。

〔5〕爰,於是,在這裏。柔桑,嫩桑葉。

〔6〕遲遲,緩慢的樣子,指白天長。

〔7〕蘩(fán),菊科植物,又名白蒿。用煮蘩的水滋潤蠶子,蠶就容易出來。祁祁,衆多,指采蘩的人多。

〔8〕衹怕被公子强迫帶回家去。殆,副詞,衹怕。公子,指國君之子。

七月流火,八月萑葦〔1〕。蠶月條桑〔2〕,取彼斧斨〔3〕,以伐遠揚〔4〕,猗彼女桑〔5〕。七月鳴鵙〔6〕,八月載績〔7〕。載玄載黄〔8〕,我朱孔陽〔9〕,爲公子裳。

〔1〕萑(huán),荻的别名,是葦的一種。葦,蘆葦。萑葦,在這裏用如動詞,指收割萑葦。八月萑葦長成,收割下來,可做蠶箔。

〔2〕蠶月,養蠶的月份,指三月。條桑,截取桑樹的枝條,以備採摘桑葉。

〔3〕斨(qiāng),方孔的斧子。

〔4〕遠揚,指長得長而高揚的枝條。

〔5〕猗,借作"掎"(jǐ),牽引,拉着。女桑,就是柔桑。

〔6〕鵙(jué),鳥名,又叫伯勞。

〔7〕載,開始。績,擰成麻綫,準備織布用。

〔8〕載,則(依孔穎達説)。玄,黑紅色。"玄"和"黄"都用如動詞,指染成玄色黄色。

〔9〕朱,大紅。孔,很。陽,鮮明。

四月秀葽〔1〕,五月鳴蜩〔2〕。八月其穫〔3〕,十月隕萚〔4〕。一之日于貉〔5〕,取彼狐貍〔6〕,爲公子裘。二之日其同〔7〕,載纘武功〔8〕。言私其豵〔9〕,獻豜於公〔10〕。

〔1〕秀,植物開花。葽(yāo),植物名,也叫遠志。

〔2〕鳴蜩(tiáo),蟬叫。

〔3〕其,動詞詞頭。穫,收穫。

〔4〕萚(tuò),草木的葉落地。隕萚,指葉子落下來。

〔5〕于,動詞詞頭。貉(hé),像狐狸的一種獸,這裏用如動詞,指獵取貉。

〔6〕貍,同"狸",野猫。注意:上古時"狐"和"貍(狸)"分指兩種動物,兩字合成一個詞是較晚的事。

〔7〕同,指會合衆人(在打獵之前)。

〔8〕載,則。纘(zuǎn),繼續。武功,指田獵之事。

〔9〕言,動詞詞頭。私,用如動詞,指獵者私人佔有。豵(zōng),一歲的猪,這裏泛指小獸。

〔10〕豜(jiān),三歲的猪,這裏泛指大獸。公,公家,指統治者。

五月斯螽動股〔1〕,六月莎雞振羽〔2〕。七月在野〔3〕,八月在宇〔4〕,九月在户,十月蟋蟀入我牀下。穹窒熏鼠〔5〕,塞向墐户〔6〕。嗟我婦子,曰爲改歲〔7〕,入此室處〔8〕。

〔1〕斯螽(zhōng),蝗類。股,腿。古人把這種蟲振翅發出的聲音看成是腿和腿磨擦出來的。

〔2〕莎(suō)雞,蟲名,就是紡織娘。振羽,指振翅發聲。

〔3〕在野,和下邊的"在宇""在户""入我牀下"的主語都是蟋蟀。

〔4〕宇,屋簷,這裏指屋簷下。

〔5〕穹(qióng),窮究,指把所有的洞穴都找到。窒,堵塞,指堵洞穴。熏,用煙熏。

〔6〕向,朝北的窗户。冬天把它堵住,以免寒風吹入。墐(jìn),塗。農民編柴竹做門,冬天塗上泥。

〔7〕曰,句首語氣詞。爲,算是。改歲,更改年歲,指過年。這是指周曆,和上文的"卒歲"指夏曆不同。

〔8〕處,居住。以上是説居處的簡陋。

六月食鬱及薁〔1〕,七月亨葵及菽〔2〕。八月剥棗,十月穫稻〔3〕。爲此春酒〔4〕,以介眉壽〔5〕。七月食瓜,八月斷壺〔6〕,九月叔苴〔7〕。采荼薪樗〔8〕,食我農夫〔9〕。

〔1〕鬱(yù),植物名,果實像李子。薁(yù),一種野葡萄。這兩種植物的果實都可以吃。

〔2〕亨(pēng),煮。後來寫作"烹"。葵,菜名。菽,豆,這裏指豆葉。

〔3〕剥(pū),打。棗和稻都是釀酒的原料。

〔4〕春酒，冬天釀酒，經過春纔做成，所以叫春酒。

〔5〕介，求。眉壽，長壽。人老了眉上有長毛，叫秀眉，所以稱長壽爲眉壽。

〔6〕斷，指摘下。壺，葫蘆。

〔7〕叔，拾取。苴(jū)，麻的種子，可以吃。

〔8〕荼(tú)，苦菜。薪樗(chū)，拿樗當柴。薪，用如動詞。樗，臭椿。

〔9〕食(sì)，給……吃，這裏指養活。

九月築場圃〔1〕，十月納禾稼〔2〕：黍稷重穋〔3〕，禾麻菽麥〔4〕。嗟我農夫，我稼既同〔5〕，上入執宮功〔6〕。晝爾于茅〔7〕，宵爾索綯〔8〕。亟其乘屋〔9〕，其始播百穀〔10〕。

〔1〕場，打穀場。圃，菜園。築場圃，築場於圃。古代場圃同地。春夏爲圃，秋冬爲場。

〔2〕納，指把糧納入穀倉。禾稼，泛指一般穀物。

〔3〕重(tóng)，通"穜"，早種晚熟的穀。穋(lù)，同"稑"，晚種早熟的穀。

〔4〕禾，這裏專指一種穀物，就是現在的小米。菽，豆。

〔5〕同，集中，指農民把收打下的穀物集中送入公家的穀倉。

〔6〕上入，到公家去。執，指服役。宮，室，這裏指統治者的住宅。功，事。這句是説爲統治者服家内勞役。

〔7〕爾，代詞，你，這裏不一定有所指。于，往。茅，草名，這裏用如動詞，指採取茅。

〔8〕宵，夜裏。索，繩索，這裏用如動詞，絞，搓。綯(tāo)，繩。

〔9〕亟，急。乘，昇，登。乘屋，指登上屋頂去修屋頂(這裏是指修理農忙時所居住的蓋在田野中的屋子)。

〔10〕其始，指歲始，即春初。

二之日鑿冰沖沖〔1〕，三之日納于凌陰〔2〕。四之日其蚤〔3〕，獻羔祭韭〔4〕。九月肅霜〔5〕，十月滌場〔6〕。

朋酒斯饗〔7〕，曰殺羔羊〔8〕。躋彼公堂〔9〕，稱彼兕觥〔10〕，萬壽無疆〔11〕。

〔1〕沖沖，鑿冰的聲音。

〔2〕凌陰，冰窖。凌，冰。

〔3〕蚤，通“早”，這裏指早朝（依朱熹説），是一種祭祀儀式。

〔4〕獻上羔羊，祭以韭菜。這是對司寒之神的祭祀（上古藏冰取冰都要祭祀司寒之神），祭後打開冰窖，取出使用。韭，古韮字。

〔5〕肅霜，等於肅爽（依王國維説，見《觀堂集林》），指天高氣爽。

〔6〕滌場，把打穀場清掃乾淨。

〔7〕朋酒，兩壺酒。斯，指示代詞，複指酒。饗（xiǎng），鄉人在一起飲酒。

〔8〕曰，句首語氣詞。

〔9〕躋，登。公堂，公共場所。

〔10〕稱，舉起。兕觥，參看本册第470頁《卷耳》注〔11〕。

〔11〕無疆，没有疆界，就是無限的意思。

〔韻部〕火、衣，微部；發、烈、褐、歲，月部；耜、趾、子、畝、喜，之部。火、衣，微部；陽、庚、筐、行、桑，陽部；遲、祁，脂部；悲、歸，微部。火、葦，微部；桑、斨、揚、桑，陽部；鵙、績，錫部；黄、陽、裳，陽部。葽，宵部，蜩，幽部，宵幽合韻；穫、蘀、貉，鐸部；貍、裘，之部；同、功、豵、公，東部。股、羽、野、宇、户、下、鼠、户、處，魚部。薁、菽，覺部；棗、稻、酒、壽，幽部；瓜、壺、苴、樗、夫，魚部。圃、稼，魚部；穋，覺部，麥，職部，覺職合韻；同、功，東部；茅、綯，幽部；屋、穀，屋部。沖，冬部，陰，侵部，冬侵合韻；蚤、韭，幽部；霜、場、饗、羊、堂、觥、疆，陽部。

小　雅

節南山〔1〕

節彼南山〔2〕，維石巖巖〔3〕。赫赫師尹〔4〕，民具爾瞻〔5〕。憂心如惔〔6〕，不敢戲談〔7〕。國既卒斬〔8〕，何用不監〔9〕？

〔1〕這是一首控訴執政者的詩。詩人對窮兇極惡的大（太）師尹氏表示無比的憤怒。

〔2〕節，高峻的樣子。

〔3〕維，句首語氣詞。巖巖，山石堆積的樣子。

〔4〕赫赫，勢位顯盛的樣子。師，太師的簡稱，是周代最高的官職。尹，尹氏，太師的姓。

〔5〕具，俱，都。爾瞻，看着你。注意：這不是否定句，但代詞賓語卻放在動詞之前。

〔6〕惔（tán），通"炎"，焚燒。

〔7〕戲談，戲笑談論。這句是説人民怕師尹的威勢，不敢戲談。

〔8〕卒，盡，完全。斬，斷絶，指國家命運已到斷絶的時候。

〔9〕何用，何以，因爲什麼。監，察。

節彼南山，有實其猗〔1〕。赫赫師尹，不平謂何〔2〕？天方薦瘥〔3〕，喪亂弘多〔4〕。民言無嘉〔5〕，憯莫懲嗟〔6〕。

〔1〕實，廣大。猗，同"阿"（依王引之説，見《經義述聞》），指山隅。有，形容詞詞頭。

〔2〕不平，不公平。謂何，説什麼，也就是還有什麼可説？

〔3〕天正屢次降下災難。薦，重，屢次。瘥（cuó），病，災難。

〔4〕死喪禍亂既大且多。弘，大。

〔5〕人民〔對師尹〕的議論没有好的。嘉，善。

〔6〕竟然没有人來制止他。憯（cǎn），曾，這裏當竟然講。懲，制止。嗟，句尾語氣詞（參用王引之説，見《經傳釋詞》）。

尹氏大師〔1〕，維周之氐〔2〕。秉國之均〔3〕，四方是維〔4〕,天子是毗〔5〕,俾民不迷〔6〕。不弔昊天〔7〕,不宜空我師〔8〕。

〔1〕大師,就是太師。

〔2〕維,語氣詞,幫助判斷語氣。氐(dǐ),通"柢",根本。這句説尹氏地位的重要。

〔3〕執掌國家的大權。秉,執掌。均,通"鈞",製陶器所用的轉輪,借以比喻國家的大權。

〔4〕四方,指全國。是,指示代詞,複指四方。維,維持。

〔5〕毗(pí),輔佐。這句的語法結構和上句同。

〔6〕俾,使。迷,指迷失方向。

〔7〕弔,善,好。昊(hào)天,就是天。

〔8〕空,窮。師,衆。連上句是説那不好的老天爺,不該叫這個人佔據高位,致使我們這些老百姓窮困。

弗躬弗親〔1〕,庶民弗信〔2〕。弗問弗仕〔3〕,勿罔君子〔4〕。式夷式已〔5〕,無小人殆〔6〕。瑣瑣姻亞〔7〕,則無膴仕〔8〕。

〔1〕躬、親,都是名詞用如動詞,指親自作事。這句是説周王不親自管理政事。

〔2〕庶民,衆民,就是老百姓。

〔3〕周王不詢問君子,不叫君子做官。

〔4〕罔,欺騙。君子,指賢臣。

〔5〕式,語氣詞,表示祈使。夷,平,這裏指消除。已,止,這裏指制止。這是説周王對上述不合理的事應加以消除和制止。

〔6〕不要因小人〔而使國家〕陷於危險。殆,危。

〔7〕瑣瑣,微小的樣子。姻亞,女壻的父親叫姻,兩壻相稱叫亞(就是連襟)。

〔8〕不要叫他做大官。膴(wǔ),厚。仕,做官。

昊天不傭〔1〕,降此鞠訩〔2〕。昊天不惠,降此大戾〔3〕。君子如届〔4〕,俾民心闋〔5〕;君子如夷〔6〕,惡怒是違〔7〕。

〔1〕傭(chōng),均,平。

〔2〕鞫,窮,極。訩,禍亂。

〔3〕戾,惡。大戾,類似鞫訩。

〔4〕届,至。這句是説君子如果來管理政治。

〔5〕可使百姓的怒氣平息。闋(què),息。

〔6〕君子如果心平,也就是説如果没有不平。

〔7〕就可以消除老百姓的憎惡與憤怒。違,去,消除。

不弔昊天,亂靡有定〔1〕。式月斯生〔2〕,俾民不寧〔3〕。憂心如酲〔4〕,誰秉國成〔5〕? 不自爲政,卒勞百姓〔6〕。

〔1〕定,止。

〔2〕這句話很不好懂。鄭玄説:"用月此生,言月月益甚也。"朱熹説:"禍患與歲月增長。"

〔3〕寧,安寧。

〔4〕酲(chéng),酒病。

〔5〕國成,國政的成規。

〔6〕連上句是説,由於周王不親自管理政事,始終使老百姓勞苦疲弊。卒,始終。

駕彼四牡〔1〕,四牡項領〔2〕。我瞻四方,蹙蹙靡所騁〔3〕。

〔1〕牡,雄性的獸,這裏指公馬。

〔2〕項,大。領,脖子。項領,指馬肥壯。

〔3〕蹙蹙(cùcù),局縮不得舒展。騁(chěng),奔馳。靡所騁,没有馳騁的地方。

方茂爾惡[1]，相爾矛矣[2]；既夷既懌[3]，如相醻矣[4]。

〔1〕茂，盛。這句等於説當你（尹氏）怨惡正盛的時候。

〔2〕你就看着你的矛了。指要動武殺人。相，視。

〔3〕夷，平，指心平氣和。懌（yì），喜悦。

〔4〕醻，同"酬"，勸酒。連上句是説當你心平氣和高興的時候，就像賓主相互勸酒時一樣的和氣。以上四句説小人性情無常。

昊天不平，我王不寧。不懲其心[1]，覆怨其正[2]。

〔1〕尹氏不警戒自己的心，也就是説不自警戒。

〔2〕反而怨恨别人對他的糾正。覆，反。正，糾正。

家父作誦[1]，以究王訩[2]。式訛爾心[3]，以畜萬邦[4]。

〔1〕家父（fǔ），周大夫，就是這篇詩的作者。誦，這裏指詩。

〔2〕究，追究。訩，通"凶"，指惡人。王訩，指尹氏。

〔3〕訛（é），化，改變。爾，這裏指周王。

〔4〕畜，養。

［韻部］巖、瞻、惔、談、斬、監，談部。猗、何、瘥、多、嘉、嗟，歌部。師、氏、毗、迷、師，脂部，維，微部，脂微合韻；均、天，真部。親、信，真部；仕、子、已、殆、仕，之部。傭、訩，東部；惠、戾、届、闋，質部；夷，脂部，違，微部，脂微合韻。定、生、寧、酲、成、政、姓，耕部。領、騁，耕部。惡、懌，鐸部；矛、醻，幽部。平、寧、正，耕部。誦、訩、邦，東部。

大雅

公劉[1]

篤公劉[2]！匪居匪康[3]。迺埸迺疆[4]，迺積迺倉[5]。迺裹餱糧[6],于橐于囊[7],思輯用光[8]。弓矢斯張[9],干戈戚揚[10],爰方啟行[11]。

〔1〕這是周人自己敘述開國歷史的詩篇之一,歌頌周的遠祖公劉率領部落從邰(tái,今陝西武功縣)遷豳的事蹟。詩中生動地刻畫了公劉這個英雄形象。

〔2〕公劉對於民事多麽忠誠啊!"篤"是謂語,"公劉"是主語。謂語提前,表示感情加重。篤,厚,這裏指忠誠。公劉,后稷的曾孫,名劉;公是國人對國君的尊稱。

〔3〕匪,通"非",不。居、康,都是安的意思。這句是説公劉在邰不敢安居,指不敢以當前的情况爲滿足而享受安樂。

〔4〕迺,同"乃",這裏當"於是"講。埸(yì),田的小界。疆,田的大界。兩個詞都用如動詞,指修治田畝。

〔5〕積,指在露天積聚糧食(依朱熹説)。倉,用如動詞,把糧食存在倉内。

〔6〕裹,包。餱(hóu)糧,乾糧。

〔7〕于,介詞,在。橐(tuó),没底的口袋,裝上東西後,用繩綁住兩頭。囊(náng),有底的口袋。

〔8〕想使他的人民和睦,從而發揚光大他的國家。輯,和睦。用,以,等於説"從而"。光,發揚光大。

〔9〕斯,指示代詞,複指賓語"弓矢"。張,綁上弓弦。

〔10〕干,盾。戈,平頭戟。戚,兵器的一種,像大斧。揚,大斧。

〔11〕爰,於是。方,開始。啟行,動身,出發,指由邰遷往豳。

篤公劉!于胥斯原[1]。既庶既繁[2],既順迺宣[3],而無永歎[4]。陟則在巘[5],復降在原[6]。何以舟之[7]?維玉及瑶[8],鞞琫容刀[9]。

〔1〕于,動詞詞頭。胥,相(xiàng)看,視察。斯原,這塊原野(指豳地的原野)。

〔2〕庶、繁,都是衆多的意思,指隨公劉來的人很多。

〔3〕順,安,指安於新居。宣,遍,指住得普遍,就是各處都有人住(依朱熹説)。

〔4〕永歎,長歎。

〔5〕陟,見本册第470頁《卷耳》注〔6〕。巘(yǎn),小山。

〔6〕原,廣而平的土地。連上句是説公劉上下山原,視察地勢。

〔7〕用什麽環繞着他? 等於説他身上帶着什麽? 舟,通"周",環繞,這裏指腰間佩帶。

〔8〕維,語氣詞,幫助判斷語氣。

〔9〕有鞞有琫的佩刀。鞞(bǐng),刀鞘的裝飾物。琫(běng),刀柄的裝飾物。容刀,裝飾過的佩刀。

篤公劉! 逝彼百泉〔1〕,瞻彼溥原〔2〕。迺陟南岡,乃覯于京〔3〕。京師之野〔4〕,于時處處,于時廬旅,于時言言,于時語語〔5〕。

〔1〕逝,往。百泉,衆泉。

〔2〕溥(pǔ),廣大。連上句是説公劉往有很多泉水的地方去,視察廣大的原野。

〔3〕看到了京邑。覯(gòu),看見。京,豳的邑名。

〔4〕京師,等於説京邑。

〔5〕于時,就是"於是"。處,居住。旅,暫居。"言"和"語"均見常用詞(一)。廬旅,疑原作"廬廬"或"旅旅"(依馬瑞辰説,見《毛詩傳箋通釋》)。處處、旅旅、言言、語語,都是動詞複説,表示人民安居樂業、笑語歡樂的情況。

篤公劉! 于京斯依〔1〕。蹌蹌濟濟〔2〕,俾筵俾几〔3〕,既登乃依〔4〕。乃造其曹〔5〕,執豕于牢〔6〕,酌之用匏〔7〕。食之飲之〔8〕,君之宗之〔9〕。

〔1〕就安居在京,指定居在京。依,這裏當安居講。

〔2〕蹌蹌(qiāngqiāng),濟濟(jǐjǐ),羣臣有威儀的樣子,指從容端莊。

〔3〕使人爲衆賓鋪席設几。俾，使。筵（yán），竹席，這裏用如動詞，指鋪席。几，一種矮桌，是坐時憑依的用具，這裏也用如動詞，設几。

〔4〕登，指登上筵席。依，指憑几。

〔5〕造，到。曹，羣，這裏指猪羣。

〔6〕執，捉。豕，猪。牢，指猪圈。這句是説用猪肉做食物。

〔7〕酌之，給衆賓客斟酒喝。匏，葫蘆，這裏指把葫蘆剖開做成的舀酒器。

〔8〕請衆賓客吃飯喝酒。

〔9〕君、宗、都用如動詞，指當君王、當宗主。"君"是就執掌國政而言，"宗"是就在宗族中的地位而言，二者是一回事。之，代詞，指衆賓（即羣臣）。

篤公劉！既溥既長〔1〕，既景迺岡〔2〕，相其陰陽〔3〕，觀其流泉〔4〕。其軍三單〔5〕，度其隰原〔6〕，徹田爲糧〔7〕。度其夕陽〔8〕，豳居允荒〔9〕。

〔1〕土地開墾的面積又廣又長。

〔2〕景（yǐng），後來寫作"影"，用如動詞，指測日影（爲了定方向）。岡，用如動詞，指登高岡（爲瞭望遠方）。

〔3〕陰，山北。陽，山南。這句是説視察地勢是否寒暖得宜，以便耕種。

〔4〕指視察其地能否灌溉。

〔5〕單，通"禪"，有更番代替的意思。三單，把軍隊分成三批，輪班服役。

〔6〕度（duó），測量。隰（xí），低溼的地方。

〔7〕徹，治，指開荒墾田。爲糧，生産糧食。

〔8〕夕陽，這裏指傍晚纔能看到太陽的地方，也就是山的西面。這句是説爲了擴展耕地，又勘測山西面的土地。

〔9〕豳人居住的地方的確很大了。居，指住的地方。允，實在，的確。荒，大。

篤公劉！于豳斯館〔1〕。涉渭爲亂〔2〕，取厲取鍛〔3〕。止基迺理〔4〕，爰衆爰有〔5〕。夾其皇澗，遡其過澗〔6〕。止旅迺密〔7〕，芮鞫之即〔8〕。

〔1〕就在豳地修建房舍。館，用如動詞，指造房舍。

〔2〕渭,渭水。亂,用船横渡。水以正常流動爲順,横渡即攪亂了水的順流,所以叫亂。這句是説渡過渭水取材造船,以便來往(依朱熹説)。

〔3〕厲,較硬的磨刀石,後來寫作“礪”。鍛,锤鍛金屬時所用的石砧。

〔4〕止基,居處的基址。理,治理好。

〔5〕人民越來越多,越來越富足。衆,人多,有,財足。

〔6〕有的在皇澗兩岸住着,有的面向過澗住着。皇澗、過澗,二水名。遡,這裏當面向講。

〔7〕旅,寄居。密,繁多。

〔8〕芮(ruì),一作汭,水邊向内凹處。鞫(jū),坭,水邊向外凸處。之,指示代詞,複指芮和鞫。即,就。連上句是説陸續遷來止居的人日益繁密,就叫他們就近水邊曲折之地居住。

[韻部]康、疆、倉、糧、囊、光、張、揚、行,陽部。原、繁、宣、歎、巘、原,元部;瑶、刀,宵部。泉、原,元部;岡、京,陽部;野、處、旅、語,魚部。依、依,微部,濟、几,脂部,微脂合韻;曹、牢、匏,幽部;飲,侵部,宗,冬部,侵冬合韻。長、岡、陽,陽部;泉、單、原,元部;糧、陽、荒,陽部。館、亂、鍛,元部;理、有,之部;澗、澗,元部;密、即,質部。

頌

噫　嘻(周頌)〔1〕

噫嘻成王!既昭假爾〔2〕,率時農夫,播厥百穀〔3〕。駿發爾私,終三十里〔4〕。亦服爾耕〔5〕,十千維耦〔6〕。

〔1〕這是周人歌頌成王教民勤於農事的詩。

〔2〕成王既已把他的誠敬之心表達於上帝。噫嘻,歎詞,表贊頌。成王,周武王的兒子,名誦。昭,表明。假,至,達。古書中凡言“昭假”都指祀上帝而言。爾,句末語氣詞,在這裏相當於“矣”。

〔3〕率領這些農夫,教民耕田,播種百穀。時,通“是”,這些。農夫,管田的官

吏。古代設田官,每三十里分爲一部,由一個田官來主持。厥(jué),指示代詞,那。

〔4〕大力開發你們的全部三十里的私田(這是農夫秉承成王的意旨教民的話)。駿,大。發,開發,這裏指耕種。爾,你們,指人民。私,指私田,就是民田。終,竟,指全部。三十里,指三十里見方。據鄭玄的説法,每一萬人所耕的地共三十三里多見方,這裏説"三十里",衹是舉其成數。

〔5〕亦,語氣詞,加强肯定語氣。服,從事。這句是説你們要從事於耕作。

〔6〕十千,就是萬人。耦,見第一册第200頁《微子》注〔1〕。這是號召人民萬人並力從事耕作。

常用詞(六) 66字

遵徂征歸陟降 流放遊浮集 采叔振援操秉舉 斯伐 稼穡穫納 交錯 被任負 施用制貽 懷慕懲悼

淑幸偷薄 險阻悠皇永 孔亟庶

裘褐裳 庭宇畝所 驂駟策矢 躬身領武 仇耦

316.【遵】

順着道路走。《詩經·豳風·七月》:"~彼微行。"《楚辭·離騷》:"既~道而得路。"又《九章·哀郢》:"~江夏以流亡。"引申爲依照,按照。《尚書·洪範》:"~王之義。"《孟子·離婁上》:"~先王之法而過者,未之有也。"(依照先王的法度行事而犯過錯的,從來没有這種人。)

317.【徂】

往。《詩經·衛風·氓》:"自我~爾,三歲食貧。"又《豳風·東山》:"我~東山,滔滔不歸。"

318.【征】

(一)遠行。《左傳·僖公四年》:“昭王南~而不復。”在這個意義上經常是“征夫”連用。《詩經·小雅·何草不黄》:“哀我~夫,獨爲匪民。”後來“征夫”也泛指行人。陶潛《歸去來辭》:“問~夫以前路。”

(二)征伐。上伐下,“有道”伐“無道”叫“征”。《左傳·僖公四年》:“五侯九伯,女實~之。”《孟子·梁惠王上》:“彼陷溺其民,王往而~之,夫誰與王敵?”

(三)抽税。《孟子·滕文公下》:“什一,去關市之~。”又《盡心下》:“有布縷之~。”

319.【歸】

(一)女子出嫁。《詩經·周南·桃夭》:“之子于~,宜其室家。”

(二)回家,回國。《論語·先進》:“風乎舞雩,詠而~。”《左傳·成公三年》:“子~何以報我?”又表示“使之歸”“送歸”。《左傳·成公三年》:“晉人~楚公子穀臣與連尹襄老之尸于楚。”引申爲“最後回到某一地點”。《周易·繫辭下》:“天下同~而殊塗。”引申爲歸附、歸屬、匯聚的意思。《論語·子張》:“天下之惡皆~焉。”

(三)讀 kuì,贈送。通“饋”。《論語·陽貨》:“~孔子豚。”又《微子》:“齊人~女樂。”

[辨]歸,還。“歸”的第二意義和“還”有相似之處:都有“回”的意思。不過“歸”特指“回國”“回家”;“還”衹是表示簡單的“回來”。

320.【陟】

登,上。一般指登山或登高。《詩經·周南·卷耳》:“~彼高岡。"引申爲提昇〔官職〕。韓愈《送李愿歸盤谷序》:"理亂不知,黜~不聞。"(黜 chù:罷免官職。)

321.【降】

(一)讀 jiàng。從高處走下來。跟"陟"相對。《詩經·大雅·公劉》:"陟則在巘,復~在原。"引申爲下降,落下。《詩經·周南·草蟲》:"我心則~。"又表示"天把某事物給人"。《詩經·小雅·節南山》:"~此鞫訩。"《孟子·告子下》:"故天將~大任於是人也。"引申爲降低。如説"~職"。

(二)讀 xiáng。投降。司馬遷《報任安書》:"李陵既生~,隤其家聲。"又表示使投降。《漢書·蘇武傳》:"宜皆~之。"又:"欲因此時~武。"引申爲制服,降服(後起義)。劉禹錫《贈日本僧智藏》詩:"深夜~龍潭水黑,新秋放鶴野田青。"

322.【流】

(一)水流動。《孟子·滕文公上》:"洪水横~。"又名詞。河流。《楚辭·九章·哀郢》:"順風波以從~兮。"又《漁父》:"寧赴湘~,葬身於江魚之腹中。"又指河水的主幹。跟"源"相對。如説"源遠~長"。引申爲流傳。《孟子·公孫丑上》:"其故家遺俗,~風善政,猶有存者。"[~亡]飄泊。《楚辭·離騷》:"寧溘死以~亡兮。"又《九章·哀郢》:"遵江夏以~亡。"[~言](1)放出謡言。《尚書·金縢》:"管叔及其羣弟乃~言于國。"(2)謡言。《禮記·儒行》:"聞~言不信。"[~離]雙聲聯緜字。指由於階級壓迫和災荒戰亂而轉徙離散。《漢書·薛廣德傳》:"人民~離。"

(二)古代刑罰的一種,即放逐。《尚書·舜典》:"~共工于幽州。"(共工:傳説是堯時候的官。)

(三)派别。《漢書·藝文志》:"道家者~,蓋出於史官。"又

《敘傳》:"劉向司籍,九~以别。"引申爲品級。《南史·王僧綽傳》:"參掌大選,究識~品。"

323.【放】

(一)驅逐。《戰國策·齊策四》:"齊~其大臣孟嘗君於諸侯。"《楚辭·卜居》:"屈原既~,三年不得復見。"又《漁父》:"屈原既~,遊於江潭。"

(二)放縱,不檢束。《孟子·梁惠王上》:"~僻邪侈,無不爲已。"又《告子上》:"~其心而不知求。"

324.【遊】

(一)閒逛,隨意旅行。《楚辭·漁父》:"屈原既放,~於江潭。"《莊子·馬蹄》:"含哺而熙,鼓腹而~。"(口裏含着食物嬉戲,肚子吃得鼓鼓地到處遊逛。)引申爲有目的地旅行,多指求仕,求學。《楚辭·卜居》:"寧誅鋤草茅以力耕乎?將~大人以成名乎?"《荀子·勸學》:"故君子居必擇鄉,~必就士。"《孟子·梁惠王下》:"王之臣,有託其妻子於其友,而之楚~者。"又《盡心上》:"~於聖人之門者難爲言。"古代所謂"~説"和"周~列國",都是有目的地旅行。

(二)交際,交往。陶潛《歸去來辭》:"請息交以絶~。"

[辨]遊,游。二字是同音詞,意義也常常相通。就字形説,"游"是關於水的,"遊"是關於行走的。但在實際應用上,凡關於行走方面的"遊"都可以寫作"游"(遊藝:游藝;遊子:游子;遊宦:游宦);關於水的"游",則不能寫作"遊"。

325.【浮】

浮在水面。跟"沈(沉)"相對。《詩經·小雅·菁菁者莪》:"載沉載~。"引申爲乘船水行。《論語·公冶長》:"乘桴~於海。"(桴 fú:筏子。)《楚辭·九章·哀郢》:"將運舟而下~兮,上洞庭而下江。”引申爲虚妄,不合實際。如説“~誇”“~名”。

326.【集】

(一)鳥羣停在樹上。《詩經·唐風·鴇羽》:“肅肅鴇羽,~于苞栩。”(肅肅:翅膀的聲音。鴇 bǎo:鳥名,似雁而大。苞:叢生的。)引申爲鳥羣停息在一起。范仲淹《岳陽樓記》:“沙鷗翔~。”引申爲聚合。《詩經·小雅·頍(kuǐ)弁》:“如彼雨雪,先~維霰。”賈誼《過秦論》上:“天下雲~而響應。”又爲聚會,一般指親友的集會。王羲之《蘭亭宴集序》:“羣賢畢至,少長咸~。”《世説新語·言語》:“謝太傅寒雪日内~。”(内集:家庭的聚會。)

(二)詩文的彙集。曹丕《與吴質書》:“頃撰其遺文,都爲一~。”後人分著述爲四部,即“經、史、子、~”。

(三)成就,成。《左傳·桓公五年》:“既而萃於王卒,可以~事。”(萃:集中。王卒:指周天子的軍隊。)又《成公二年》:“此車一人殿之,可以~事。”

327.【采】

(一)用手指摘取。《詩經·周南·關雎》:“參差荇菜,左右~之。”引申爲擇,採取。《史記·秦始皇本紀》:“~上古帝位號,號曰‘皇帝’。”在“摘取”“採取”的意義上,後來一般寫作“採”。

(二)有彩色花紋的帛(絲織品)。《漢書·貨殖傳》:“文~千匹。”注意:在這個意義上後來寫作“綵”,今天所説的“張燈結綵”,就是用綵綢紮結成各種飾物的意思。引申爲顔色,彩色。《孟子·梁惠王上》:“抑爲~色不足視於目與?”在這個意義上後來一般寫作“彩”。又引申爲文章的辭藻。《文心雕龍·情采》:“聖賢書辭,總稱文章,非~而何?”又:“繁~寡情,味之必厭。”

(三)讀 cài。古代卿大夫所受封的土地叫“采”,也叫“采邑”,

或稱“食邑”。《禮記·禮運》：“大夫有～。”《後漢書·馮魴傳》：“〔其先〕食～馮城，因以氏焉。”這個意義又寫作“寀”。

［辨］采，採，彩，綵。最初衹有一個“采”字，後來因意義不同而分化爲“採”“彩”“綵”。採摘的“采”寫成“採”，彩色的“采”寫成“彩”，綵綢的“采”寫成“綵”。但是在古籍中，採摘的“采”仍常常沿用“采”字。杜甫《佳人》詩：“摘花不插髮，采柏動盈掬。”

328.【叔】

（一）用手拾取。《詩經·豳風·七月》：“九月～苴。”

（二）排行在末的，年少的。“叔父”原意是比父親年少的父輩。古人的表字常用“叔”字（如“～齊”），那是表示他是幼子。按：伯、仲、叔、季是古人的排行，“叔”可以是最末的，但對“季”來説卻又不是最末的。

329.【振】

（一）搖動，抖動。《詩經·豳風·七月》：“六月莎雞～羽。”《楚辭·漁父》：“新浴者必～衣。”（振衣：抖動衣服去掉塵土。）引申爲舉起來。賈誼《過秦論》上：“～長策而御宇内。”（長策：長的鞭子。宇内：四海之内，天下。指當時的全中國。）又爲振奮，奮發。今成語有“～奮人心”“委靡不～”。引申爲發生，發出。《文心雕龍·情采》：“木質實而花萼～。”

（二）救濟。《戰國策·齊策四》：“～困窮，補不足。”《孟子·滕文公上》：“又從而～德之。”這個意義後代多寫作“賑”。

［辨］振，震。“振”與“震”同音，本可通用。但從字形上説，“振”是振動，“震”是雷震，一般還是有區别的。“震動”不同於“振動”。“震動”是受外力影響所引起的顫動，義近“震驚”；“振動”衹是搖動。至於“雷震”的“震”不寫作“振”，“振救”的“振”不寫作

"震",區别更大了。

330.【援】

拉,拽(zhuài)。《孟子·離婁上》:"嫂溺~之以手。"又:"嫂溺不~,是豺狼也。"引申爲拿,拿過來。《楚辭·九歌·國殤》:"~玉枹兮擊鳴鼓。"又爲打救,幫助。《後漢書·耿弇傳》:"乃招迎匈奴烏桓以爲~助。"

331.【操】

(一)拿住,握在手裏。《楚辭·九歌·國殤》:"~吴戈兮被犀甲。"《韓非子·五蠹》:"~官兵,推公法,而求索姦人。"

(二)操守,堅持自己認爲正確的行爲。《孟子·滕文公下》:"充仲子之~,則蚓而後可者也。"引申爲品行,品德。《漢書·張湯傳》:"雖賈人,有賢~。"現代有雙音詞"~行"。按:"節~""德~"的"操"讀 cào。

332.【秉】

(一)禾把。《詩經·小雅·大田》:"彼有遺~,此有滯穗。"(遺秉、滯穗:都是指收穫後掉在田裏的莊稼。)范縝《神滅論》:"豈不以僧有多稌之期,友無遺~之報?"(稌 tú:稻子。)

(二)手拿着。《詩經·鄭風·溱洧》:"士與女,方~蕑兮。"(蕑 jiān:蘭花。)用於抽象意義時,表示主持,掌握。《詩經·小雅·節南山》:"~國之均。"又:"誰~國成?"

[辨]援,持,操,把,秉。這五個詞都是關於手的動作的。其中以"援"字爲最容易區别,它是用手拉,其他四個都没有這種意義。"持""操""把"是同義詞,所以在用法上有交錯現象。"持"字用於一般的意義,用途最廣。"秉"字用途最狹,後代一般衹用於抽象意義了。

333.【舉】

(一)舉起來,抬起來。《孟子·梁惠王上》:"吾力足以~百鈞,而不足以~一羽。"又用於抽象意義,表示使自己超出一般人。《楚辭·漁父》:"何故深思高~,自令放爲?"又引申爲舉薦,提拔。《左傳·襄公三年》:"~其偏,不爲黨。"《論語·衛靈公》:"君子不以言~人,不以人廢言。"《孟子·告子下》:"傅説~於版築之間。"又引申爲發動,特指起兵。《左傳·僖公五年》:"晉不更~矣。"成語有"大~進攻"。

(二)攻下。《孟子·梁惠王下》:"以萬乘之國伐萬乘之國,五旬而~之。"《穀梁傳·僖公二年》:"獻公亡虢五年而後~虞。"

(二)形容詞。全。《楚辭·漁父》:"~世皆濁我獨清。"今成語有"~國歡騰"。又副詞。全都。《孟子·梁惠王下》:"~欣欣然有喜色而相告曰。"

334.【斯】

(一)砍。《詩經·陳風·墓門》:"墓門有棘,斧以~之。"

(二)代詞。這,這個,這樣。《論語·顔淵》:"於~三者何先?"《楚辭·漁父》:"何故至於~?"

(三)連詞。那麼,這樣……就。《孟子·梁惠王上》:"王無罪歲,~天下之民至焉。"

335.【伐】

(一)砍,砍伐。《詩經·周南·汝墳》:"~其條枚。"又《魏風·伐檀》:"坎坎~檀兮。"

(二)進攻,征伐。《左傳·隱公元年》:"公~諸鄢。"又《僖公四年》:"蔡潰,遂~楚。"

(三)誇耀。《論語·公冶長》:"願無~善,無施勞。"又《雍也》:"孟之反不~。"

[辨]征,伐。最初"征"是褒義詞,"伐"是中性詞。"征"衹用於上(天子)進攻下(諸侯),有道的進攻無道的。"伐"用於諸侯國之間,不是上對下,也不一定限於有道對無道;不過起兵的一方總得有個理由,而且進軍的時候還必須有鐘鼓,以表示自己的行動是公開的(否則叫"襲")。後來因爲經常是"征伐"連用,"討伐"連用,所以也逐漸用於褒義。

336.【稼】

(一)禾的穗和果實。《詩經·豳風·七月》:"十月納禾~。"

(二)種田。《詩經·魏風·伐檀》:"不~不穡,胡取禾三百億兮?"《孟子·滕文公上》:"后稷教民~穡。"

337.【穡】

收割〔禾麥〕。例見"稼"字條。注意:"稼穡"是經常連用的,在這種情況下都是泛指農事。

338.【穫】

收割莊稼。《詩經·豳風·七月》:"八月其~。"又:"十月~稻。"

[辨]穫,獲。"穫"專用於農事收成;"獲"既用於狩獵方面"取得"的意義,也用於戰爭方面"取得"的意義,還用於一般"取得"的意義。"穫""獲"的意義雖然有相通之處,但古書分用甚嚴。

339.【納】

(一)收,收進。跟"出"相對。《尚書·舜典》:"夙夜出~朕命。"又爲送進。《詩經·豳風·七月》:"十月~禾稼。"又爲讓他進來或進去。《禮記·中庸》:"驅而~諸罟擭陷阱之中。"(罟 gǔ:捕禽獸的網。擭 huò:捕獸的籠子。)成語有"閉門不~"。又爲收容。

《左傳·文公十六年》:"諸侯誰~我?"

(二)獻納,上繳。《左傳·僖公三十年》:"~玉於王與晉侯。"又《襄公十七年》:"~此以請死也。"

注意:在古代(尤其是上古)漢語中,"納"多寫作"内"(本應作"內"),後來纔寫作"納"。

340.【交】

(一)縱横交錯,交叉。《孟子·滕文公上》:"獸蹄鳥迹之道,~於中國。"引申爲交接,交融。白居易《與元九書》:"未有聲入而不應,情~而不感者。"用如名詞,表示交界,接壤之處。王勃《滕王閣序》:"臺隍枕夷夏之~。"又用作狀語,表示交叉着,交互,交相。《楚辭·九歌·國殤》:"矢~墜兮士爭先。"文天祥《指南録後序》:"使轍~馳。"[~口]異口同聲地。韓愈《柳子厚墓誌銘》:"~口薦譽之。"

(二)交往,交際,交遊。《論語·學而》:"與朋友~而不信乎?"《孟子·梁惠王下》:"~鄰國有道乎?"引申爲結識朋友。《論語·子張》:"子夏之門人問~於子張。"用作名詞,表示友誼。如説"~情""知~""深~"。

341.【錯】

(一)鑲嵌。在金屬器物上雕鏤,然後將另一種鎔金傾入,待冷卻後,磨錯使平。《漢書·食貨志》有"~刀",是一種錢幣。[金~刀]嵌金的佩刀。張衡《四愁詩》:"美人贈我金~刀。"

(二)錯雜,交叉。《詩經·小雅·楚茨》:"爲賓爲客,獻酬交~。"《楚辭·九歌·國殤》:"車~轂兮短兵接。"又用作副詞。《禮記·中庸》:"譬如四時之~行。"注意:上古"錯"字不當"錯誤"講,後代一般文言文,也很少當"錯誤"講的。

（三）磨石。《詩經·小雅·鶴鳴》："它山之石，可以爲~。"

（四）通"措"，安放，放置，捨。《論語·爲政》："舉直~諸枉，則民服。"《戰國策·魏策四》："故不~意也。"

按：舊時於（一）（二）（三）讀入聲，（四）讀去聲（音同"醋"）。今普通話無别。

342.【被】

（一）被子。《楚辭·招魂》："翡翠珠~。"

（二）蒙受，遭受，受到。《孟子·離婁上》："而民不~其澤。"《戰國策·齊策四》："寡人不祥，~於宗廟之祟。"引申爲使蒙受。《楚辭·九章·哀郢》："又~以不慈之僞名。"注意：上古"被"字一般不表示被動。

（三）通"披"。《論語·憲問》："微管仲，吾其~髮左衽矣！"《楚辭·九歌·國殤》："操吴戈兮~犀甲。"又《九歌·山鬼》："~薜荔兮帶女蘿。"

343.【任】

（一）舊讀 rén，平聲。負擔。《詩經·大雅·生民》："是~是負。"又表示使負擔。《禮記·檀弓下》："使之雖病也，~之雖重也。"引申爲擔當。《左傳·成公三年》："臣不~受怨，君亦不~受德。"

（二）讀 rèn，去聲。名詞。負擔。《論語·泰伯》："~重而道遠。"又："仁以爲己~。"引申爲責任，職務。《左傳·成公三年》："臣不才，不勝其~。"又動詞。任用，使用。《僞古文尚書·大禹謨》："~賢勿貳，去邪勿疑。"今成語有"~人唯賢"。

344.【負】

（一）揹，載。《莊子·逍遥遊》："水之積也不厚，則其~大舟也無力。"又:"絶雲氣,~青天。"《孟子·梁惠王上》:"頒白者不~戴於道路矣。"又用於抽象意義。如説"~責""~債"。引申爲靠着。《孟子·盡心下》:"虎~嵎。"今成語有"~隅頑抗"。又爲仗恃,依仗。《史記·廉頗藺相如列傳》:"秦貪,~其彊以空言求璧。"又《魏其武安侯列傳》:"武安~貴而好權。"

(二)對不起人。《戰國策·齊策四》:"客果有能也!吾~之,未嘗見也。"今成語有"忘恩~義"。雙音詞有"辜~"(孤~)。

(三)敗。跟"勝"相對。《史記·陳丞相世家》:"無益於勝~之數。"

345.【施】

(一)施行,實行。《論語·爲政》:"~於有政。"《孟子·梁惠王上》:"王如~仁政於民。"

(二)加(加於人或物)。《論語·衛靈公》:"己所不欲,勿~於人。"《莊子·大宗師》:"利澤~於萬物。"

(三)讀 yì,去聲。移,延及。《詩經·周南·葛覃》:"葛之覃兮,~于中谷。"(覃:延。)又用於抽象意義。《左傳·隱公元年》:"愛其母,~及莊公。"在這個意義上又讀 shì。

(四)讀 shì,去聲。給與恩惠。《論語·雍也》:"博~於民,而能濟衆。"又引申爲施捨。范縝《神滅論》:"務~不關周急。"

346.【用】

(一)使用,應用。《詩經·大雅·公劉》:"酌之~匏。"《左傳·宣公二年》:"棄人~犬。"又用於抽象意義。《孟子·梁惠王上》:"無如寡人之~心者。"引申爲任用。《孟子·梁惠王下》:"見賢焉,然後~之。"引申爲施行,實行,做。《孟子·告子上》:"則凡可以得生者,何不~也?"[~事]掌權,當權。《戰國策·趙策四》:

"趙太后新~事。"

(二)名詞。用處。《論語·學而》:"禮之~,和爲貴。"《老子》十一章:"故有之以爲利,無之以爲~。"范縝《神滅論》:"神者形之~。"

(三)名詞。費用,指錢財。《論語·顔淵》:"年饑,~不足。"《戰國策·魏策四》:"吾~多。"[器~]器具(包括兵器農具等)。《荀子·王霸》:"百工忠信而不楛,則器~巧便而財不匱矣。"(楛hù:粗糙。)[財~]費用,指錢財。《孟子·盡心下》:"無政事,則財~不足。"

(四)以。《孟子·滕文公上》:"吾聞~夏變夷者,未聞變於夷者也。"[是~]是以,等於現代漢語的"因此"。《論語·公冶長》:"不念舊惡,怨是~希。"

347.【制】

(一)裁製〔衣裳〕。《詩經·豳風·東山》:"~彼裳衣。"這個意義後來寫作"製"。

(二)寫作,作品。蕭統《文選序》:"戒畋遊則有長楊羽獵之~。"又:"答客指事之~。"又:"衆~鋒起。"這個意義多寫作"製"。

(三)禁止,遏抑。《淮南子·脩務》:"人不能~。"引申爲控制,管制,掌握。賈誼《過秦論》上:"履至尊而~六合。"又:"秦有餘力而~其敝。"

(四)規定。《孟子·梁惠王上》:"今也~民之産,仰不足以事父母,俯不足以畜妻子。"引申爲法定的規章。《左傳·隱公元年》:"今京不度,非~也。"《禮記·禮運》:"以設~度,以立田里。"又引申爲規模。范仲淹《岳陽樓記》:"增其舊~。"

348.【貽】(詒)

贈給,送給。《莊子·逍遥遊》:"魏王~我大瓠之種。"《詩經·邶風·静女》:"~我彤管。"引申爲遺留,留給。《左傳·宣公二年》:"我之懷矣,自~伊慼。"

349.【懷】

(一)想念。《詩經·周南·卷耳》:"嗟我~人。"又《鄭風·將仲子》:"仲可~也。"引申爲留戀。《左傳·宣公二年》:"我之~矣,自詒伊慼。"賈誼《弔屈原賦》:"何必~此都也?"

(二)歸向,歸附。《尚書·皋陶謨》:"安民則惠,黎民~之。"又爲使來歸附。賈誼《論積貯疏》:"~敵附遠,何招而不至?"[~柔]表示招之來而讓他安居。《詩經·周頌·時邁》:"~柔百神。"後世有所謂"~柔政策"。

(三)胸前。《論語·陽貨》:"子生三年,然後免於父母之~。"又動詞,表示在胸前抱着,或搋(chuāi)着。《論語·陽貨》:"~其寶而迷其邦,可謂仁乎?"《楚辭·懷沙》:"~瑾握瑜兮,窮不知所示。"引申爲心裏存有某種心情。《戰國策·魏策四》:"~怒未發,休祲降於天。"(休:吉兆。祲 jīn:不祥之氣。)又引申爲心意,心情,情緒(後起義)。陶淵明《飲酒》詩:"問子爲誰歟?田父有好~。"

350.【慕】

愛戀,思念。《孟子·萬章上》:"人少,則~父母。"《楚辭·九歌·山鬼》:"子~予兮善窈窕。"引申爲羡慕,仰慕,傾慕,嚮往。《史記·游俠列傳》:"而少年~其行,亦輒爲報仇。"

351.【懲】

(一)自己受創(失敗教訓)而知戒。《詩經·周頌·小毖》:"予其~而毖後患。"(毖 bì:謹慎。我可要接受過去的教訓而警戒自己,以提防將來的禍患。)《楚辭·離騷》:"雖體解吾猶未變兮,豈余心之可~!"又《九歌·國殤》:"首身離兮心不~。"又表示使人受創而警懼。《孟子·滕文公上》:"荆舒是~。"今有雙音詞"~戒""~罰"。

(二)苦於。《列子·湯問》:"~山北之塞,出入之迂也。"

352.【悼】

傷感。《詩經·衛風·氓》:"靜言思之,躬自~矣!"引申爲追念死去的人(後起義)。元稹《遣悲懷》詩:"潘岳~亡又費辭。"現代雙音詞有"追~""~念"。

353.【淑】

好,善。《詩經·周南·關雎》:"窈窕~女,君子好逑。"諸葛亮《前出師表》:"性行~均。"

354.【幸】

(一)逢凶化吉,免於災禍。形容詞。《論語·雍也》:"不~短命死矣。"又名詞。《禮記·中庸》:"小人行險以徼~。"(徼:求。)引申爲非分地取得某種東西或實現某種願望,如懶惰而能過好日子,做壞事而能免於刑罰。《左傳·宣公十六年》:"善人在上,則國無~民。"《荀子·王制》:"無功不賞,無罪不罰;朝無~位,民無~生。"又爲運氣好,境遇好。《左傳·成公二年》:"下臣不~,屬當戎行。"《論語·述而》:"丘也~,苟有過,人必知之。"又爲希望。司馬遷《報任安書》:"闕然久不報,~勿爲過。"

(二)天子有所至叫"幸"。《漢書·酷吏傳》:"上~鼎湖,病久。"杜甫《詠懷古迹》五首:"蜀主窺吴~三峽。"又天子寵愛或得到天子的寵愛也叫"幸"。《史記·項羽本紀》:"有美人名虞,常~從。"又:"財物無所取,婦女無所~。"又爲上愛下之稱。《漢書·霍光傳》:"公主内行不修,近~河間丁外人。"

355.【偷】

(一)苟且,不嚴肅。《楚辭·離騷》:"惟夫黨人之~樂兮。"又《卜居》:"與波上下,~以全吾軀乎?"

(二)薄,不厚道。《論語·泰伯》:"故舊不遺,則民不~。"

(三)懶惰。《國語·晉語一》:"其下~以幸。"《荀子·王制》:"使百吏免盡而衆庶不~。"(免:通"勉"。盡:盡力。)

(四)偷盜,偷竊(後起義)。《淮南子·道應》:"楚有善爲~者。"《漢書·張敞傳》:"求問長安父老~盜酋長數人。"《論衡·逢迂》:"竊簪之臣,親於子反;雞鳴之客,幸於孟嘗。子反好~臣,孟嘗愛僞客也。"

按:(一)(二)(三)又可寫作"媮",但(四)習慣上不這樣寫。注意:(一)(二)(三)義極易與(四)相混,應嚴加辨别。

356.【薄】

(一)薄。跟"厚"相對。《詩經·小雅·小旻》:"如臨深淵,如履~冰。"用於抽象的意義時,仍跟"厚"相對。《左傳·僖公三十年》:"鄰之厚,君之~也。"引申爲少,小。《孟子·離婁下》:"~乎云爾,惡得無罪?"又爲酒味不濃。《莊子·胠篋》:"魯酒~而邯鄲圍。"又爲不厚道。如"~俗"。

(二)迫近。《楚辭·九章·哀郢》:"堯舜之抗行兮,瞭杳杳而~天。"成語有"義~雲霄"。

(三)鄙視,輕視。《史記·孫子吴起列傳》:"曾子~之。"

357.【險】

地勢不平坦,難以通過。《左傳·成公二年》:"苟有~,余必下推車。"《楚辭·離騷》:"路幽昧以~隘。"又《九歌·山鬼》:"路~難兮獨後來。”引申爲險要的地方。《孟子·公孫丑下》:“固國不以山谿之~。”賈誼《過秦論》下:“繕津關,據~塞,修甲兵而守之。”注意:上古漢語“險”字很少當“危險”講。《禮記·中庸》的“小人行險以徼幸”,也還是以險阻作比喻。後代纔引申爲危險。[~阻]崎嶇的地方。《左傳·成公十三年》:“跋履山川,踰越~阻。”《史記·項羽本紀》:“項王至,漢軍畏楚,盡走~阻。”又用於抽象意義。《左傳·僖公二十八年》:“~阻艱難,備嘗之矣。”

(二)艱難。《荀子·榮辱》:“安利者常樂易,危害者常憂~。”

358.【阻】

路難走。《詩經·秦風·蒹葭》:“道~且長。”引申爲阻礙,妨礙(後起義)。注意:在上古漢語裏“阻止”的意義寫作“沮”,很少寫作“阻”。《孟子·梁惠王下》:“嬖人有臧倉者沮君。”《莊子·逍遥遊》:“舉世非之而不加沮。”衹有《吕氏春秋·知士》,“阻止”義作“阻”,如:“能自知人,故非之弗爲阻。”

359.【悠】

(一)思。《詩經·周南·關雎》:“~哉~哉,輾轉反側。”“悠”也可以重疊起來用,表示深思的樣子。《詩經·邶風·終風》:“~~我思。”

(二)遼遠和深遠的樣子。在這個意義上都是“悠悠”疊用。《詩經·王風·黍離》:“~~蒼天! 此何人哉?”又《鄘風·載馳》:“驅馬~~,言至于漕。”引申爲閒静的樣子。王勃《滕王閣詩》:“閒雲潭影日~~。”崔顥《黄鶴樓》詩:“白雲千載空~~。”又可以説成“~然”。陶淵明《飲酒》詩:“採菊東籬下,~然見南山。”

360.【皇】

(一)大。《楚辭·離騷》:“朕~考曰伯庸。”又《九章·哀郢》:

“～天之不純命兮。”《詩經·大雅·皇矣》:“～矣上帝。”引申爲美盛鮮明。《詩經·小雅·皇皇者華》:“～～者華。”成語有“富麗堂～”。

(二)君。《尚書·洪範》:“惟～作極。”《楚辭·離騷》:“恐～輿之敗績。”《周禮·春官·外史》:“掌三～五帝之書。”(三皇:傳説中最古的三個帝王。)《史記·秦始皇本紀》:“古有天～,有地～,有泰～。”又:“朕爲始～帝。”自秦始皇以後,“皇帝”成爲雙音詞,指最高統治者。

(三)[鳳～]傳説中的神鳥。雄的叫“鳳”,雌的叫“皇”,統稱“鳳～”。《尚書·益稷》:“鳳～來儀。”《詩經·大雅·卷阿》:“鳳～于飛。”這個意義後來寫作“凰”。

[辨]帝,王,皇。起初“帝”指天神,“王”指最高統治者,殷商後期,最高統治者也稱“帝”,如“帝甲”“帝乙”“帝辛”。在《詩經》中,“帝”“王”區别得很清楚,“帝”是上帝,“王”是天子,“帝”和“王”基本上是神與人的分别。戰國時代,諸侯也可以稱“帝”,如《戰國策·趙策三》:“前與齊湣王爭强爲帝。”秦以後天子稱帝,於是臣子、貴戚就可以封爲“王”了,“帝”與“王”就成了君與臣的分别了。此外,先秦文獻已見“皇帝”,不過所指的不是天子而是天帝,秦始皇始以皇帝自稱。以後“皇”雖也單用來指稱天子,但也僅見於“高皇”“太上皇”“上皇”等語詞中,一般都是“皇帝”並稱。

361.【永】

水流長。《詩經·周南·漢廣》:“江之～矣,不可方思。”(方:乘筏渡過。思,語氣詞,等於“兮”。)引申爲一般的長。《詩經·魏風·碩鼠》:“誰之～號?”又引申爲時間久遠,久長。《詩經·衛風·木瓜》:“匪報也,～以爲好也。”

362.【孔】

很,甚。《詩經·豳風·七月》:"我朱~陽。"又《東山》:"其新~嘉,其舊如之何?"(嘉:好。)

363.【亟】

(一)讀 qì,去聲。屢次,頻頻。《左傳·隱公元年》:"~請於武公。"《論語·陽貨》:"好從事而~失時。"

(二)讀 jí,舊讀入聲。趕快。《詩經·豳風·七月》:"~其乘屋。"

364.【庶】

(一)多,繁多,衆多。《論語·子路》:"~矣哉!"現代有雙音詞"富~"。[~人]百姓,平民。《論語·季氏》:"天下有道,則~人不議。"[庶子]又稱"衆子","庶"就是"衆"的意思。嫡子與庶子,簡稱"嫡庶"。先秦禮制,嫡子衹有一人,往往就是正妻所生的長子。嫡子有繼位之權。凡非嫡子都是"庶子"。後代以正妻所生爲嫡子,妾所生爲庶子。

(二)差不多(一般用於褒義)。《論語·先進》:"回也其~乎!"(顔回差不多達到了道德標準了!)[~幾]同"庶"。差不多,大約。《孟子·梁惠王下》:"吾王~幾無疾病與?"

[辨]衆,庶。"衆"可以用作名詞,"庶"一般不作名詞用,如"吾從衆"這句話,"衆"不能换成"庶"。此外,"衆人""庶人"也有區别:"衆人"指一般的人,對所謂聖賢或傑出的人物而言;"庶人"指百姓,對統治者而言。

365.【裘】

皮衣,皮襖。《詩經·豳風·七月》:"取彼狐貍,爲公子~。"《論語·公冶長》:"願車馬衣輕~,與朋友共。"

366.【褐】

粗毛編織的衣服,這是古代勞動者所穿的。《詩經・豳風・七月》:"無衣無~,何以卒歲?"《孟子・滕文公上》:"許子衣~。"後來就成爲一般下層人或貧賤者的服飾的通稱。左思《詠史》詩:"披~出閶闔,高步追許由。"在封建社會中做了官叫"釋~",意思是説,脱掉了貧賤者的衣裳换上了官服。揚雄《解嘲》:"或釋~而傅。"後代新進士及第授官,也叫"釋~"。

367.【裳】

下衣,裙子。跟"衣"相對。《詩經・豳風・七月》:"爲公子~。"又《邶風・緑衣》:"緑衣黄~。"注意:古人穿的下衣叫裳(cháng)。男子的禮服,衣與裳分,燕居所穿者,衣和裳相連的叫深衣。婦女的禮服和燕居之服,衣裳皆連。"裳"不同於今天所説的衣裳,也不能理解爲褲子。

368.【庭】

(一)堂前叫庭。《詩經・魏風・伐檀》:"胡瞻爾~有縣貆兮?"在這個意義上往往"庭内"連言,"庭户"連言。《詩經・大雅・抑》:"夙興夜寐,灑埽~内。"(内:内室。)《周易》節卦:"不出户~。"

(二)堂階下平地無屋之處叫庭。《孟子・離婁下》:"與其妾訕其良人,而相泣於中~。"古詩:"~中有奇樹。"在這個意義上往往"門庭"連言。《周禮・天官・閽人》:"掌埽門~。"

369.【宇】

(一)屋簷。《詩經・豳風・七月》:"八月在~。""在宇"指在宇下。引申爲房屋。蘇軾《水調歌頭》詞:"唯恐瓊樓玉~,高處不勝寒。"

(二)上下四方(天下)。賈誼《過秦論》上:"有席捲天下,包舉~內,囊括四海之意。"又:"振長策而御~內。"[~宙]上下四方爲"宇",古往今來爲"宙"。"宇"指空間,"宙"指時間。後代專指空間,等於説"天地間"。

(三)氣度,儀表。《世説新語·雅量》:"世以此定二王(子猷,子敬)神~。"成語有"器~軒昂"。

370.【畝】(晦)

(一)土地單位量詞。上古時代,寬一步、長百步爲一畝。《孟子·梁惠王上》:"五~之宅,樹之以桑。"

(二)田,壟,經常用來泛指農田。《詩經·豳風·七月》:"饁彼南~。""畎畝"二字常常連用,也往往泛指農田。《孟子·告子下》:"舜發於畎~之中。"(畎:田中溝。)"壟畝"連用,也泛指農田。范縝《神滅論》:"小人甘其壟~。"

371.【所】

(一)處所。《詩經·衛風·碩鼠》:"爰得我~。"《左傳·隱公元年》:"不如早爲之~。"又用於抽象意義,表示恰當的位置。諸葛亮《出師表》:"必能使行陣和睦,優劣得~也。"

(二)代詞。《左傳·僖公三十年》:"君之~知也。"又:"失其~與,不知。"

(三)不定數詞,表示估計數字。《尚書·君奭》:"多歷年~。"《史記·留侯世家》:"父去里~復還。"又《李將軍列傳》:"前未到匈奴陳二里~止。"(陳:通"陣"。)

372.【驂】

三匹馬駕一輛車。《詩經·小雅·采菽》:"載~載駟。"又特指兩旁的馬。《楚辭·九歌·國殤》:"左~殪兮右刃傷。"

373.【駟】

四匹馬駕一輛車。《論語·顔淵》:"～不及舌。"《戰國策·齊策四》:"世無騏驎騄耳,王～已備矣。"又量詞。《論語·季氏》:"齊景公有馬千～。"《戰國策·齊策四》:"文車二～。"

374.【策】

(一)竹製的馬鞭子。賈誼《過秦論》上:"振長～而御宇内。"用作動詞,表示打馬使前進。《論語·雍也》:"～其馬曰。"今有雙音詞"鞭～"。

(二)寫字的竹簡(或木簡),簡策。《禮記·中庸》:"文武之政,布在方～。"(方:木版。)《孟子·盡心下》:"盡信書,則不如無書;吾於武成,取二三～而已矣。"(武成:《尚書》中的篇名。)漢代臣子奉旨議論政事,或回答天子的問話,都寫在竹簡上,叫"對策"。揚雄《解嘲》:"～非甲科。"又賈誼著有"治安策",後來發展成爲文體的一種。又引申爲籌畫,計畫。

(三)計策,計謀。揚雄《解嘲》:"曾不能畫一奇,出一～。"今成語有"出謀獻～""束手無～"。

(四)蓍草作的籌碼,用來占卜的。《楚辭·卜居》:"乃端～拂龜曰:'君將何以教之?'"又:"龜～誠不能知此事!"

(五)拐杖。《淮南子·墬形》:"夸父棄其～,是爲鄧林。"又動詞。拄〔杖〕,扶〔杖〕。曹植《苦思行》:"～杖從我遊。"陶淵明《歸去來辭》:"～扶老以流憩。"(扶老:拐杖。憩 qì:休息。)注意:"策"又可寫作"筴"。但在不同的意義上,常有不同的習慣寫法。"鞭策"的"策"作"策"作"筴"都常見。"簡策""計策""策杖"的"策"多作"策"。"龜策"的"策"多作"筴"。

375.【矢】

(一)箭。《左傳·成公二年》:“自始合,而~貫余手及肘。”《楚辭·九歌·國殤》:“~交墜兮士爭先。”成語有“無的放~”。

(二)誓。《詩經·鄘風·柏舟》:“之死~靡它。”又《衛風·考槃》:“永~弗告!”

376.【躬】

身體。《論語·堯曰》:“萬方有罪,罪在朕~。”引申爲自身,自己。《詩經·邶風·谷風》:“我~不閱,遑恤我後?”(閱:容。我自身尚且不能見容,又哪有工夫憂慮我走後的事?)《詩經·衛風·氓》:“靜言思之,~自悼矣!”《論語·衛靈公》:“~自厚而薄責於人。”又引申爲親自。諸葛亮《前出師表》:“臣本布衣,~耕於南陽。”

377.【身】

(一)軀幹。《論語·鄉黨》:“長一~有半。”《楚辭·九歌·國殤》:“首~離兮心不懲。”《戰國策·秦策二》:“首~分離,骨暴草澤。”又指身軀的全體。《孟子·告子下》:“餓其體膚,空乏其~。”又引申爲生命。《楚辭·卜居》:“寧正言不諱以危~乎?”[終~]終生,一輩子。《孟子·梁惠王上》:“樂歲終~飽,凶年不免於死亡。”《戰國策·趙策三》:“遂辭平原君而去,終~不復見。”“身”又表示自身。《韓非子·五蠹》:“而~爲天下笑。”又用於抽象的意義,表示本人的德行。《論語·學而》:“吾日三省吾~。”《禮記·大學》:“欲齊其家者,先脩其~。”《楚辭·漁父》:“安能以~之察察,受物之汶汶者乎?”

(二)副詞。親自。《孟子·滕文公下》:“彼~織屨。”《韓非子·五蠹》:“禹之王天下也,~執耒臿以爲民先。”(臿 chā:鍬一類的工具。)

[辨]躬,身。在身體的意義上,二字爲同義詞,但習慣用法不同,“躬”專指人身,“身”又可指物身。《爾雅·釋木》:“樅,松葉柏身。檜,柏葉松身。”“身”字可以用於抽象意義,指品節,如“修~”“守~”“潔~”。“躬”字的這種用法很少見。

378.【領】

(一)脖子。《詩經·衛風·碩人》:“~如蝤蠐。”(蝤蠐 qiúqí:天牛的幼蟲,色極白。)《左傳·昭公七年》:“引~北望。”(引領:伸脖子。)[首~](1)頭和脖子。古代有斬首之刑,故以免遭殺戮保全性命叫“保首~”或“全首~”。《左傳·襄公十三年》:“獲保首~以歿於地。”楊惲《報孫會宗書》:“豈意得全首~,復奉先人之丘墓乎?”(2)頭目(後起義)。某些集團的領導人。

(二)衣領,領子。《荀子·勸學》:“若挈(qiè)裘~。”[~袖](1)領子和袖子。《文心雕龍·鎔裁》:“雖翫其采,不倍~袖。”(2)代表人物。《晉書·裴秀傳》:“後進~袖有裴秀。”

(三)統率,率領。楊惲《報孫會宗書》:“總~從官。”《漢書·霍光傳》:“~胡越兵。”

[辨]領,頸。二字是同義詞,一般没有分別。衹是“頸”又特指脖子的前部,所以“刎(wěn)頸”不能説成“刎領”。

379.【武】

(一)足迹。《詩經·大雅·生民》:“履帝~敏歆。”(履:踐。敏:拇指。歆:震動,驚異。踏了上帝足印的拇指部分而感到驚異。)《楚辭·離騷》:“忽奔走以先後兮,及前王之踵~。”(踵:腳後跟。)

(二)勇武。《詩經·鄭風·羔裘》:“孔~有力。”(孔:很。)引申爲古代的戰爭道德之一。善戰,善勝,善於對待戰爭和善於制止戰爭都叫“武”。《左傳·僖公三十年》:“以亂易整,不~。”

380.【仇】

(一)對,儔類,儔輩。《詩經·周南·兔罝》:“公侯好~。”引申爲配偶。《左傳·桓公二年》:“嘉耦曰妃,怨耦曰~。”

(二)仇敵。《詩經·秦風·無衣》:“與子同~。”引申爲仇恨。《史記·游俠列傳》:“亦輒爲報~。”

[辨]仇,讎。二字在古代不同音:“仇”讀如“求”(現在作爲姓,還讀如“求”),“讎”讀如“酬”。但二字同義,所以古書中常“仇讎”連用。《左傳·成公十三年》:“君之仇讎而我之昏姻也。”

381.【耦】

讀 ǒu,上聲。古代的一種耕作方法,據説是二人並耕或二耜並作。《論語·微子》:“長沮桀溺~而耕。”《詩經·周頌·噫嘻》:“亦服爾耕,十千維~。”引申爲雙數。又引申爲配偶。《左傳·桓公六年》:“太子曰:‘人各有~;齊大,非吾~也。’”注意:後來於雙數和配偶的意義,一般都寫作“偶”,不再寫作“耦”了。但“耦耕”的“耦”仍不能寫作“偶”。

古漢語通論

(十五)《詩經》的用韻

中國和外國古代的詩歌,差不多都有一定的格律;用韻是構成詩歌格律的主要手段之一。漢族人民的詩歌從一開始就是有韻的。《詩經》三百零五篇中衹有七篇没有韻,這七篇都在祭祀詩裏(《周頌》《商頌》)。至於國風、《小雅》和《大雅》,就没有一篇是没有韻的。要徹底了解詩歌的内容,必須了解它的格律,當然也就要了解它怎樣用韻。

在本節裏,我們主要談兩點:第一是《詩經》的韻例,第二是《詩經》的韻部。

談到韻例和韻部,首先就必須把韻和韻母分别開來。因爲韻例和韻部都是韻的問題,而不是韻母的問題。韻母是指一個音節中除聲母以外其他音素的總和,包括韻頭、主要元音和韻尾,而韻則衹指主要元音和韻尾(如果有韻尾的話)。韻頭不同的字如:檀tán 干 gān 漣 lián 廛 chán 貆 huán 餐 cān,是可以互相押韻的。這些互相押韻的字放在同樣的位置上就構成詩韻。漢語詩韻一般是放在句尾的,習慣上叫做韻腳。

1.《詩經》的韻例

韻例就是關於用韻的格律:什麽地方用韻,什麽地方不用韻,和怎樣用韻。我們舉幾首詩作例子來説明《詩經》的韻例。字的下面加△號、○號、*號的都是韻腳。

關關雎鳩,在河之洲。窈窕淑女,君子好逑。
參差荇菜,左右流之。窈窕淑女,寤寐求之。
求之不得,寤寐思服。悠哉悠哉,輾轉反側。
參差荇菜,左右采之。窈窕淑女,琴瑟友之。
參差荇菜,左右芼之。窈窕淑女,鐘鼓樂之。

(周南·關雎)

采采芣苢,薄言采之。采采芣苢,薄言有之。
采采芣苢,薄言掇之。采采芣苢,薄言捋之。
采采芣苢,薄言袺之。采采芣苢,薄言襭之。

(周南·芣苢)

靜女其姝，俟我於城隅。愛而不見，搔首踟躕。

靜女其孌，貽我彤管。彤管有煒，説懌女美。

自牧歸荑，洵美且異。匪女之爲美，美人之貽。

（邶風·靜女）

汎彼柏舟，在彼中河。髧彼兩髦，實維我儀。之死矢靡它。母也天只！不諒人只！

汎彼柏舟，在彼河側。髧彼兩髦，實維我特。之死矢靡慝。母也天只！不諒人只！

（鄘風·柏舟）

坎坎伐檀兮，寘之河之干兮，河水清且漣猗。不稼不穡，胡取禾三百廛兮？不狩不獵，胡瞻爾庭有縣貆兮？彼君子兮，不素餐兮！

坎坎伐輻兮，寘之河之側兮，河水清且直猗。不稼不穡，胡取禾三百億兮？不狩不獵，胡瞻爾庭有縣特兮？彼君子兮，不素食兮！

坎坎伐輪兮，寘之河之漘兮，河水清且淪猗。不稼不穡，胡取禾三百囷兮？不狩不獵，胡瞻爾庭有縣鶉兮？彼君子兮，不素飧兮。

（魏風·伐檀）

碩鼠碩鼠，無食我黍！三歲貫女，莫我肯顧。逝將去女，適彼樂土。樂土樂土，爰得我所。

碩鼠碩鼠，無食我麥！三歲貫女，莫我肯德。逝將去女，適彼樂國，樂國樂國，爰得我直。

碩鼠碩鼠，無食我苗！三歲貫女，莫我肯勞。逝將去女，適彼樂郊,樂郊樂郊,誰之永號?

(魏風·碩鼠)

以上六篇詩的用韻格式基本上反映了整部《詩經》的韻例。

第一,從韻在句中的位置來看,句尾韻是最普遍的形式。例如《關雎》第一、三章,《靜女》全詩,《碩鼠》全詩。

《詩經》裏有不少的詩句以代詞或語氣詞收尾,韻往往在代詞或語氣詞的前面[①],可以看做句中韻,也有人把它看做變相的句尾韻。例如《關雎》第二、四、五章和《伐檀》全詩都用的是這種句中韻。句尾的代詞或語氣詞常用的有"之""我""矣""也""只""思""止""兮""猗"等。有的代詞或語氣詞完全相同,例如《關雎》第二、四、五章都用"之",有的不完全相同,例如《伐檀》各章第三句用"猗",其他用"兮"。

第二,從第一章中所用的韻數來看,可以分爲一韻到底的和換韻的兩類。舉例來説,《靜女》第一章是一韻到底,第二章"孌"和"管"押韻,"煒"和"美"押韻,换了一次韻。又如《關雎》第五章(依鄭玄所分),都是一韻到底;但若依照一般人所分,《關雎》衹有三章,第一章四句,第二、三章各八句,那麽第二、三章就算换韻了。在上引的六首詩中,每章的韻腳用一種符號標出的,就是一韻到底;用兩種或三種符號標出的,就是换韻的[②]。

第三,從韻腳相互的距離來看,情況比較複雜。概括起來,大致可以分爲三種:

(1)句句押韻。《詩經》押韻一般都很密,句句押韻的不少。例如《靜女》第二章和《碩鼠》第一章。

---

① 語氣詞一般是不能看做韻腳的,但也有少數例外。

② 交韻例外,不算换韻。

(2)隔句押韻。一般是奇句不押韻,偶句押韻。這是《詩經》裏最常見的押韻方式。例如《關雎》的第二、四、五章,都是第二句和第四句押韻。此外還有一種常見的押韻方式,就是首句入韻,第三句以下纔是奇句不押韻。例如《關雎》的第一、三章和《静女》的第一章都是首句入韻而後偶句押韻的。

(3)交韻。這是奇句和奇句押韻,偶句和偶句押韻。例如《静女》第三章的第一句"荑"和第三句"美"押韻,第二句"異"和第四句"貽"押韻。

後兩種押韻的形式都有許多變化的情況。例如《伐檀》各章都是在第一、二、三、五、七、九等句用韻,文選中《君子于役》的兩章都在第二、三、四、六、八等句用韻,都是變相的隔句押韻。又如《柏舟》全詩和《碩鼠》第二、三章的用韻形式,雖不是純粹的交韻,但是基本上可以歸入交韻一類。

《詩經》用韻的格式是多樣的,因爲它是民歌或者模擬民歌的詩體;民歌是隨口唱的,隨口用韻,隨時轉韻,也就是所謂"天籟"。在這裏還有許多變化的情況,我們不再一一列舉。格式多樣化,這是《詩經》用韻特點的一個方面;但是最主要的格式卻是兩種:一是隔句押韻的句尾韻,一是首句入韻而後隔句押韻的句尾韻。這兩種押韻的格式成了後代詩歌押韻的準繩。

2.《詩經》的韻部

韻部就是指押韻字的歸類,互相押韻的字原則上就屬同一個韻部。押韻的詩,讀起來應該是音韻和諧的,但是《詩經》的韻腳,用現代漢語的語音去讀,有許多地方並不和諧。例如《關雎》第一、二章,現在也還是押韻的,第三、四、五章按現代音讀就不押韻了。又如《静女》第三章,如果根據現代語音,就會把"荑"看成同"異"

“貽”押韻,而不知道它是同“美”押韻的。總之,會出現三種情況:一是古代押韻,現在也還押韻;二是古代押韻,現在不押了;三是古代不押,現在反而押韻了。這是爲什麼呢?因爲語音是隨着歷史的發展而發展的,《詩經》距離現在已經兩千多年,上古的語音和現代的語音差别是很大的。在談到《詩經》的用韻時,我們首先就必須充分地認識這一點。明代陳第就懂得了這個道理,清代以來,研究音韻的學者們就按照《詩經》用韻的實際情況概括出《詩經》時代的韻部來,叫做“古韻”,他們所謂“古韻”指的就是上古時代(主要指先秦)的韻部。

他們是怎樣歸納概括的呢?舉例來説,《關雎》第三章的“得”“服”“側”押韻,如果照現代普通話的讀音,“得”讀爲 dé,“側”讀爲 cè,“服”讀爲 fú,那是不和諧的。可以肯定地説,這三個字在上古的韻一定相同。要麽它們的韻母都是 e,“得”字讀 de,“側”字讀 ce,“服”字讀 fe;要麽它們的韻母都是 u,“服”字讀 fu,“得”字讀 du,“側”字讀 cu。當然,還有一種可能,那就是它們的韻母既不是 e,也不是 u,而是第三種音。根據音韻學家的研究,我們知道它們是入聲字,應該是以-k 音收尾的,它們的韻大概是一個-ek。現在廣州話在某種程度上還反映這種情況。

《關雎》中“得”“服”“側”三字押韻,在上古同屬一個韻部;而《伐檀》第二章裏,“側”字又跟“輻”“直”“億”“特”“食”押韻,那麽“得”“服”和“輻”“直”“億”“特”“食”也就應該同屬一個韻部。《伐檀》中的“直”字在《碩鼠》第二章裏又跟“德”“國”押韻,那麽“德”“國”也就和“得”“服”同屬一個韻部了。“得”字和“服”字又各自聯繫其他的字,這樣相互聯繫,越聯越多,就成爲一個相當大的韻部了。清人通過歸納《詩經》的用韻,發覺同《廣韻》的出入很大,於是打破唐韻的拘束,該合的合,該分的分,逐步建立了《詩經》的韻部系統。

有些在《詩經》裏没有用作押韻的字,古音學家又根據先秦别的詩歌韻文和散文中的韻語(見後)和諧聲偏旁把它歸入韻部,這樣就得出整個先秦古韻。一般地説,同一諧聲偏旁也就同屬一個韻部。例如我們已知"側"字屬於"得""服"一類,那麽"則""測"也不會屬於别的韻部。但是後起的形聲字就不一定能够由此類推。

在古韻的分部方面,清代的古音學家作了許多工作。段玉裁的《六書音均表》、江有誥的《詩經韻讀》、王念孫的《詩經羣經楚辭韻譜》,對我們今天查考和了解《詩經》用韻都是較好的參考書。從顧炎武開始把古韻分爲十部,到段玉裁分爲十七部,江有誥分爲二十一部,黄侃分爲二十八部,等等,越分越細,越分越精。現在綜合各家的意見,把先秦古韻分爲三十部。每一部舉一個代表字作爲韻目,它們的名稱是:

1.之　部	2.職　部	3.蒸　部
4.幽　部	5.覺　部	6.冬　部
7.宵　部	8.藥　部	
9.侯　部	10.屋　部	11.東　部
12.魚　部	13.鐸　部	14.陽　部
15.支　部	16.錫　部	17.耕　部
18.脂　部	19.質　部	20.真　部
21.微　部	22.物　部	23.文　部
24.歌　部	25.月　部	26.元　部
	27.緝　部	28.侵　部
	29.葉　部	30.談　部

至於先秦的常用字分屬於什麽部,可查看附録(三)《上古韻部及常用字歸部表》。

《詩經》的押韻,除冬部應歸侵部外,情況基本上與這三十部相合。同部相押,不同部就不相押。當然也有合韻的情況。所謂合韻,就是鄰近的韻互相通押。大約是兩種情況:第一種是非入聲韻和入聲韻通押,例如《關雎》第五章"芼"和"樂"相押(宵藥合韻),《静女》第三章"貽"和"異"相押(之職合韻)①;第二種是韻母近似通押,例如《七月》第四章以"蜩"押"葽"(幽宵合韻),大約就是用eu押au②,第七章以"麥"押"穋"(職覺合韻),韻母也是很鄰近的。

古韻三十部具有很大的普遍性;它不但適用於《詩經》,而且適用於同時代的其他詩歌韻文。《楚辭》在時代上比《詩經》晚了至少二三百年,在地域上也相差很遠,但是《楚辭》的用韻和《詩經》基本上是一致的,衹是冬部已經從侵部分化出來。先秦的文獻,不但詩歌押韻,連散文也有押韻的。《周易》大部分押韻,《老子》差不多全部押韻;其他各書,也常常有用韻的地方。而這些韻語所用的韻部,也和《詩經》的韻部相合。例如:

公入而賦:"大隧之中,其樂也融融。"(冬部)
姜出而賦:"大隧之外,其樂也洩洩。"(月部)
(左傳·隱公元年)

長鋏歸來乎,食無魚!(魚部)
長鋏歸來乎,出無車!(魚部)
長鋏歸來乎,無以爲家!(魚部)
(戰國策·齊策)

① 有許多古音學家把之職等幾對陰聲韻和入聲韻合在一起,那麽它們就不算合韻了。
② 《鄘風·柏舟》"舟""髦"相押也是幽宵合韻,但是許多音韻學家不認爲這是押韻。

鳳兮鳳兮,何德之衰?往者不可諫,來者猶可追。(微部)

已而已而,今之從政者殆而!(之部)

(論語·微子)

雖有智慧,不如乘勢。(月部)

雖有鎡基,不如待時。(之部)

(孟子·公孫丑上)

故有無相生,難易相成,長短相形(一作較,無韻),高下相傾。(耕部)

功成而弗居。夫惟不居,是以不去。(魚部)

三十輻,共一轂。(職屋合韻,這是《老子》的特點。)

五色令人目盲,五音令人耳聾,五味令人口爽,馳騁畋獵令人心發狂,難得之貨令人行妨。(盲爽狂妨,陽部;聾,東部,東陽合韻。)

(老子十二章)

野語有之曰:"聞道百,以爲莫己若"者,……(鐸部)

(莊子·秋水)

蓬生麻中,不扶而直;白沙在涅,與之俱黑。(職部)

(荀子·勸學)

語音隨着歷史的發展而發展,《詩經》的韻腳,到了後代,念起來就不和諧了。這個問題遠在六朝的時候就産生了。當時的人,爲了説明《詩經》押韻和諧,於是認爲某字該改讀某音,這就是所謂"叶韻",或稱"叶句"(叶 xié,同"協",就是和諧的意思)。到了宋代,有的人更全面採用"叶音"的辦法來説明《詩經》的用韻。例如朱熹在注《關雎》第四章時説:"采,叶此禮反;友,叶羽已反。"用淺顯的話來説,朱熹的意思就是:在這裏"采"要讀作"妻"字的上聲,

"友"要念作"以"字的聲音。他在注《匏有苦葉》第四章時又説:"友,叶羽軌反。"就是説,"友"在這裏又要念作"委"字的聲音了。這就是説,詩人把某字臨時改讀爲某音,以求和諧。這種觀念是錯誤的;因爲照這樣字音隨着上下文變化,所規定的"叶音"是隨意的,不規則的。這種錯誤,在於他們没有看到語言發展的事實,不知道古今的語音並不相同。清代古音學興起以後,叶音説早已受到徹底批判,但是直到現在仍有人錯誤地沿用叶音説。因此,我們認爲,在閲讀古詩時,要了解古今語音是不同的,最好能有一些音韻學知識;但是在朗誦古代的詩歌韻文時,完全可以按照現代普通話的讀音來朗誦。我們不可能用古音來念古代的詩歌韻文,也没有必要;更不能採用前人那種改讀韻腳的辦法(即叶音),因爲那是不科學的。

(十六)雙聲疊韻和古音通假

在本節裏,我們談兩個問題:雙聲疊韻和古音通假。這兩個問題有一定的聯繫,了解雙聲疊韻,有助於我們更好地了解古音通假的道理,因此我們先從雙聲疊韻談起。

雙聲,指的是兩個字的聲母相同;疊韻,指的是兩個字的韻相同。例如在現代漢語裏,"珍珠"是雙聲,因爲"珍"zhēn 和"珠"zhū 的聲母都是 zh;"光芒"是疊韻,因爲"光"guāng 和"芒"máng 的韻都是 ang(韻頭不同也算疊韻)。

在我們接觸上古漢語的時候,問題比較複雜些,因爲上古的語音系統和現代的語音系統不同。我們必須對上古的語音系統有所了解,然後能認識上古的雙聲疊韻。在上一節裏,我們已經知道《詩經》用韻所反映出來的先秦韻部系統和現代漢語不同;我們還應該知道先秦的聲母系統也是和現代漢語不一樣的。這樣纔不至於把上古的雙聲疊韻和現代的雙聲疊韻混爲一談。舉例來説,“芣苢”在上古是疊韻,同屬之部,但現在卻不是疊韻,普通話念作 fúyǐ。“知識”在今天是疊韻,上古卻不是,“識”字屬有韻尾 -k 的職部,“知”字卻屬没有韻尾 -k 的支部,今天的廣州話仍然反映這種情況。又如“微妙”在先秦是雙聲,因爲它們的古代聲母都是 m;“威望”在先秦反而不是雙聲,因爲威字在先秦屬於零聲母,而望字的聲母是 m。當然,古今音的系統也有很多相一致的地方,例如“輾轉”古今都是疊韻,“栗烈”古今都是雙聲。但是在許多情況下,古今音是不相同的。爲了便於了解上古的雙聲問題,我們有必要對先秦的聲母系統有所了解。

依照傳統的説法,有所謂三十六字母,字母實際上就是聲母;古代没有拼音字母,所以衹好找出三十六個漢字作爲聲母的代表。這三十六個字母是:見溪羣疑,端透定泥,知徹澄娘,幫滂並明,非敷奉微,精清從心邪,照穿牀審禪,影曉匣喻,來日。這三十六字母大致反映了唐宋時代漢語聲母系統的情況。至於上古的聲母系統,據初步研究共有三十二個。拿三十六字母來比較,有的要合併一些,有的要分出一些。合併的有兩類:一是知徹澄娘要與端透定泥合併,都是舌尖音;二是非敷奉微與幫滂並明相同,都是雙脣音。分化成兩類的,首先是照穿牀審四個字母,其中一類接近精清從心,是齒音;另一類接近端透定泥,是舌音。唐宋以後的喻母在上古也分爲兩類,一類與匣母相同,另一類接近定母。現在將這三十二個聲母按舊時的分類列表如下:

牙音	見	溪	羣	疑	
舌音	端(知)	透(徹)	定(澄)	泥(娘)	余(喻四)

	章(照三)	昌(穿三)	船(牀三)		書(審三)	禪
脣音	幫(非)	滂(敷)	並(奉)	明(微)		
齒音	精	清	從		心	邪
	莊(照二)	初(穿二)	崇(牀二)		山(審二)	
喉音	影	曉	匣(喻三)			
半舌				來		
半齒				日		

本書附録(四)按三十二個聲母分別列舉了一些常用字,可供參考。疊韻既是同韻部的字,也可以查閲本書附録(三)《上古韻部及常用字歸部表》。

雙聲疊韻和上古漢語的構詞法有密切的關係。上古漢語裏的雙音詞比現代漢語要少得多,而在這些雙音詞中,除了疊音詞(如"夭夭")之外,不少雙音詞的兩個音節有雙聲疊韻的關係。這些雙聲疊韻詞大都用來描繪聲色形狀,古書注解常常用貌字來解釋。例如《詩經·周南·關雎》:"參差荇菜,左右流之。"朱熹注:"參差,長短不齊之貌。"這種詞,古人稱爲"聯緜字"。聯緜字雖然也有不屬於雙聲疊韻的(如浩蕩、滂沱),但是,屬於雙聲疊韻的聯緜字佔絶大多數。例如:

(1)雙聲:參差(關雎)、踟躕(靜女)、栗烈(七月)、觱發(七月)、繽紛(離騷)、侘傺(哀郢)、容與(哀郢)、憔悴(漁父)、突梯(卜居)、滑稽(卜居)、猶豫(趙策)、便嬖(孟子·梁惠王上)

(2)疊韻:窈窕(關雎)、虺隤(卷耳)、窈糾(月出)、懮受(月出)、夭紹(月出)、顑頷(離騷)、須臾(哀郢)、嬋媛(哀郢)、觳觫(孟子·梁惠王上)

(3)雙聲兼疊韻:輾轉(關雎)

除了形容詞性的聯緜字以外,還有名詞性的聯緜字。例如:

(1)雙聲:蟋蟀(七月)、蝃蝀(蝃蝀)、伊威(東山)

(2)疊韻:崔嵬(卷耳)、芣苢(芣苢)、倉庚(七月)、蠨蛸(東山)、薜荔(山鬼)、鎡基(孟子·公孫丑上)

以上所説的是純粹的雙音詞。此外還有一些經常用在一起的同義詞或近義詞也往往有雙聲疊韻的關係。例如:

(1)雙聲:玄黄(卷耳)、説懌(静女)、灑埽(東山)、鞿羈(離騷)、饑饉(論語·先進)、親戚(孟子·公孫丑下)、妻妾(孟子·離婁下)、肯綮(莊子·養生主)

(2)疊韻:涕泗(澤陂)、經營(何草不黄)、貪婪(離騷)、剛强(國殤)

在上面的例子中,有些非常接近聯緜字,如玄黄、剛强等,有些顯然衹能算兩個詞,如妻妾、灑埽、涕泗等。

雙聲疊韻的應用範圍是非常廣泛的。除許多雙音詞和成對的同義詞、近義詞有雙聲疊韻的關係外,古人還利用這樣的聯緜字來加强詩歌的音樂性。《關雎》用了一個疊音詞和八個雙聲疊韻的聯緜字,就是一個例子。《月出》更是一首具有特殊風格的雙聲疊韻詩,三章内容雷同,衹是運用雙聲疊韻法,化一章爲三章,從而取得了迴環反復的效果。

雙聲疊韻的分析是和語音系統的描寫相聯繫的。前人對上古聲母和韻部的分合,看法不盡相同,因此在具體分析某些字是否雙聲疊韻時,看法也就不完全一致。例如脂微不分的古音學家就認爲“伊威”不但是雙聲,而且是疊韻;質月不分的古音學家就認爲“栗烈”“觱發”也都是雙聲兼疊韻。古韻分部,越早的古音學家分得越少；聲母分類也並不一致。因此前人談雙聲疊韻一般都比較寬，聲母或韻部相近而不盡相同的，也認爲是雙聲疊韻。這是值得注意的。

所謂古音通假，就是古代漢語書面語言裏同音或音近的字的通用和假借。語言裏的"詞"是音義的結合物，古人在記録語言裏的某一個"詞"的時候，往往用聲音相同或相近的字來書寫，有時寫成這個樣子，有時寫成那個樣子。兩個字形體不同，意義不同，衹是由於聲音相同或相近，古人就用甲字來代替乙字。例如早晨的zǎo①，這個詞本該寫成"早"，但是《孟子·離婁下》"蚤起，施從良人之所之"，卻寫成"蚤"，《詩經·豳風·七月》"四之日其蚤"，也寫成"蚤"。"蚤"的本義是跳蚤，早晨的"早"所以寫成"蚤"，衹是因爲二者聲音相同，在記録語言裏zǎo（早，早晨）這個詞的時候，"早""蚤"二字通用。從"蚤"字説，它所以當"早晨"講，也衹是因爲它和"早"聲音相同，被假借爲"早"，借用了"早"的意義。换句話説，"蚤"是"早"的假借字，"早"是"蚤"的假借義。總之，古音通假是古書裏字形分歧的現象之一，這種現象須要從上古語音的角度加以説明。

假借字的産生，大致有兩種情況：一種是本有其字，而人們在書寫的時候，寫了一個同音字，如：表示"小擊"的意思本字是"攴"，人們書寫時寫作"剥"，《詩經·豳風·七月》："八月剥棗。""剥"是"攴"的假借字。第二種是本無其字，從一開始就借用一個同音字來表示。如：（1）第一人稱代詞没有一個本字，從一開始就借用本義是一種鋸類工具的"我"來表示，後來一直沿用，並没有爲它再造字，也没有爲表示"我"字本義的那個詞造字。（2）"躲避""開闢""邪僻"等意義也都没有本字，衹是借用本義是"法"的"辟"字來表

① 這是現代漢語的讀音；至於上古怎樣讀，還没有定論。

示。爲了文字表達的精確,後來爲"躲避"的意義造了"避"字,爲"開闢"的意義造了"闢"字,爲"邪僻"的意義造了"僻"字。"避、闢、僻"等字都是後起的區别字,不能認爲是"辟"的本字,不能説"辟假借爲避"等,因爲"辟"和"避、闢、僻"等不是在同一個歷史平面上産生的。(3)表示選擇的疑問代詞没有本字,一開始就借用本義是"食物加熱到可吃的程度"的"孰"字來表示,後來没有爲這個疑問代詞造字,而是替"孰"字本義所表示的詞造了"熟"字。"衰弱、衰減"的意義没有本字,一開始就借用本義是"蓑衣"的"衰"字來表示。後來没有爲"衰弱、衰減"這個意義造字,而是爲"蓑衣"這個意義造了"蓑"字。我們不能認爲"熟"是"孰"的本字、"蓑"是"衰"的本字、"孰"是"熟"的假借字、"衰"是"蓑"的假借字。如果這樣認爲,那是不合乎漢字發展的歷史事實的。

還有一種情況,爲一個字的引申義造的後起區别字和這個字之間的關係,根本没有假借的關係,而被人們誤認爲假借。如:"坐"字的本義是"坐下",引申爲"座位"的意思,後來爲這個引申義造了區别字"座"。我們决不能認爲"坐"假借爲"座","座"是"坐"的本字①。

下面再舉一些假借字的例子:

"唯"字的本義是答應(《説文》"唯,諾也"),所以从口;"惟"字的本義是思惟(《爾雅》"惟,思也"),所以从心;"維"字的本義是維繫(《爾雅》"維,係也"),所以从糸(mì,糸就是絲)。這三個字的本義是互不相通的。《論語·里仁》"曾子曰'唯'";這個"唯"不能换成"惟"或"維"。《詩經·大雅·生民》"載謀載惟"(又考慮,又

① 有人説,本字就是專用字。這牽涉到"本字"的定義問題。古人所謂本字,不是這個意思。我們反對的不是"本字"這個名稱,反對的是把這種現象認爲是通假。

思惟);這個"惟"不能换成"唯"或"維"。《詩經·小雅·節南山》"四方是維";這個"維"不能换成"唯"或"惟"。但是這三個字都經常被借用爲句首或句中語氣詞。例如:

闕秦以利晉,唯君圖之。(左傳·僖公三十年)

正唯弟子不能學也。(論語·述而)

唯求則非邦也與?(論語·先進)

詩云:"周雖舊邦,其命惟新。"(孟子·滕文公上)

髧彼兩髦,實維我儀。(詩經·鄘風·柏舟)

維此奄息,百夫之特。(詩經·秦風·黄鳥)

節彼南山,維石巖巖。(詩經·小雅·節南山)

《左傳》和《論語》比較喜歡用"唯",《孟子》用"惟",《詩經》用"維"。《詩經·大雅·文王》"其命維新",《孟子》引用時寫成"其命惟新"。由此可以引出結論:(1)假借字的形式比較自由,往往衹要同音或音近就行;(2)但是也要根據習慣,在同一地域和同一時期,寫法還是相當一致的。

麋,本義是鹿一類的動物。《孟子·梁惠王上》:"王立於沼上,顧鴻雁麋鹿。"假借爲"眉",《荀子·非相》:"伊尹之狀,而無須麋。"

惠,本義是仁慈,恩惠。《論語·里仁》:"君子懷刑,小人懷惠。"假借爲"慧",《列子·湯問》:"甚矣,汝之不惠。"

歸,本義是女子出嫁,《詩經·周南·桃夭》:"之子于歸,宜其室家。"假借爲"饋"(餽),即贈的意思,《論語·陽貨》:"歸孔子豚。"

直,本義爲曲的反面,《詩經·小雅·大東》:"其直知矢。"假借爲"特"(但),《孟子·梁惠王上》:"直不百步耳,是亦走也。"

何,本義是負荷,《詩經·小雅·無羊》:"何蓑何笠。"假借爲疑問代詞,表示“什麼”。《左傳·僖公四年》:“以此攻城,何城不克。”

由,本義爲“從”,《論語·雍也》:“誰能出不由户。”假借爲“猶”,《孟子·梁惠王下》:“今之樂由古之樂也。”《孟子·公孫丑上》:“以齊王由反手也。”

曾,本義爲乃(副詞),《論語·先進》:“曾由與求之問。”假借爲“增”,《孟子·告子下》:“曾益其所不能。”又假借爲“層”。《楚辭·招魂》:“曾臺累榭。”

辯,本義爲巧言(依《説文》則本義爲治),《禮記·王制》:“言僞而辯。”假借爲“辨”,《墨子·非攻》:“則必以此人爲不知黑白之辯矣。”《莊子·秋水》:“兩涘渚崖之間,不辯牛馬。”《孟子·告子上》:“萬鍾則不辯禮義而受之。”(朱熹集注本“辯”作“辨”。)

輮,本義爲車網(車輪的外匡)。假借爲“煣”,《荀子·勸學》:“木直中繩,輮以爲輪,其曲中規。”

矢,本義爲箭,《説文》:“矢,弓弩矢也。”假借爲“誓”,《詩經·鄘風·柏舟》:“之死矢靡它。”

慝,本義爲姦慝,《國語·魯語下》:“下無姦慝。”假借爲“忒”,《詩經·鄘風·柏舟》:“之死矢靡慝。”

具,本義爲具辦。《説文》:“具,共置也。”假借爲“俱”,《詩經·小雅·節南山》:“赫赫師尹,民具爾瞻。”

舟,本義是船。假借爲“周”,《詩經·大雅·公劉》:“何以舟之?”

時,本義是一年四季的季,《説文》:“時,四時也。”假借爲“是”,《詩經·周頌·噫嘻》:“率時農夫,播厥百穀。”

黽,本義是一種水生動物,《説文》:“黽,匽黽也。”假借爲

“朝”,《楚辭·哀郢》:“甲之鼂吾以行。”

假借字的形成,根據這樣一個原則:語音必須相同或相近。有時候假借字與本字雖然也可以衹是雙聲或者疊韻,但是如果韻部相差很遠,即使是雙聲,也不能假借;如果聲母相差很遠,即使是疊韻,也不能假借。就上面所舉的例子來説,早、蚤,唯、惟、維,惠、慧,由、猶,曾、增,辯、辨,慝、忒,具、俱,舟、周,既然完全同音,自然没有什麽可以討論的。“輮”讀平聲,“煣”讀上聲,它們之間都衹有聲調上的差異,也没有什麽問題。“直”和“特”古音同屬職部,它們的上古聲母都是定母,可以説既是雙聲,又是疊韻。其餘各例都可以作類似的分析。可見假借字必須是同音字,至少也要是聲音十分相近的字。這是假借字的原則,也是所謂古音通假的原則。

古音通假的現象,古書裏常見,不明了古音通假,就難免望文生訓,誤解古書的原意。例如“歸孔子豚”的“歸”就很可能誤解爲“歸還”的“歸”,“八月剥棗”的“剥”就很可能誤解爲“剥皮”的“剥”,等等。清代的學者王引之説:“學者改本字讀之,則怡然理順;依借字解之,則以文害辭。”①王引之的意見無疑是正確的。

運用古音通假的原則來研究古書的詞義,可以解決一些疑難問題。上文所談的假借字,是一般讀古書的人都懂的,都同意的。除此以外,我們還可以根據古音通假的原則,發現前人所没有發現的假借字,説明前人所没有説明的問題。清代學者王念孫、王引之等人就善於這樣做,他們能够擺脱字形的束縛,從聲音上去尋求古義。他們把古代漢語當做有聲的語言來處理,不是僅僅當做文字來處理,這是他們比前人更科學的地方。他們實際上是把訓詁學推進到了一個新階段。

---

①　王引之《經義述聞》卷三十二“經文假借”條。

現在我們舉一些例子來説明古音通假的原則在訓詁學上的運用。

《戰國策·楚策四》:“將加己乎十仞之上,以其類爲招。”王念孫説:“以其類爲招,類當爲頸字之誤也,招,的也,言以其頸爲準的也。”王念孫之所以會這樣説,一方面是因爲他看出了下列兩條確證:《吕氏春秋·本生》“萬人操弓,共射一招”,高誘注:“招,埻的也。”以及《文選》阮籍《詠懷》詩注引此作“以其頸爲的”。另一方面還因爲他看出了“招”和“的”古音十分近似,“招”古屬照母,“的”古屬端母,發音方法相同,發音部位接近;“招”古韻屬宵部,“的”古韻屬藥部,宵藥二部關係十分密切,依照古音通假的原則,它們自然是可以通的。

《左傳·昭公元年》:“不靖其能;其誰從之。”杜預注:“安靖賢能,則衆附從。”王引之不同意杜預對“靖”字的解釋,他認爲“其能”既然是指上文“處不辟汙,出不逃難”的羣吏,那麽説“安靖其處不辟汙,出不逃難,則文不成義矣”。他還看到文中既有“靖其能”,又有“賞其賢”;既説“子若免之,以勸左右,可也”,又説“請免之以靖能者”,因此斷定“靖與賞意當相近”,“有表章風勸之義”,“當讀爲旌”。王引之爲什麽敢於斷定“靖”就是“旌”呢?這是因爲“以六書之例求之,靖从青聲,青从生聲,旌亦从生聲。故旌字得通作靖”。也就是説,王引之是根據古音通假的原則,“靖”和“旌”同在耕部,聲母也很相近,“靖”是從母字,“旌”是精母字。

《詩經·豳風·七月》“八月斷壺”,毛傳:“壺,瓠也。”“壺”“瓠”同音,“壺”是“瓠”的假借字,這是大家都同意了的。朱駿聲更進一步説明“瓠即壺盧之合音”。“壺盧”就是“葫蘆”。朱駿聲之所以認爲“瓠”是“葫蘆”的合音,正是由於“瓠”字和“葫”字同音之外還有它和"蘆"字疊韻。

古音通假的原則在訓詁學上雖然起了很大的作用,但是也産生了一些流弊。原因是有些學者没有嚴格遵守古音通假的原則,他們把雙聲疊韻看成萬應靈丹,主觀地肯定某一意義,再去找雙聲疊韻的證據。有時候,甲字和乙字雖是雙聲,但是韻部相差很遠;有時候,二字雖是疊韻,但是聲母相差很遠;有時候,二字雖然讀音相近,甚至相同,但是没有其他證據,單憑語音方面的近似也不能完全解決問題。例如上文所舉王念孫證明"招""的"相通,如果没有《吕氏春秋》"萬人操弓共射一招"的確鑿證據,單憑雙聲疊韻,那就完全缺乏説服力了。

在初學古代漢語的時候,自然還不能要求正確地運用古音通假的原則。本節闡述古音通假的理論,祇是爲了更透徹地了解文選的注解罷了。

第七單元

文　選

楚　辭

楚辭是公元前 4 世紀到 3 世紀之間由楚國屈原等人在民間歌謡的基礎上進行加工、創造而成的一種新的詩歌形式。它的句法參差錯落，打破了《詩經》以四言爲主的格調；篇幅也較長。這些都宜於反映更爲複雜的思想内容。楚辭作品都是"書楚語，作楚聲，紀楚地，名楚物"的，所以具有濃厚的地方色彩。漢代人把這種别具風格的文體稱之爲"楚辭"，以後又稱爲"騷體"。

楚辭最主要的作家是屈原。屈原名平，原是他的字。他出生於楚國的貴族家庭，受過很好的文化教養，有着很高的文學和政治才能，青壯年時代頗得楚懷王信任。他嚮往賢能政治，主張建立正確的法度，使國家富强。但他被讒見疏，此後又被流放，這期間雖曾被召回，但爲時不久又被放逐，直到投水自沈。在流放期中，他面對着政治的腐敗，國運的垂危，寫出了許多悲憤沈痛、憂國憂民的詩歌。他的主要作品有《離騷》《九歌》《天問》《九章》等。

此外，如宋玉、唐勒、景差等人也是當時有名的楚辭作家；漢代的淮南小山、枚乘、王逸等人也寫了一些模倣楚辭形式的作品，在思想性和藝術性方面略有遜色。

西漢劉向把屈原宋玉等人的作品和模倣楚辭形式的作品彙編成集，題爲《楚辭》。現在最早的《楚辭》注本是東漢王逸的《楚辭章句》。現在較好的《楚辭》注本有宋洪興祖《楚辭補注》、宋朱熹《楚辭集注》、清蔣驥《山帶閣注楚辭》。近人聞一多、郭沫若等，在楚辭的研究上也有許多精闢的見解。

離　騷(節録)〔1〕

帝高陽之苗裔兮〔2〕，朕皇考曰伯庸〔3〕。攝提貞于孟陬兮〔4〕，惟庚寅吾以降〔5〕。皇覽揆余初度兮〔6〕，肇錫余以嘉名〔7〕。名余曰正則兮，字余曰靈均〔8〕。紛吾既有此内美兮〔9〕，又重之以脩能〔10〕。扈江離與辟芷兮〔11〕，紉秋蘭以爲佩〔12〕。汩余若將不及兮〔13〕，恐年歲之不吾與。朝搴阰之木蘭兮〔14〕，夕攬洲之宿莽〔15〕。日月忽其不淹兮〔16〕，春與秋其代序〔17〕。惟草木之零落兮〔18〕，恐美人之遲暮〔19〕。不撫壯而棄穢兮〔20〕，何不改乎此度〔21〕？乘騏驥以馳騁兮，來吾道夫先路〔22〕！

〔1〕《離騷》是《楚辭》中最長的一篇，是屈原的代表作，集中表現了詩人憂國憂民、不肯與世沈浮的高尚精神，以及自己的政治理想不能實現的苦悶。離，通"罹"，遭。騷，憂，愁。"離騷"即罹憂，亦即遭到憂愁的意思（依班固説，見《離騷贊序》）。

〔2〕高陽，古帝顓頊（zhuānxū）的稱號。裔，衣服的末邊（參用朱駿聲説）。苗裔，子孫。楚之始祖熊繹是顓頊之後，事周成王，封於楚。傳國至楚武王熊通，生子瑕，受封於屈，遂以屈爲氏，屈原即其後代，所以屈原説自己是顓頊的子孫。

〔3〕朕,我。秦始皇以前凡人都可以自稱朕,自秦始皇起始專用爲皇帝自稱。皇,大。古人稱已死的父親叫考,也稱皇考。伯庸,屈原父親的字。

〔4〕攝提,攝提格的簡稱,攝提格是寅年的别名。貞,當,正當。孟,始。陬(zōu),正月,夏曆的正月是寅月。孟陬,等於説孟春正月。

〔5〕惟,句首語氣詞。庚寅,指庚寅日。降,降生。這兩句是説正當寅年寅月寅日我降生。

〔6〕皇,皇考的簡稱。覽,觀察。揆,度(duó),測度。度,等於説時節(依朱熹説),指生庚年月。

〔7〕肇,始。錫,通"賜"。嘉,美好。

〔8〕屈原名平,原是字。"正則""靈均"包含了其名與字的意義。

〔9〕紛,盛多的樣子。内美,内在的美。這是説自己生於良辰,有着天地賦予的美質,也就是本質好的意思。

〔10〕重(chóng),加……上。脩,長。能,才。脩能,等於説長才。

〔11〕扈,披,楚地方言。離,香草名,一名蘼蕪。辟(pì),偏僻,幽僻,後來寫作"僻"。芷,白芷,也是香草。辟芷,等於説生長在幽僻之處的白芷。

〔12〕紉,連接,聯綴。蘭,蘭花,秋天開花,所以又稱秋蘭。佩,佩帶在身上的裝飾品。

〔13〕汩(yù),水流疾速的樣子,這是説時光快得像流水一樣。

〔14〕搴(qiān),拔取。阰(pí),山名。木蘭,香樹名。

〔15〕攬,採。宿莽,冬生不死的草。這兩句以採摘香草比喻自己修養品德。

〔16〕忽,快速的樣子。淹,久留。

〔17〕代,更遞。序,次序。代序,即代謝,輪换的意思。

〔18〕惟,思念。零、落,都是掉下來的意思。

〔19〕美人,喻楚懷王。遲,晚。遲暮,指年紀大。

〔20〕撫,持(依《文選》五臣注),等於説趁着。穢,指穢惡的行爲。這句是説楚懷王不能趁着壯年除去穢惡之行。

〔21〕此度,指現時的法度。

〔22〕這兩句的大意是:你應該乘駿馬而奔馳啊(比喻任用賢才,奮發有爲),請

來,我在前面給你帶路。道,引導,後來寫作"導"。

昔三后之純粹兮〔1〕,固衆芳之所在〔2〕。雜申椒與菌桂兮〔3〕,豈維紉夫蕙茝〔4〕?彼堯舜之耿介兮〔5〕,既遵道而得路。何桀紂之猖披兮〔6〕,夫唯捷徑以窘步〔7〕。惟夫黨人之偷樂兮〔8〕,路幽昧以險隘。豈余身之憚殃兮,恐皇輿之敗績〔9〕。忽奔走以先後兮〔10〕,及前王之踵武〔11〕。荃不察余之中情兮〔12〕,反信讒而齌怒〔13〕。余固知謇謇之爲患兮〔14〕,忍而不能舍也〔15〕。指九天以爲正兮〔16〕,夫唯靈脩之故也〔17〕。曰黄昏以爲期兮,羌中道而改路〔18〕。初既與余成言兮〔19〕,後悔遁而有他〔20〕。余既不難夫離别兮,傷靈脩之數化〔21〕。

〔1〕三后,指禹、湯、文王。純,絲不雜。粹,米不雜。"純粹"在這裏指美德。

〔2〕衆芳,喻羣賢。連上句的大意是:三王之所以有純粹的美德,是因爲能舉用羣賢。

〔3〕申,地名(依朱熹説)。椒,香木名,就是花椒。菌桂,香木名,桂之一種,有人説就是肉桂。這裏"申椒菌桂"喻羣賢。

〔4〕維,通"唯",獨。蕙、茝(zhǐ),都是香草,這裏也是喻羣賢。

〔5〕耿,光明。介,大。耿介,等於説光明正大。

〔6〕猖披,穿衣而不繫帶的樣子,比喻狂亂。

〔7〕捷,邪出。徑,小道。捷徑,斜出的小道。窘,窮迫。窘步,等於説走投無路。

〔8〕黨,朋黨,朋比爲奸的不正當的結合。黨人,指當時結黨營私包圍在楚懷王左右的小人。偷,苟且。偷樂,等於説苟安。

〔9〕皇,君。輿,車。皇輿,譬喻國家。敗績,車覆(依戴震説)。這句是説怕君國傾危。

〔10〕忽,快速的樣子。先、後,動詞,走在前面,走在後面,等於説效力左右。

〔11〕踵,腳後跟。武,足迹。這句是説自己要追蹤前王。

〔12〕荃(quán),香草名,喻懷王。中情,内心。

〔13〕讒,用言語誣害好人,這裏指讒言。齌(jì),疾速。齌怒,疾怒,馬上惱怒起來。

〔14〕謇謇(jiǎnjiǎn),忠貞的樣子。

〔15〕忍,指忍受這種禍患。舍,停止,這裏指停止而不進言。

〔16〕九天,指八方之天與中央之天(依王逸説)。這句是説讓上天作公正的判斷。

〔17〕靈,神。脩,遠。靈脩,指有神明遠見之德的人,指懷王。

〔18〕羌,楚辭所特有的語氣詞。洪興祖説這兩句爲後人所加。

〔19〕成言,把話説定了。

〔20〕遁,隱。這句是説中道悔恨,隱匿其情,而有他志(依王逸説)。

〔21〕數(shuò),屢次。化,變化。

余既滋蘭之九畹兮〔1〕,又樹蕙之百畝。畦留夷與揭車兮〔2〕,雜杜衡與芳芷〔3〕。冀枝葉之峻茂兮〔4〕,願竢時乎吾將刈〔5〕。雖萎絶其亦何傷兮〔6〕,哀衆芳之蕪穢〔7〕。

〔1〕滋,栽種。畹(wǎn),十二畝(依王逸説)。

〔2〕畦(xī),五十畝,這裏用如動詞,是種一畦的意思。留夷、揭車,都是香草名。

〔3〕杜衡,香草名。芷,就是"茝"。

〔4〕冀,希望。峻,高大。

〔5〕竢(sì),俟,等待。刈,收割。以上六句是以香草比喻賢者,意思是説自己辛勤培養賢才以備時用。

〔6〕萎,枯萎。絶,凋落。

〔7〕蕪穢,荒蕪雜亂,喻羣賢與小人同流合汙。這兩句是説衆賢潔身而死不足傷,同流合汙實可哀。

衆皆競進以貪婪兮，憑不猒乎求索[1]。羌内恕己以量人兮[2]，各興心而嫉妬[3]。忽馳鶩以追逐兮[4]，非余心之所急。老冉冉其將至兮[5]，恐脩名之不立[6]。朝飲木蘭之墜露兮，夕餐秋菊之落英[7]。苟余情其信姱以練要兮[8]，長顑頷亦何傷[9]。擥木根以結茝兮[10]，貫薜荔之落蘂[11]。矯菌桂以紉蕙兮[12]，索胡繩之纚纚[13]。謇吾法夫前脩兮[14]，非世俗之所服[15]。雖不周於今之人兮[16]，願依彭咸之遺則[17]。

〔1〕憑，滿，指衆人所貪求的已經滿了。猒，同"厭"。

〔2〕恕，寬恕。量，度(duó)。恕己以量人，等於説原諒自己，揣度别人。

〔3〕興心，等於説起壞心腸。

〔4〕鶩，也是馳的意思。馳鶩，等於説奔馳。

〔5〕冉冉(rǎnrǎn)，漸漸。

〔6〕脩，美。

〔7〕英，花。這兩句是説自己從事品德的修養，晝夜不息。

〔8〕信，的確。姱(kuā)，美好。練，選。要，要道。練要，擇要道而行(依洪興祖説)。

〔9〕顑頷(kǎnhàn)，餓得面黄肌瘦的樣子。

〔10〕擥(lǎn)，同"攬"，持。

〔11〕薜荔(bìlì)，香草名。

〔12〕矯，舉。

〔13〕索，用如動詞，擰成繩子。胡繩，香草名。纚纚(xǐxǐ)，繩子擰得很好的樣子。以上四句是説自己用香草做成服飾，這是比喻自己自修品德，效法前賢。

〔14〕謇，句首語氣詞。法，效法。前脩，前代的賢人。

〔15〕服，用，佩。

〔16〕周,合。

〔17〕彭咸,殷代賢大夫,諫其君不聽,投水而死。則,法。

長太息以掩涕兮〔1〕,哀民生之多艱!余雖好脩姱以鞿羈兮〔2〕,謇朝誶而夕替〔3〕。既替余以蕙纕兮〔4〕,又申之以攬茝〔5〕。亦余心之所善兮,雖九死其猶未悔〔6〕!

〔1〕太息,歎氣。掩涕,等於説拭淚(依洪興祖説)。

〔2〕鞿(jī),馬口上的韁繩。羈,馬絡頭。二字這裏用如動詞,屈原以馬受羈束比喻自己。

〔3〕誶(suì),諫。替,廢,指自己被廢棄。

〔4〕纕(xiāng),佩帶。蕙纕,蕙草做的佩帶。

〔5〕申,重復。這兩句是説:君王因爲我佩戴衆香廢棄我,但我重復攬持芳茝。

〔6〕九死,等於説死多次。"九"字不是指實數,衹是甚言其多。

怨靈脩之浩蕩兮〔1〕,終不察夫民心。衆女嫉余之蛾眉兮〔2〕,謡諑謂余以善淫〔3〕。固時俗之工巧兮〔4〕,偭規矩而改錯〔5〕;背繩墨以追曲兮〔6〕,競周容以爲度〔7〕。忳鬱邑余侘傺兮〔8〕,吾獨窮困乎此時也。寧溘死以流亡兮〔9〕,余不忍爲此態也!

〔1〕浩蕩,放蕩自恣,不深思熟慮的樣子。

〔2〕衆女,喻衆姦臣。蛾眉,形如蠶蛾之眉的眉毛(依顔師古説),形容貌美。

〔3〕謡,謡言。諑(zhuó),誣衊。善淫,善爲淫邪。

〔4〕工巧,等於説善於取巧。

〔5〕偭(miàn),違背。規,定圓形的工具。矩,定方形的工具。錯,通"措",置。改錯,等於説改變安排。

〔6〕繩墨,匠人用來打直綫的工具,即墨斗。追,隨。這兩句是比喻時人反常妄作,違背正道,追隨邪僻。

〔7〕周容，苟合求容。度，法度，法則。

〔8〕忳（tún），憂愁的樣子。鬱邑，也是憂愁的樣子。"忳鬱邑"是三字狀語。三字狀語是前面一個形容詞，後面跟着一個聯緜字或疊音詞，這是楚辭中常見的結構。侘傺（chàchì），不得志的樣子。

〔9〕寧，寧願。溘（kè），忽然。

鷙鳥之不羣兮〔1〕，自前世而固然。何方圜之能周兮〔2〕，夫孰異道而相安！屈心而抑志兮，忍尤而攘詬〔3〕；伏清白以死直兮〔4〕，固前聖之所厚〔5〕。

〔1〕鷙（zhì）鳥，鳥之猛者，如鷹、鸇之類。不羣，不與〔衆鳥〕同羣，比喻忠貞自守，不同流合汙。

〔2〕圜，通"圓"。周，合。

〔3〕尤，罪過。攘，取，指不推辭，忍受。詬（gòu），恥辱。

〔4〕伏，通"服"，服膺。伏清白，指懷抱清白之志，也就是堅守清白之志。死直，爲忠直而死。

〔5〕厚，重，指看重。

悔相道之不察兮〔1〕，延佇乎吾將反〔2〕。回朕車以復路兮〔3〕，及行迷之未遠。步余馬於蘭皋兮〔4〕，馳椒丘且焉止息〔5〕。進不入以離尤兮〔6〕，退將復脩吾初服〔7〕。製芰荷以爲衣兮〔8〕，集芙蓉以爲裳〔9〕。不吾知其亦已兮，苟余情其信芳。高余冠之岌岌兮〔10〕，長余佩之陸離〔11〕。芳與澤其雜糅兮〔12〕，唯昭質其猶未虧〔13〕。忽反顧以遊目兮，將往觀乎四荒〔14〕。佩繽紛其繁飾兮〔15〕，芳菲菲其彌章〔16〕。民生各有所樂兮，余獨好脩以爲常。雖體解吾猶未變兮〔17〕，豈余心之可懲〔18〕！

〔1〕相（xiàng），視。道，道路。察，審，清楚。

〔2〕延,長久。佇,跂足而望。

〔3〕回,轉過來。復路,走回頭路。

〔4〕步,慢慢走,在這裏是使動用法。皋,水邊的地。蘭皋,有蘭的皋。

〔5〕椒丘,上有椒樹的山丘。且焉止息,暫且在那裏休息。

〔6〕進,指進仕。入,納。離,通"罹"。

〔7〕退,指退隱。初服,未仕前的服飾。這句是説退隱之後還要繼續培養自己的才德。下文的"衣""裳""冠""佩"都是説"初服"。

〔8〕芰(jì),菱。

〔9〕芙蓉,荷花。

〔10〕岌岌,高的樣子。

〔11〕陸離,美好的樣子(依許慎説)。

〔12〕芳,指香草。澤,有光澤,指玉佩有光澤。糅(róu),雜。

〔13〕昭,明潔的。

〔14〕荒,遠。四荒,四方荒遠之地。

〔15〕繽(bīn)紛,盛多的樣子,是形容"繁飾"的。繁飾,衆多的飾物。

〔16〕芳菲菲,香氣很盛。"菲菲"是形容"芳"的。

〔17〕體解,肢解,古代的一種酷刑。

〔18〕懲,受創而知戒。

[韻部]庸、降,東冬合韻;名、均,耕真合韻;能、佩,之部;與、莽、序,魚部;暮、度、路、鐸部。在、茝,之部;路、步,鐸部;隘、績,錫部;武、怒、舍、故,魚部;路、他、化,鐸歌合韻。畝、芷,之部;刈、穢,月部。索、妬,鐸部;急、立,緝部;英、傷,陽部;蘂、纚,支部;服、則,職部。茝、悔,之部。心、淫,侵部;錯、度,鐸部;時、態,之部。然、安,元部;詬、厚,侯部。反、遠,元部;息、服,職部;裳、芳,陽部;離、虧,歌部;荒、章、常、懲,陽蒸合韻。

山　鬼〔1〕

若有人兮山之阿〔2〕,被薜荔兮帶女蘿〔3〕。既含睇兮又宜笑〔4〕，子慕予兮善窈窕〔5〕。

〔1〕《山鬼》是屈原《九歌》中的一篇。《九歌》原是楚國民間祭歌，共十一篇（前十篇每篇祭一個神，末篇爲送神曲），後經過屈原的加工整理再創作，成爲現在這個樣子。《九歌》反映了楚地人民的生活和精神面貌。山鬼，即山神，女性。有人認爲本文歌辭是一對男女的對話，但認爲是山鬼（女巫扮）自述似更妥當些。詩人在這裏賦予山神以人的性格，歌頌了山鬼對愛情的忠貞，反映了楚地人民的愛情生活。

〔2〕若，好像。若有人，好像有個人。阿，彎曲處，角落。

〔3〕被（pī），通“披”。薜荔，蔓生香草，這裏指薜荔做成的衣裳。帶，用如動詞，把……當成帶子，等於説繫着。女蘿，又名兔絲、松蘿，一種蔓生植物。

〔4〕睇（dì），微微斜視，這裏指微微斜視的那種含情的眼神。宜笑，指口齒美好，適宜於笑。

〔5〕子，山鬼稱自己所思慕的對象，下文“公子”“君”同。予，山鬼自稱，下文“余”“我”同。善，指好的品行。窈窕，美好的樣子。

乘赤豹兮從文貍〔1〕，辛夷車兮結桂旗〔2〕。被石蘭兮帶杜衡〔3〕，折芳馨兮遺所思〔4〕。余處幽篁兮終不見天〔5〕，路險難兮獨後來〔6〕。

〔1〕從，跟隨，使動用法。文貍，毛色有花紋的野猫。

〔2〕辛夷，香草，又名木筆、迎春。辛夷車，用辛夷做成的車。結，編織。桂旗，用桂枝做的旗。

〔3〕石蘭，蘭草的一種，又名山蘭。杜衡，又名馬蹄草。二者都是香草。

〔4〕芳馨，泛指香花香草。遺（wèi），贈送給。

〔5〕余，山鬼自稱。篁（huáng），竹林。幽篁，幽深的竹林。終，始終。

〔6〕險，道路難走。後來，遲到，來晚了。

表獨立兮山之上〔1〕，雲容容兮而在下〔2〕。杳冥冥兮羌晝晦〔3〕，東風飄兮神靈雨〔4〕，留靈脩兮憺忘歸〔5〕，歲既晏兮孰華予〔6〕？

〔1〕表，突出地。

〔2〕容容，飄動的樣子。

〔3〕杳，深遠的樣子。冥冥，黑暗的樣子。杳冥冥，形容天色陰暗。晦，陰暗。

〔4〕雨，用如動詞，降雨。

〔5〕大意是：因爲挽留住靈脩（山鬼思念的人），在一起盡享歡樂，忘了歸去。憺（dàn），安樂的樣子。

〔6〕年歲已經遲暮，誰能使我年輕呢？晏，晚。華，同“花”，使動用法，這裏有“使……年輕”的意思。

采三秀兮於山間〔1〕，石磊磊兮葛蔓蔓〔2〕。怨公子兮悵忘歸〔3〕，君思我兮不得閒〔4〕。

〔1〕三秀，靈芝草的别名。靈芝一年開花三次，故稱“三秀”（秀，開花）。

〔2〕磊磊（lěilěi），亂石堆積的樣子。葛，一種蔓生植物。蔓蔓，蔓延的樣子。這兩句是説山鬼採折花草的不易，同時表明山鬼對所思念的人的真誠。

〔3〕悵，惆悵，失望。

〔4〕你想念我，可是抽不出一點時間來〔與我相會〕。這是山鬼未會到所思念的人時自己爲對方設想的解怨之辭。

山中人兮芳杜若〔1〕，飲石泉兮蔭松柏〔2〕。君思我兮然疑作〔3〕。靁填填兮雨冥冥〔4〕，猨啾啾兮狖夜鳴〔5〕。風颯颯兮木蕭蕭〔6〕，思公子兮徒離憂〔7〕。

〔1〕山中人，山鬼自稱。芳杜若，像杜若一樣芳香。杜若，香草。

〔2〕石泉，山中泉水。蔭，動詞。蔭松柏，以松柏爲蔭，也就是住在松柏之下的意思。

〔3〕大意是：你是否想念我呢？我既相信，又產生懷疑。然，與“疑”相對，指不疑。

〔4〕靁，即“雷”字。填填，雷聲，如同“隆隆”。

〔5〕猨，即“猿”字。啾啾（jiūjiū），猿的哀叫聲。狖（yòu），長尾猿。

〔6〕颯颯(sàsà),風聲。蕭蕭,風吹樹木發出的聲音。

〔7〕徒,白白地。離,通"罹"。離憂,等於説自找憂愁。

[韻部]阿、蘿,歌部;笑、窕,宵部。貍、旗、思、來,之部。下、雨、予,魚部。間、蔓、閒,元部。若、柏、作,鐸部;冥、鳴,耕部;蕭,憂,幽部。

國 殤〔1〕

操吴戈兮被犀甲〔2〕,車錯轂兮短兵接〔3〕。旌蔽日兮敵若雲〔4〕,矢交墜兮士爭先〔5〕。

〔1〕《國殤》是屈原《九歌》中的一篇,是追悼爲國犧牲的戰士的祭歌。殤(shāng),有兩個意思:未成年的人夭折叫殤,在外而死也叫殤。國殤,指爲國犧牲死於戰場的戰士。

〔2〕操,拿着。吴戈,吴國造的戈,指好戈。被(pī),通"披"。犀甲,犀牛皮製成的甲。

〔3〕錯,相交錯。轂,見本册第373頁《老子》(二)注〔1〕。這句是説兩方迫近展開混戰。

〔4〕旌(jīng),用羽毛裝飾的旗子。"旌蔽日""敵若雲",是説敵軍衆多。

〔5〕交墜,交相墜落,指流矢在雙方的陣地上紛紛墜落。

凌余陣兮躐余行〔1〕,左驂殪兮右刃傷〔2〕。霾兩輪兮縶四馬〔3〕,援玉枹兮擊鳴鼓〔4〕。天時墜兮威靈怒〔5〕,嚴殺盡兮棄原壄〔6〕。

〔1〕凌,侵犯。躐(liè),踐踏。行(háng),行列。

〔2〕殪(yì),死。右,指右驂。刃傷,爲兵刃所傷。

〔3〕霾,通"埋"。縶(zhí),絆。

〔4〕援,拿過來。枹(fú),鼓槌。玉枹,用玉裝飾的枹。

〔5〕天時,天象。墜,通"懟"(duì),恨。一本作"懟"。威靈,神靈。

〔6〕嚴,悲壯地。殺盡,被殺盡。壄,古"野"字。

出不入兮往不反,平原忽兮路超遠[1]。帶長劍兮挾秦弓[2],首身離兮心不懲[3]。誠既勇兮又以武[4],終剛强兮不可凌[5]。身既死兮神以靈[6],魂魄毅兮爲鬼雄[7]。

[1]忽,遼闊渺茫的樣子。超遠,遥遠。

[2]秦弓,秦國製造的弓,指好弓。

[3]懲,参看《離騷》"豈余心之可懲"注。

[4]以,通"已"。勇,指戰鬥的精神。武,武藝,指戰鬥的能力(參用蔣驥説)。

[5]終,自始至終。

[6]神以靈,精神由此靈顯。

[7]鬼雄,鬼中的英雄。

[韻部]甲、接,葉部;雲、先,文部。行、傷,陽部;馬、鼓、怒、壄,魚部。反、遠,元部;弓、懲、凌、雄,蒸部。

哀　郢[1]

皇天之不純命兮[2],何百姓之震愆[3]?民離散而相失兮,方仲春而東遷[4]。

[1]《哀郢》是屈原《九章》中的一篇,可能作於頃襄王二十一年(公元前278年)。這年秦將白起攻陷郢都,屈原目擊祖國垂危,人民離散,悲憤已極,於是作這篇《哀郢》。篇中表現詩人對流離失所的人民的深切同情和對祖國的無限懷念,心情十分沈重。篇末轉悲痛爲激憤,指出國破家亡的原因,在於小人得勢,君王昏庸。

[2]皇,大。皇天,等於説老天爺。純,專一。不純命,不專一其命,指天失其常道。這是雙關語,兼指楚王。

[3]震,動蕩不得安寧。愆(qiān),罪,這裏指遭罪,受苦。

[4]方,正當。仲春,舊曆二月。東遷,向東遷徙。郢都失陷後,楚遷都於陳

(今河南淮陽縣),陳在楚東,所以説東遷。

去故鄉而就遠兮〔1〕,遵江夏以流亡〔2〕。出國門而軫懷兮〔3〕,甲之鼂吾以行〔4〕。發郢都而去閭兮〔5〕,怊荒忽其焉極〔6〕?楫齊揚以容與兮〔7〕,哀見君而不再得。望長楸而太息兮〔8〕,涕淫淫其若霰〔9〕。過夏首而西浮兮〔10〕,顧龍門而不見〔11〕。心嬋媛而傷懷兮〔12〕,眇不知其所蹠〔13〕。順風波以從流兮〔14〕,焉洋洋而爲客〔15〕。淩陽侯之氾濫兮〔16〕,忽翺翔之焉薄〔17〕。心絓結而不解兮〔18〕,思蹇產而不釋〔19〕。

〔1〕遠,遠方。

〔2〕遵,沿着……走。夏,夏水,今名長夏河,在今湖北省境内,水已改道。因江夏相距很近,所以楚辭中江夏常並稱。

〔3〕國,指國都郢。軫(zhěn),悲痛。懷,懷念。

〔4〕甲,甲日那一天。鼂(zhāo),通"朝",早晨。

〔5〕發郢都,從郢都出發。閭(lǘ),里巷之門,這裏指故居。

〔6〕怊(chāo),遠的樣子。荒忽,也是遠的樣子。"怊荒忽"是三字狀語。這種狀語結構是形容詞加聯緜字。極,動詞,到盡頭。

〔7〕楫(jí),船槳。揚,舉起。容與,猶豫,指船徘徊不進的樣子。

〔8〕楸(qiū),梓樹。太息,歎息。

〔9〕涕,淚。淫淫,淚落紛紛的樣子。霰(xiàn),細雪粒。

〔10〕夏首,夏水流入長江之處。西浮,向西浮行。舟行之曲處,路有向西者(依蔣驥説)。

〔11〕龍門,郢都的東門。

〔12〕嬋媛(chányuán),有所牽掛的樣子。

〔13〕眇,通"渺",遥遠的樣子。蹠(zhí),腳踏地。不知其所蹠,不知道腳踏在什麽地方,即不知道到哪裏去。

〔14〕從流，順着水流。

〔15〕焉，於是。洋洋，飄流無所歸宿的樣子。客，旅客，流浪者。

〔16〕淩，乘。陽侯，波神名。相傳陽侯是古代陵陽國的諸侯，溺水而死，成爲波神。這裏用“陽侯”代表波浪。

〔17〕忽，快速的樣子。薄，止，停下來。

〔18〕絓（guà），懸掛。絓結，比喻心中鬱結。

〔19〕蹇産，聯緜字，屈曲的樣子。思蹇産，即心情不舒暢的意思。釋，放開，放下。

將運舟而下浮兮〔1〕，上洞庭而下江〔2〕。去終古之所居兮〔3〕，今逍遥而來東〔4〕。

〔1〕運舟，行舟。

〔2〕上、下，指南北。古代以南爲上（依蔣驥説）。這裏説“上洞庭”，因洞庭湖在南邊。

〔3〕終古，永古，等於説自很古的時候起。終古之所居，指祖先以來所居住的地方。

〔4〕逍遥，這裏是漂泊的意思。

羌靈魂之欲歸兮〔1〕，何須臾而忘反〔2〕？背夏浦而西思兮〔3〕，哀故都之日遠〔4〕。登大墳以遠望兮〔5〕，聊以舒吾憂心〔6〕。哀州土之平樂兮〔7〕，悲江介之遺風〔8〕。

〔1〕羌，語氣詞。

〔2〕須臾，片刻。

〔3〕浦，水邊。西思，向西想望，指懷念郢都。

〔4〕故都，指郢。

〔5〕墳，水中高地。

〔6〕聊，姑且。

〔7〕州土，指楚國的土地。平，土地廣闊。樂，人民生活安樂。

〔8〕介,側,畔。江介,江邊,指沿江兩岸的地方。遺風,古代遺留下來的美好的風俗習慣。這兩句是痛心“平樂”和“遺風”遭到敵人的破壞。

當陵陽之焉至兮〔1〕?淼南渡之焉如〔2〕?曾不知夏之爲丘兮〔3〕,孰兩東門之可蕪〔4〕?心不怡之長久兮〔5〕,憂與愁其相接。惟郢路之遼遠兮〔6〕,江與夏之不可涉。忽若去不信兮〔7〕,至今九年而不復〔8〕。慘鬱鬱而不通兮〔9〕,蹇侘傺而含慼〔10〕。

〔1〕當,面對着。陵陽,古地名,未詳。

〔2〕淼(miǎo),大水茫茫望不到邊際的樣子。如,到……去。

〔3〕夏,通“廈”,高大的房屋。丘,廢墟。

〔4〕爲什麽兩東門可以荒蕪呢?孰,何(用蔣驥説)。兩東門,指郢都的兩個東門。

〔5〕怡,快樂。

〔6〕惟,語氣詞。

〔7〕忽若,忽然。去,離開,這裏指被放逐。不信,不被信任。

〔8〕不復,不能回去。

〔9〕慘,心情愁慘。鬱鬱,淤結的樣子。不通,指心情不能通暢。

〔10〕蹇,困苦。侘傺(chàchì),失意的樣子。慼,悲傷。上句的“慘鬱鬱”,本句的“蹇侘傺”,都是三字狀語。

外承歡之汋約兮〔1〕,諶荏弱而難持〔2〕。忠湛湛而願進兮〔3〕,妬被離而鄣之〔4〕。堯舜之抗行兮〔5〕,瞭杳杳而薄天〔6〕。衆讒人之嫉妬兮,被以不慈之僞名〔7〕。憎愠惀之脩美兮〔8〕,好夫人之忼慨〔9〕。衆踥蹀而日進兮〔10〕,美超遠而逾邁〔11〕。

〔1〕外,表面上。承歡,指奉承君王的歡心。汋(chuò)約,聯綿字,美好的樣子,這裏指媚態。

〔2〕諶(chén),誠,實際上。荏(rěn),與"弱"同義。荏弱,等於説軟弱,脆弱。難持,難以自持,指不能有堅定的操守。這兩句是指誤國的小臣。

〔3〕湛湛(zhànzhàn),忠厚的樣子。進,被進用。

〔4〕妬,這裏指妬嫉的人。被(pī)離,聯緜字,分散的樣子。鄣,同"障",擋住。

〔5〕抗行(xìng),高尚的行爲。

〔6〕瞭杳杳,高遠的樣子。薄,迫近。

〔7〕用"不慈"這一僞名加到堯舜身上。被,等於説加上。這兩句是説堯舜把天下傳給賢者(堯傳舜,舜傳禹),而没有傳給自己的兒子,衆讒人就説他們不慈。

〔8〕愠惀(yùnlǔn),心裏有所藴積而不善表露。脩,在這裏與"美"同義。

〔9〕夫(fú)人,指那些小人們。忼慨,這裏指口頭上能説會道善於做出激昂慷慨的樣子。

〔10〕衆,指小人們。踥蹀(qièdié),聯緜字,小步走的樣子。這裏指奔走鑽營的狀態。

〔11〕美,指好人。超遠,這裏是疏遠的意思。逾,通"愈"。邁,遠。

亂曰〔1〕:曼余目以流觀兮〔2〕,冀壹反之何時〔3〕?鳥飛反故鄉兮,狐死必首丘〔4〕。信非吾罪而棄逐兮,何日夜而忘之〔5〕?

〔1〕亂,音樂的末章。楚辭裏面的"亂",實際上是全篇的結束語。

〔2〕曼,引。曼目,舉目。流觀,周流觀覽,指隨着景物的流動而觀覽。

〔3〕冀,希望。壹,同"一"。壹反,回去一次。

〔4〕首丘,頭向着土丘。這兩句是説禽獸至死也想念自己出生的地方,何況人呢?

〔5〕大意是:我怎麼能白天黑夜忘掉它呢?這是説我永遠也忘不了它。

[韻部]愆、遷,元部。亡、行,陽部;極、得,職部;霰、見,元部;蹠、客、薄、釋,鐸部。江、東,東部。反、遠,元部;心、風,侵部。如、蕪,魚部;接、涉,葉部;

復、慼，覺部。持、之，之部；天、名，真耕合韻；慨、邁，物月合韻。時、丘、之，之部。

卜　居[1]

屈原既放三年，不得復見[2]。竭知盡忠，而蔽鄣於讒[3]。心煩慮亂，不知所從。乃往見太卜鄭詹尹曰[4]："余有所疑，願因先生決之[5]。"詹尹乃端策拂龜[6]，曰："君將何以教之[7]？"

〔1〕本篇相傳爲屈原所作，實際上是楚國人在屈原死後爲悼念他而記載下來的有關傳説。文中表現了當時社會的黑暗腐敗，表現了屈原的憤慨和不滿，歌頌了他堅持真理，不與姦佞同流合汙的精神。卜，占卦。居，處(chǔ)，這裏指處世之道。

〔2〕放，放逐。見，指見到楚懷王。

〔3〕知(zhì)，智。竭知，用盡了智慧。讒，指讒佞之人。

〔4〕太卜，官名，卜官之長。鄭詹尹，太卜的姓名。

〔5〕因，借着，靠着。決，決定。

〔6〕策，蓍(shī)草。端策，把策擺端正。龜，龜殼。拂龜，拂去龜殼上的灰土。策和龜都是占卜用的工具。

〔7〕你將用什麼指教我呢？這是客氣話，實際是説"你要占卜什麼事呢？"

屈原曰："吾寧悃悃款款朴以忠乎[1]？將送往勞來斯無窮乎[2]？寧誅鋤草茅以力耕乎[3]？將遊大人以成名乎[4]？寧正言不諱以危身乎[5]？將從俗富貴以媮生乎[6]？寧超然高舉以保真乎[7]？將哫訾栗斯喔咿儒兒以事婦人乎[8]？寧廉潔正直以自清乎[9]？將突梯滑稽如脂如韋以絜楹乎[10]？寧昂昂若千里之駒乎[11]？將氾

氾若水中之鳧[12],與波上下,偷以全吾軀乎?寧與騏驥亢軛乎[13]?將隨駑馬之迹乎[14]?寧與黄鵠比翼乎[15]?將與雞鶩爭食乎[16]?此孰吉孰凶?何去何從?世溷濁而不清[17]:蟬翼爲重,千鈞爲輕;黄鐘毀棄,瓦釜雷鳴[18];讒人高張[19],賢士無名[20]。吁嗟默默兮,誰知吾之廉貞!”

〔1〕“寧……將……”,即“寧願……還是”。悃悃(kǔnkǔn)款款,忠心耿耿的樣子。朴以忠,樸實而忠誠。

〔2〕勞(lào),慰勞,這裏指歡迎。送往勞來,指到處周旋逢迎。無窮,即無往而不通。

〔3〕誅,這裏與“鋤”同義。力耕,指勤勞地耕作,“力”字用作狀語。

〔4〕遊大人,往來於大人之間,指逢迎達官貴人。成名,指建立榮譽。

〔5〕危身,使自己受到危害。

〔6〕媮(yú),同“愉”。媮生,指身安樂(依王逸説)。

〔7〕真,本性。

〔8〕哫訾(zúzī)、栗(當作“粟”)斯、喔咿(wòyī)、儒兒,都是聯緜字,摹擬强作笑顔以承人意的樣子。婦人,指鄭袖,楚懷王的寵妃,主張聯秦。

〔9〕自清,使自己清白。清,使動用法。

〔10〕突梯、滑(gǔ)稽,都是聯緜字,都是圓轉的樣子。脂,脂膏。韋,熟皮。絜(xié),測量,量直的東西叫度,量圓的東西叫絜(依戴震説)。楹,柱子。柱子是圓的,測量時必須順着圓面測量,比喻趨炎附勢,與世沈浮。

〔11〕昂昂,不甘向人低頭的樣子。

〔12〕氾氾,浮游無定的樣子。鳧(fú),野鴨。

〔13〕騏、驥(jì),都是好馬。亢,舉。軛,車轅前面用來駕馬的部分。與騏驥亢軛,跟騏驥一塊兒駕車,也就是與騏驥並駕齊驅的意思。

〔14〕隨駑馬之迹,等於説跟着駑馬走。

〔15〕比翼,並翅飛翔。

〔16〕鶩(wù),鴨。

〔17〕溷(hùn),也是"濁"的意思。

〔18〕黃鐘,六律之一,器最大而聲最宏亮,這裏指樂器。六律,參見本冊第389頁《胠篋》注〔8〕。瓦釜(fǔ),陶土製的鍋。雷鳴,像雷一樣的發出聲音。這兩句是説黃鐘本該讓它奏樂,卻被毁棄了;瓦釜本來不是樂器,卻讓它雷鳴起來。黃鐘比喻下文的賢士,瓦釜比喻下文的讒人。

〔19〕高張,侈大,指在高位。

〔20〕無名,没有名位,指不被任用。

詹尹乃釋策而謝,曰:"夫尺有所短,寸有所長〔1〕;物有所不足,智有所不明〔2〕;數有所不逮〔3〕,神有所不通〔4〕。用君之心,行君之意〔5〕,龜策誠不能知此事。"

〔1〕大意是:尺長於寸,但是當一尺還不够的時候,就算有所短;寸短於尺,但是當一寸已經有餘的時候,就算有所長(依朱熹説)。

〔2〕物有欠缺不全的地方,人的智慧有不明事理的地方。

〔3〕數,術數,這裏指占卦。逮,達到。

〔4〕通,溝通。以上幾句是用來比喻卜官替人占卦,並不能任何時候都解決問題。

〔5〕君,指屈原。

[韻部]讒、從,談東合韻。忠、窮,冬部;耕、名、身、生、真、人、清、楹,耕真合韻;呰、斯、咿、兒,支脂合韻;梯、稽、脂、韋,脂微合韻;駒、軀,侯部;軛、迹,錫部;翼、食,職部;凶、從,東部;清、輕、鳴、名、貞,耕部。長、明、通,陽東合韻;意、事,之職合韻。

漁　父〔1〕

屈原既放,遊於江潭〔2〕,行吟澤畔〔3〕;顏色憔悴,形容枯槁〔4〕。漁父見而問之曰:"子非三閭大夫與〔5〕?何故至於斯〔6〕?"

〔1〕本篇也是屈原死後楚國人爲悼念他而記載下來的有關傳説。本篇表現了屈原不願同流合汙,寧願"伏清白以死直"的高尚品質。漁父(fǔ),漁翁。父,男子的美稱。

〔2〕潭,水淵。江潭,在這裏泛指江湖之間。

〔3〕澤畔,等於説水邊。

〔4〕顏,眉目之間。色,顏氣(臉色)。形,身形。容,容貌。槁,乾枯。

〔5〕三閭大夫,楚國官名,主管楚國屈、景、昭三姓王族的事物。

〔6〕爲什麽弄到這個地步?

屈原曰:"舉世皆濁我獨清,衆人皆醉我獨醒,是以見放〔1〕。"

〔1〕是以,因此。見,被。

漁父曰:"聖人不凝滯於物〔1〕,而能與世推移。世人皆濁,何不淈其泥而揚其波〔2〕? 衆人皆醉,何不餔其糟而歠其釃〔3〕? 何故深思高舉,自令放爲〔4〕?"

〔1〕凝滯(zhì),凍結不流,這裏指固執不變。物,指客觀時勢。

〔2〕淈(gǔ),渾濁,使動用法,即弄渾濁。

〔3〕餔(bū),吃。糟,酒糟。歠(chuò),同"啜",喝。釃(lí),薄酒。這兩句的意思是説:你爲什麽不同流合汙呢?

〔4〕深思,指憂國憂民。高舉,行爲超出一般,與衆不同。令,使得。自令放,自己招致放逐。爲,句末語氣詞,表示疑問。

屈原曰:"吾聞之:新沐者必彈冠,新浴者必振衣〔1〕。安能以身之察察,受物之汶汶者乎〔2〕? 寧赴湘流,葬身於江魚之腹中,安能以皓皓之白,而蒙世俗之塵埃乎?"

〔1〕沐,洗頭。浴,洗澡。彈冠、振衣,指去掉衣帽上的灰塵。

〔2〕察察,潔白。汶汶(ménmén),汙濁。

漁父莞爾而笑,鼓枻而去[1]。歌曰:"滄浪之水清兮,可以濯吾纓[2];滄浪之水濁兮,可以濯吾足[3]。"遂去,不復與言。

〔1〕莞(wǎn)爾,微笑的樣子。鼓,拍打。枻(yì),船旁板。

〔2〕滄浪,水名。濯(zhuó),洗滌。纓,帽帶子。

〔3〕這幾句也是"不凝滯於物,而與世推移"的意思。

[韻部]清、醒,耕部。移、波、醨、爲,歌部。汶、塵,文真合韻。清、纓,耕部;濁、足,屋部。

常用詞(七)　71字

徵收發封棄　俟遷徙　遺失存　處坐遇接承扶　刺折戮　問對許　省審　慮怨忍快　興廢變

曲直長小　貪廉　輕重　狂殆危

面口齒耳目指　飯食服飾　布斗　式檢　英靈豪

然且或曾更漸　俱並　而若爾

382.【徵】

(一)召。特指君召臣。《尚書·舜典》:"舜生三十~庸。"(徵庸:被召用。徵:召。庸:用。)《戰國策·楚策四》:"於是使人發騶~莊辛於趙。"《後漢書·黄瓊傳》:"近魯陽樊君被~。"

(二)求,索取。《左傳·僖公四年》:"爾貢苞茅不入……寡人是~。"現代雙音詞"~求"由此發展而來。

(三)證明,驗證。《論語·八佾》:"殷禮吾能言之,宋不足~也。"引申爲預兆。《史記·項羽本紀》:"兵未戰而先見敗~。"

(四)讀zhǐ。五音之一(宮、商、角、徵、羽爲五音)。"徵"是g

(5),“變徵”是 $f^{\#}$($4^{\#}$)。《戰國策·燕策三》:“荊軻和而歌,爲變~之聲。”(變徵之聲:指 $f^{\#}$ 調,這是高亢的調。)注意:“徵”“征”二字古音相差很遠,意義也不相通,古書中絕不互用。

[辨]徵,召,辟。在“上召喚下”這種意義上,三者是相同的;但又有細微的差别。“徵”和“辟”多用於“召他來授給他官職”的意義上,如説“徵爲郎”“辟爲掾”。“召”除了用於上述意義外,還用於一般的召,而且不限於君召臣。如《禮記·曲禮上》:“父召無諾。”“徵”和“辟”(尤其是辟)不能這樣用。

383.【收】

(一)逮捕。《詩經·大雅·瞻卬》:“此宜無罪,女反~之。”《後漢書·班超傳》:“如令鄯善~吾屬,送匈奴,骸骨長爲豺狼食矣。”又:“遂叱吏士~廣汎等,於陳睦故城斬之。”

(二)收取,收掩。《左傳·僖公三十二年》:“余~爾骨焉。”韓愈《左遷至藍關示姪孫湘》詩:“好~吾骨瘴江邊。”

(三)聚集,收集。《史記·陳涉世家》:“行~兵。”《後漢書·光武帝紀》:“出城南門,於外~兵。”又爲收取。《史記·淮陰侯列傳》:“漢輒使人~其精兵。”

(四)收容,接納。《左傳·僖公四年》:“辱~寡君。”

(五)割取成熟的農作物。《荀子·天論》:“畜積~臧於秋冬。”(臧:藏。)《史記·太史公自序》:“夫春生,夏長,秋~,冬藏,此天道之大經也。”

384.【發】

(一)把箭射出去。《詩經·召南·騶虞》:“壹~五豝。”《孟子·公孫丑上》:“射者正己而後~。”《史記·項羽本紀》:“樓煩目不敢視,手不敢~。”現代“~砲”的“發”和量詞“若干~砲彈”的

“發”由此發展而來。引申爲派出,派遣。《戰國策·楚策四》:“於是使人~騶徵莊辛於趙。”《史記·淮陰侯列傳》:“~使使燕。”《漢書·龔遂傳》:“郡聞新太守至,~兵以迎。”現代有雙音詞“打~”。

(二)出,出發。《莊子·養生主》:“是以十九年而刀刃若新~於硎。”又《秋水》:“夫鵷鶵~於南海,而飛於北海。”《楚辭·九章·哀郢》:“~郢都而去閭兮。”今成語有“朝~夕至”。引申爲起,起用。《孟子·告子下》:“舜~於畎畝之中。”

(三)啟封,開。《戰國策·齊策四》:“書未~。”《史記·淮陰侯列傳》:“韓信使者至,~書。”《莊子·胠篋》:“將爲胠篋、探囊、~匱之盜而爲守備。”又特指開糧倉賑濟災民。《孟子·梁惠王上》:“塗有餓莩而不知~。”又特指花開。杜甫《立春》詩:“忽憶兩京梅~時。”李商隱《無題》詩:“春心莫共花爭~。”又引申爲掀開。《史記·項羽本紀》:“於是大風從西北而起,折木~屋。”又用於抽象意義,啟發。《論語·述而》:“不憤不啟,不悱不~。”又爲闡發。《論語·爲政》:“退而省其私,亦足以~。”

385.【封】

(一)加土培育樹木。《左傳·昭公二年》:“宿(季武子)敢不~殖此樹。”引申爲聚土築墳。《左傳·文公三年》:“~殽尸而還。”《禮記·樂記》:“~王子比干之墓。”

(二)古代帝王把土地分給人作爲他的領土或食邑。《孟子·告子下》:“周公之~於魯,爲方百里也。”《史記·項羽本紀》:“項氏世世爲楚將,~於項,故姓項氏。”又《魏公子列傳》:“安釐王即位,~公子爲信陵君。”

(三)古代帝王在泰山上築壇祭天。《大戴禮·保傅》:“~泰山而禪梁父。”(在泰山旁的梁父山築壇祭地叫禪。)《史記·秦始皇本紀》:“議~禪望祭山川之事。”《水經注·汶水》:“光武~泰山。”

(四)界域,疆界。《左傳·僖公三十年》:“既東~鄭,又欲肆其西~。”又《成公三年》:“次及於事,而帥偏師以修~疆。”後代有“~疆大臣”的説法。

(五)大。《左傳·定公四年》:“吴爲~豕長蛇,以薦食上國。”《楚辭·離騷》:“羿淫遊以佚田兮,又好射夫~狐。”(羿 yì:人名。夏時的諸侯。田:畋獵。)引申爲厚。《國語·晉語八》:“引黨以~己。”又《楚語下》:“是勤民以自~也。”

(六)封閉,封合。《戰國策·齊策四》:“齊王聞之……~書謝孟嘗君曰。”杜甫《寄杜位》詩:“~書兩行淚。”

386.【棄】

拋棄。《左傳·宣公二年》:“~人用犬,雖猛何爲?”《戰國策·趙策三》:“彼秦者,~禮義而上首功之國也。”“棄市”二字連用,表示在市上處以死刑,爲人所共棄。《史記·高祖本紀》:“誹謗者族,偶語者~市。”引申爲違背,背棄。《左傳·宣公二年》:“~君之命,不信。”今成語有“背信~義”。

387.【俟】(竢)

讀 sì,等待。《詩經·邶風·靜女》:“~我於城隅。”《論語·先進》:“如其禮樂,以~君子。”《楚辭·離騷》:“願~時乎吾將刈。”賈誼《弔屈原賦》:“~罪長沙。”

388.【遷】

(一)變換地方,遷移。《詩經·衛風·氓》:“以爾車來,以我賄~。”《楚辭·九章·哀郢》:“方仲春而東~。”又爲轉移。《論語·雍也》:“不~怒,不貳過。”

(二)〔官吏〕調職。有時指昇官。《史記·屈原賈生列傳》:“孝文帝悦之,超~,一歲中至大中大夫。”《漢書·霍光傳》:“稍~諸曹侍中。”又《張禹傳》:“由是~光禄大夫。”嵇康《與山巨源絶交書》:“間聞足下~,愓然不喜。”有時指降職。爲區别於昇官,説“左遷”(古人以“右”爲尊,以“左”爲下)。《史記·張丞相列傳》:“吾極知其左~。”[~客]降職到外地做官的人。李白《黄鶴樓聞笛》詩:“一爲~客去長沙。”范仲淹《岳陽樓記》:“~客騷人,多會於此。”

389.【徙】

(一)遷移。《論語·述而》:“聞義不能~,不善不能改,是吾憂也。”《漢書·張禹傳》:“~家蓮勺。”

(二)調職,多指降職。《史記·淮陰侯列傳》:“~齊王信爲楚王。”又《魏其武安侯列傳》:“上恐太后誅夫,~爲燕相。”

[辨]遷,徙。“遷”和“徙”相近,但就其本義來説,則差别較大。“遷”原指由下到上的遷移(《説文》“遷,登也”)。所以《詩經·小雅·伐木》説:“出自幽谷,遷於喬木。”又《周易·益》:“君子以見善則遷,有過則改。”遷善就是向上。由此引申,那麽“遷官”和“徙官”也就不同:遷是昇遷,徙是調職或降職。《史記》《漢書》於這兩個字的用法有别。例如《史記·萬石君列傳》,石奮由太子傅降爲諸侯相,稱爲“徙”(“徙奮爲諸侯相”);石慶由太子傅昇爲御史大夫,稱爲“遷”(“遷爲御史大夫”)。又《張丞相列傳》,高祖想讓周昌去輔佐愛子趙王如意,把周昌由御史大夫調爲趙相,很感歉然,委婉地説“極知其左遷”,但《史記》敘事時仍説:“徙御史大夫周昌爲趙相。”

390.【遺】

(一)失掉。《詩經·小雅·谷風》:“棄予如~。”引申爲忘掉,忽略。《史記·淮陰侯列傳》:“審毫氂之小計,~天下之大數。”司馬遷《報任安書》:“次之又不能拾~補闕。”

(二)留下來的。《孟子·公孫丑上》:“其故家~俗,流風善政,猶有存者。”《列子·湯問》:“鄰人京城氏之孀妻有~男。”

(三)讀wèi,去聲。留給,送給。《左傳·隱公元年》:“小人有母,皆嘗小人之食矣,未嘗君之羹。請以~之。”又《宣公二年》:“今近焉,請以~之。”引申爲餽贈,贈送。《史記·魏公子列傳》:“欲厚~之,不肯受。”又特指送信。《史記·魏公子列傳》:“公子姊爲趙惠文王弟平原君夫人,數~魏王及公子書。”《搜神記·韓憑夫婦》:“妻密~憑書。”

391.【失】

(一)喪失,失掉。跟“得”相對。《孟子·公孫丑上》:“故久而後~之也。”《莊子·徐无鬼》:“郢人立不~容。”引申爲錯過。《孟子·梁惠王上》:“雞豚狗彘之畜,無~其時。”《史記·淮陰侯列傳》:“時者難得而易~也。”

(二)做錯了事情,動詞。又名詞,也跟“得”相對。《史記·魏公子列傳》:“我豈有所~哉?”又《淮陰侯列傳》:“臣聞智者千慮,必有一~;愚者千慮,必有一得。”現代有雙音詞“過~”。

392.【存】

(一)存在,不及物動詞。跟“亡”相對。《史記·淮陰侯列傳》:“置之亡地而後~。”又《游俠列傳》:“侯之門,仁義~。”《莊子·胠篋》:“諸侯之門,而仁義~焉。”又使動用法,表示使不死,使不亡。《史記·魏公子列傳》:“已卻秦~趙。”

(二)思念,關心。《詩經·鄭風·出其東門》:“雖則如雲,匪我思~。”引申爲問候。《史記·魏公子列傳》:“臣迺市井鼓刀屠者,而公子親數~之。”曹操《短歌行》:“越陌度阡,枉用相~。”

393.【處】

(一)讀 chǔ。居住。《左傳·僖公四年》:“君~北海,寡人~南海。”《周易·繫辭下》:“上古穴居而野~。”引申爲立身,存身。揚雄《解嘲》:“~不諱之朝。”

(二)名詞,讀 chù。居住的地方。司馬遷《報任安書》:“何~不勉焉?”崔顥《長干行》:“君家住何~?”

(三)讀 chǔ。治,作,施行。《老子》二章:“是以聖人~無爲之事,行不言之教。”引申爲安排,安置。《漢書·張安世傳》:“上自~置其里居。”又爲按照過失大小,給以適當的安排,懲戒。今有雙音詞“~分”“判~”。

394.【坐】

(一)古人鋪席於地,兩膝著席,臀部壓在腳跟上,叫做“坐”。《論語·鄉黨》:“席不正不~。”又《先進》:“冉有公西華侍~。”舊讀上聲。

(二)坐位,名詞。《史記·項羽本紀》:“請以劍舞,因擊沛公於~殺之。”又《魏公子列傳》:“公子引侯生坐上~。”在這種意義上後來寫作“座”,讀去聲。陶潛《詠荊軻》詩:“飲餞易水上,四座列羣英。”

(三)因……犯的罪(或錯誤)。《漢書·龔遂傳》:“羣臣~陷王於惡不道,皆誅死者二百餘人。”《後漢書·光武帝紀》:“吾昔以虎牙將軍屬翟義,~不生得以見責讓。”[~法]犯法(因而受到處分)。《史記·魏其武安侯列傳》:“~法去官。”《漢書·灌夫傳》:“~法免。”[隨~]連坐。《史記·廉頗藺相如列傳》:“妾得無隨~乎?”

(四)因。樂府相和歌辭《陌上桑》:“來歸相怨怒,但~觀羅敷。”

395.【遇】

(一)碰見(不是約會的見面)。《詩經·鄭風·野有蔓草》:“邂逅相~。”《論語·陽貨》:“~諸塗。”又用於抽象的意義。《莊子·養生主》:“臣以神~而不以目視。”《詩經·王風·中谷有蓷》:“~人之不淑矣。”

(二)對待,待遇。《史記·魏公子列傳》:“然公子~臣厚。”又《淮陰侯列傳》:“漢王~我甚厚。”又:“不如因而立,善~之。”

(三)被君主信任,得行其道,叫作遇。《孟子·梁惠王下》:“吾之不~魯侯,天也。”又《公孫丑下》:“千里而見王,不~故去。”杜甫《相從歌》:“垂老~君未恨晚。”[知~]被君主或在上位者賞識並受到特別好的待遇。《北史·宋弁傳》:“因是大被知~。”也説“~知”。韓愈《送李愿歸盤谷序》:“大丈夫之~知於天子。”

396.【接】

(一)交接,接觸。《孟子·梁惠王上》:“兵刃既~。”《楚辭·九歌·國殤》:“車錯轂兮短兵~。”又用於抽象意義。嵇康《與山巨源絶交書》:“久與事~,疵釁日興。”現代變爲雙音詞“~觸”“~近”。注意:古代“接”字不當“連”講,但“連”的意義是從“接觸”發展來的。

(二)交際,招待。《孟子·萬章下》:“其交也以道,其~也以禮。”《史記·屈原列傳》:“出則~遇賓客。”又《魏公子列傳》:“然信陵君之~巖穴隱者,不恥下交,有以也。”現代有雙音詞“~待”。注意:古代的“接”字不當“迎”講,但“迎”的意義是從“交際”的意義發展來的。

397.【承】

(一)捧着。《左傳・成公十六年》:“使行人執榼~飲。”(行人:掌管出使聘問的大夫。榼 kè:盛酒的器皿。)《漢書・文帝紀》:“持節~詔。”引申爲雙手接受。多用於抽象意義,表示在下的接受在上的吩咐,命令,恩惠等。《左傳・僖公十五年》:“敢不~命。”賈誼《弔屈原賦》:“恭~嘉惠兮,俟罪長沙。”又引申爲承擔,擔任。《左傳・成公二年》:“敢告不敏,攝官~乏。”(乏:指人材缺乏。)[~歡]奉承君王的歡顔。用於貶義。《楚辭・九章・哀郢》:“外~歡之汋約兮。”後代用於褒義。白居易《長恨歌》:“~歡侍宴無閑暇。”也指侍奉父母。後代有“~歡膝下”的説法。

(二)繼承。《詩經・小雅・天保》:“如松柏之茂,無不爾或~。”《三國志・吴書・魯肅傳》:“孤~父兄餘業。”

398.【扶】

攙着,攙起。《論語・季氏》:“危而不持,顛而不~。”引申爲輔佐。杜甫《秋日夔州詠懷一百韻》:“耿賈~王室,蕭曹拱御筵。”(耿:耿弇。賈:賈復。都是光武帝的名將。蕭:蕭何。曹:曹參。都是漢高祖的功臣。)[~疏]樹木枝葉茂密四布的樣子。揚雄《解嘲》:“枝葉~疏。”陶潛《讀山海經》詩:“孟夏草木長,繞屋樹~疏。”

399.【刺】

(一)扎,用尖長的武器殺傷。《孟子・梁惠王上》:“是何異於~人而殺之。”《史記・淮陰侯列傳》:“信能死,~我;不能死,出我袴下!”

(二)用尖鋭的話指出别人的壞處。《詩經・魏風・葛屨》:“維是褊心,是以爲~。”《漢書・龔遂傳》:“面~王過,王至掩耳起走。”後代“諷刺”“譏刺”的意義由此發展而來,但是後代所謂“諷刺”“譏刺”往往是用旁敲側擊的話去指摘别人的錯誤或缺點,而上古所謂“刺”則多是直接指出過錯。

(三)名刺(後起義),相當於後世的名片。《後漢書·禰衡傳》:“建安初,來遊許下,始達潁川,乃陰懷一~,既而無所之適,至於~字漫滅。”

注意:“刺”不等於“剌”。“刺”从“朿”,“剌”从“束”。“剌”讀 là。

400.【折】

(一)讀 zhé,及物動詞。把東西弄斷。《詩經·鄭風·將仲子》:“無~我樹杞。”[~獄]斷案,判斷訟事。《周易·豐》:“君子以~獄致刑。”《論語·顏淵》:“片言可以~獄者,其由也與!”(由:仲由。)引申爲挫折,特指軍事上的挫敗。《史記·淮陰侯列傳》:“~北不救。”《三國志·吴書·周瑜傳》:“今曹操新~衄,方憂在腹心。”(衄 nǜ:挫折。)

(二)不及物動詞。斷了。《左傳·昭公十一年》:“末大必~。”《淮南子·天文》:“[共工]怒而觸不周之山,天柱~,地維絶。”岑參《白雪歌》:“北風卷地白草~。”這個意義後來讀 shé。

(三)讀 zhē。轉,反轉。《戰國策·西周策》:“周必~而入於韓。”引申爲彎曲。《淮南子·覽冥》:“河九~注於海。”《晉書·陶潛傳》:“吾不能爲五斗米~腰。”李白《夢遊天姥吟留别》詩:“安能摧眉~腰事權貴?”又爲使理屈。胡銓《上高宗封事》:“引古誼以~之。”

401.【戮】

(一)殺,處決,處以死刑。《左傳·成公三年》:"首其請於寡君而以~於宗。"《史記·項羽本紀》:"梁父即楚將項燕,爲秦將王翦所~者也。"在這個意義上也寫作"僇"。

(二)"戮力"二字連用,表示"合力""併力"的意思。《史記·項羽本紀》:"將~力而攻秦。"又《淮陰侯列傳》:"相與~力攻秦。"在這個意義上又寫作"勠"。

402.【問】

(一)提出問題,詢問。《左傳·隱公元年》:"敢~何謂也?"引申爲追究,責問。《左傳·僖公四年》:"昭王南征而不復,寡人是~。"《漢書·龔遂傳》:"吏毋得~。"又爲問候,慰問。《漢書·張禹傳》:"太官致餐,侍醫視疾,使者臨~。"

(二)贈送,餽贈。《詩經·鄭風·女曰雞鳴》:"雜佩以~之。"漢樂府《有所思》:"何用~遺君?"

(三)音信,書信。曹丕《與吴質書》:"書~致簡。"

403.【對】

(一)回答在上的提問。《左傳·隱公元年》:"公問之。~曰:'小人有母,皆嘗小人之食矣,未嘗君之羹。'"《論語·雍也》:"哀公問:'弟子孰爲好學?'孔子~曰:'有顔回者好學,不遷怒,不貳過。不幸短命死矣。今也則亡!未聞好學者也。'"注意:有時"對"並不是真回答什麽問題,衹是在上的説了,在下的接着説,也叫"對"。《左傳·隱公元年》:"公語之故,且告之悔。~曰:'君何患焉?'"又《宣公二年》:"曰:'吾知所過矣,將改之。'稽首而~曰:'人誰無過?'"注意:在古代漢語裏"對"字一般衹用於對上回答,對下回答則不用"對"。《論語·先進》:"子貢問:'師與商也孰賢?' 子曰:'師也過,商也不及。'"這裏不能説"子對曰"。

(二)面對。《史記·萬石君列傳》:"~案不食。"曹操《短歌行》:"~酒當歌。"

404.【許】

(一)應允。跟"辭"相對。《左傳·隱公元年》:"亟請於武公,公弗~。"又《僖公五年》:"弗聽,~晉使。"《漢書·張禹傳》:"以老病乞骸骨,上加優再三,迺聽~。"現代有雙音詞"允~"。注意:上古的"許"字和現代的"許",意義雖然非常相近,但是不完全相同。上古的"許"字一般衹有"應允"的意思,没有"容許"的意思。

(二)表示不能確定的零數。吴均《與宋元思書》:"自富陽至桐廬,一百~里。"《水經注·漸江水》:"山有石壁二十~丈。"[幾~]多少。《古詩十九首》:"河漢清且淺,相去復幾~?"

(三)[何~]何處。陶潛《五柳先生傳》:"先生不知何~人也。"又爲如何,怎樣。謝朓《在郡臥病》詩:"良儀意何~?"[如~]這樣。指達到這樣程度。朱熹《觀書有感》詩:"問渠那得清如~?爲有源頭活水來。"

405.【省】

(一)讀 xǐng。視,視察,察看。《周禮·春官·大宗伯》:"~牲鑊。"(牲:作祭品的牛羊豕。鑊 huò:煮牲的器具。)《禮記·月令》:"命有司~囹圄,去桎梏。"(囹圄 língyǔ:監獄。)引申爲看望父母,探望尊長。《禮記·曲禮上》:"昏定而晨~。"(昏定:指伺候父母安睡。)《三國志·吴書·周瑜傳》:"瑜從父尚爲丹陽太守,瑜往~之。"《洛陽伽藍記·王子坊》:"江陽王繼來~疾。"後代説"~親""歸~"則專指探望父母,非親屬關係則很少用"省"了。引申爲檢查,反省。《論語·學而》:吾日三~吾身。"又《爲政》:"退而~其私。"《荀子·勸學》:"君子博學而日參~乎己。"注意:這些意義都不能讀 shěng。

(二)讀 shěng。減少。《左傳·僖公二十一年》:"貶食~用。"今熟語有"~吃儉用"。

(三)讀 shěng。天子所居之地,宫禁。"省中"即"宫中"。《漢書·昭帝紀》載:漢昭帝即位時纔八歲,讓他的姐姐在"省中"照顧他的生活。引申爲國家的中央行政機關名稱。《晉書·張華傳》:"齊王冏輔政,摯虞致箋於冏曰:'間於張華没後入中書~,得華先帝時答詔本草。'"《洛陽伽藍記·景明寺》:"~府之決疑。"唐有六省,"尚書省"爲其中之一。杜甫《醉時歌》:"諸公衮衮登臺~。"元代中央行政機關叫"中書省",又於各路(各行政區)設"行中書省"(中書省的派出機關),簡稱"行省",最後又簡稱爲"省"。現在的"省"由此發展而來。

406.【審】

(一)詳細,詳盡。《禮記·中庸》:"博學之,~問之。"引申爲明白,清楚,確實。司馬遷《報任安書》:"由此言之,勇怯,勢也;彊弱,形也,~矣。"

(二)觀察,審察。《吕氏春秋·察傳》:"聞而~,則爲福矣;聞而不~,不若不聞矣。"賈誼《過秦論》下:"察盛衰之理,~權勢之宜。"

407.【慮】

思量,打算,考慮。《論語·衛靈公》:"人無遠~,必有近憂。"《史記·淮陰侯列傳》:"臣聞智者千~,必有一失;愚者千~,必有一得。"又:"願足下孰~之。"引申爲心思,意念。《孟子·告子下》:"困於心,衡於~,而後作。"《楚辭·卜居》:"心煩~亂,不知所從。"

注意:古代的“慮”不當“憂愁”“耽心”講,跟“憂”區别很嚴。

[辨]計,慮,圖,謀。這四個字是同義詞,其間衹有細微的分别。“計”是心中盤算,着重在訂計畫或定計策;“慮”是反復思考,着重在把事情想透;“圖”是考慮後有所決定,有時表示打算對付别人;“謀”的意義比較接近“圖”,但它又另有咨詢的意思。四個字常常可以相通,所以“熟慮”可以説成“熟計”,“宏圖”可以説成“宏謀”;有時常常對文,如“深謀遠慮”“詐謀奇計”等。

408.【怨】

(一)心懷不滿,埋怨,抱怨。《左傳·襄公三十一年》:“我聞忠善以損~,不聞作威以防~。”《論語·憲問》:“不~天,不尤人。”《楚辭·離騷》:“~靈脩之浩蕩兮,終不察夫民心。”

(二)恨。《左傳·成公三年》:“子其~我乎?”《史記·魏其武安侯列傳》:“武安於是大~灌夫魏其。”用作名詞,表示仇恨。《左傳·成公三年》:“無~無德,不知所報。”《孟子·梁惠王上》:“構~於諸侯。”今成語有“恩~分明”。

409.【忍】

(一)忍耐。《左傳·成公二年》:“吾子~之。”《論語·衛靈公》:“小不~則亂大謀。”

(二)狠心。《史記·項羽本紀》:“君王爲人不~。”又爲兇殘,如説“殘~”。

(三)忍心。《孟子·梁惠王上》:“臣固知王之不~也。”又:“見其生,不~見其死;聞其聲,不~食其肉。”

410.【快】

(一)高興。《孟子·梁惠王上》:“然後~於心與?”又:“吾何~於是?”《史記·魏公子列傳》:“公子行數里,心不~。”現代有成語

“親痛仇～”“拍手稱～”和雙音詞“愉～”“～樂”“痛～”等。

(二)迅疾,速。《晉書·王湛傳》:“此馬雖～,然力薄不堪苦行。”樂府《折楊柳歌辭》:“健兒須～馬,～馬須健兒,跡跋黄塵下,然後别雄雌。”

411.【興】

(一)起,起來。《論語·衛靈公》:“從者病,莫能～。”《三國志·吴書·周瑜傳》:“瑜乃自～,案行軍營。”引申爲舉,發。《孟子·梁惠王上》:“抑王～甲兵,危士臣。”《三國志·吴書·周瑜傳》:“孫堅～義兵,討董卓。”

(二)發達,昌盛。跟“廢”相對。《論語·子路》:“事不成,則禮樂不～。”司馬遷《報任安書》:“稽其成敗～壞之紀。”

(三)讀 xìng,去聲,興致,興趣(後起義)。《世説新語·任誕》:“吾本乘～而行,～盡而返。”

412.【廢】

(一)捨棄,停止,廢棄。《論語·微子》:“長幼之節不可～也。”《孟子·梁惠王上》:“然則～釁鐘與?”

(二)衰敗。跟“興”相對。《孟子·離婁上》:“國之所以～興存亡者亦然。”引申爲無用的。如説“～物”“作～”。

(三)除去職位。有時指皇帝被廢。《漢書·霍光傳》:“古者～放之人,屏於遠方。”(屏 bǐng:棄。)有時指官吏被廢(革職)。歐陽修《蘇氏文集序》:“子美官至大理評事集賢校理而～。”

(四)殘廢。《莊子·讓王》:“右手攫之,則左手～。”特指癱瘓。《史記·淮陰侯列傳》:“項王喑噁叱咤,千人皆～。”(廢:指嚇得像癱瘓一樣。)《後漢書·鄭玄傳》:“起～疾。”(能使手足癱瘓者站起來。)

（五）疲極不能行動。《論語·雍也》："力不足者，中道而～。"《禮記·中庸》："君子遵道而行，半塗而～，吾弗能已矣。"

413.【變】

（一）改變，變動，變化。《戰國策·楚策四》："襄王聞之，顔色～作。"《孟子·公孫丑上》："久則難～也。"

（二）事變。特指天象的某些變化。古人迷信，認爲天象變化是上天對最高統治者的警告。《漢書·張禹傳》："上懼～異數見。"又："親問禹以天～。"又指自然災異或人事方面的禍患（如叛亂等）。《史記·淮陰侯列傳》："善遇之，使自爲守，不然～生。"又："舍人弟上～，告信欲反狀於吕后。"

414.【曲】

（一）彎曲。跟"直"相對。《荀子·勸學》："其～中規。"［河～］黄河彎曲處，指今山西永濟一帶。《列子·湯問》："河～智叟笑而止之。"［心～］内心深處。《詩經·秦風·小戎》："亂我心～。"引申爲理屈。也跟"直"相對。《左傳·僖公二十八年》："我～楚直。"又爲邪曲，不正派。《戰國策·秦策五》："以～合於趙王。"《楚辭·離騷》："背繩墨以追～兮。"（這裏"曲"字雙關：既指曲折，又指邪曲。）

（二）偏僻的鄉村，鄉里。都是對通都大邑而言。《莊子·秋水》："～士不可以語於道者，束於教也。"［鄉～］（1）指遠離通都大邑的僻鄉。《史記·游俠列傳·序》："誠使鄉～之俠，予季次、原憲比權量力，效功於當世，不同日而論矣。"（予：與。季次、原憲：皆孔子弟子。）司馬遷《報任安書》："長無鄉～之譽。"（2）家庭久居的地方，本鄉本土。《戰國策·秦策一》："出婦嫁鄉～者，良婦也。"

（三）局部，一部分。跟"全"相對。《老子》二十二章："～則全,枉則直。"《荀子·解蔽》:"凡人之患,蔽於一~,而闇於大理。"(闇 àn:不明。)

(四)讀 qǔ。歌曲,樂曲。《宋玉對楚王問》:"是其~彌高,其和彌寡。"《三國志·吴書·周瑜傳》:"故時人謡曰:'~有誤,周郎顧。'"按:歌曲的"曲"古與曲直的"曲"同音(都讀入聲),今普通話有别。

415.【直】

(一)不彎曲。跟"曲"相對,又跟"枉"相對。《荀子·勸學》:"木~中繩。"引申爲正直。《論語·衛靈公》:"~哉史魚!"(史魚:人名。)又《顔淵》:"能使枉者~。"(枉:不正直。)《楚辭·離騷》:"伏清白以死~兮。"引申爲有理。《左傳·僖公二十八年》:"師~爲壯。"用作動詞時,表示認爲有理。《史記·魏其武安侯列傳》:"上自魏其時,不~武安。"

(二)當,對着。《儀禮·士冠禮》:"~東序西面。"(序:廂房。)《史記·匈奴列傳》:"諸左方王將居東方,~上谷。"(上谷:郡名。)《漢書·刑法志》:"魏之武卒,不可以~秦之鋭士。"引申爲輪值,輪班。《晉書·羊祜傳》:"悉統宿衛,入~殿中。"這個意義又寫作"值"。

(三)物與價相當,價值。《戰國策·齊策三》:"象牀之~千金。"(象牀:象牙做的牀。)《史記·平準書》:"乃以白鹿皮方尺,緣以藻繢,爲皮幣,直四十萬。"又《魏其武安侯列傳》:"生平毁程不識不~一錢。"《洛陽伽藍記·白馬寺》:"白馬甜榴,一實~牛。"又爲報酬。《後漢書·班超傳》:"爲官寫書受~,以養老母。"這個意義後來寫作"值"。

(四)副詞。意義略同"特",表示"衹""衹是""但"的意思。

《孟子·梁惠王上》:"~不百步耳,是亦走也。"《戰國策·魏策四》:"雖千里不敢易也,豈~五百里哉?"

(五)副詞。簡直。《韓非子·三守》:"然則羣臣~莫敢忠主憂國以爭社稷之利害。"杜甫《八月十五夜月》詩:"此時瞻白兔,~欲數秋毫!"林升《題臨安邸》詩:"暖風薰得遊人醉,~把杭州作汴州!"

416.【長】

(一)長。跟"短"相對。《詩經·秦風·蒹葭》:"道阻且~。"引申爲時間久。《老子》七章:"天~地久。"又用爲副詞,表示永遠地,長遠地。《莊子·秋水》:"吾~見笑於大方之家。"

(二)擅長。《孟子·公孫丑上》:"敢問夫子惡乎~?"《莊子·列禦寇》:"一悟萬乘之主而從車百乘者,商之所~也。"

(三)讀 zhǎng,上聲。滋生,滋長,生長。《孟子·公孫丑上》:"勿助~也。"又:"予助苗~矣。"引申爲人的成長。《論語·憲問》:"幼而不孫弟,~而無述焉,老而不死,是爲賊。"(孫:遜。弟:"悌"的本字。)《三國志·吴書·周瑜傳》:"瑜~壯有姿貌。"

(四)也讀 zhǎng。年紀大的。跟"幼"相對。《論語·微子》:"~幼之節不可廢也。"[~者](1)老者。《孟子·梁惠王上》:"爲~者折枝。"(2)有道德的人,忠厚的人。《史記·項羽本紀》:"吾知公~者。"《漢書·龔遂傳》:"君安得~者之言而稱之?"

(五)也讀 zhǎng。官名,小於縣令。大縣的長官叫"令",小縣的長官叫"長"。《三國志·吴書·周瑜傳》:"瑜觀術終無所成,求爲居巢~。"又:"後領春穀~。"又秦時縣之下設亭,亭有亭長。《史記·項羽本紀》:"烏江亭~檥船待。"

417.【小】

小。跟"大"相對。《戰國策·楚策四》:"夫黄雀其~者也。"《孟子·梁惠王下》:"曰:'若是其大乎?'曰:'民猶以爲~也。'"又特指邪惡的人,壞人。《詩經·邶風·柏舟》:"憂心悄悄,愠于羣~。"《漢書·龔遂傳》:"今大王親近羣~,漸漬邪惡。"[~人](1)小民,庶人。跟"大人""君子"相對。《孟子·滕文公上》:"有大人之事,有~人之事。"《論語·陽貨》:"君子學道則愛人,~人學道則易使也。"封建統治者輕視勞動人民,稱之爲"小人",而且加以汙衊。"小人"又用來謙稱自己。《左傳·隱公元年》:"~人有母,皆嘗~人之食矣,未嘗君之羹。"(2)品德不好的人。跟"君子"相對。《禮記·大學》:"~人閒居爲不善。"[~子](1)老師對學生的稱呼。《禮記·檀弓下》:"~子識之,苛政猛於虎也。"《論語·陽貨》:"~子何莫學夫詩?"又《先進》:"~子鳴鼓而攻之可也。"(2)對神或尊長謙稱自己。《尚書·湯誓》:"悉聽朕言,非台~子,敢行稱亂。"(台:代詞,我。)又《金縢》:"予~子新命于三王。"《史記·太史公自序》:"遷俯首流涕曰:'~子不敏,請悉論先人所次舊聞弗敢闕。'"

418.【貪】

不擇手段地取得財物。跟"廉"相對。《左傳·襄公二十三年》:"~貨棄命。"引申爲對各種東西不知滿足地追求。《左傳·文公十八年》:"~于飲食。"《楚辭·離騷》:"衆皆競進以~婪兮,憑不厭乎求索。"

419.【廉】

(一)堂的邊。《儀禮·鄉飲酒》:"設席于堂~東上。"[~隅]廉是邊,隅是角。比喻操守,氣節。《禮記·儒行》:"砥礪~隅。"成語有"~隅自守"。

(二)在財物的取與上要求自己嚴格,不貪。跟“貪”相對。《孟子·離婁下》:“可以取,可以無取,取傷~。”又《滕文公下》:“陳仲子豈不誠~士哉?”引申爲清白高潔,潔身自愛,有節操。《楚辭·卜居》:“寧~潔正直以自清乎?”又:“誰知吾之~貞?”[孝~]漢代選舉制度中由郡國推薦的合格者的稱號(意思指既孝且廉的人)。《漢書·武帝紀》:“初令郡國舉孝~。”

(三)價格低(後起義)。王禹偁《黄岡竹樓記》:“以其價~而工省也。”

420.【輕】

分量小。跟“重”相對。《孟子·梁惠王上》:“權,然後知~重。”《楚辭·卜居》:“蟬翼爲重,千鈞爲~。”引申爲容易,輕易。《孟子·梁惠王上》:“故民從之也~。”晁錯《論貴粟疏》:“此令臣~背其主而民易去其鄉。”又爲輕視。《戰國策·魏策四》:“而君逆寡人者,~寡人與?”《漢書·龔遂傳》:“宣帝望見,不副所聞,心内~焉。”

421.【重】

(一)讀zhòng。分量大。跟“輕”相對。《孟子·滕文公上》:“麻縷絲絮輕~同,則賈相若。”引申爲重要。《孟子·告子下》:“色與禮孰~?”又爲看重,重視。《莊子·刻意》:“衆人~利,廉士~名。”又引申爲莊重,厚重,不輕率。《論語·學而》:“君子不~則不威,學則不固。”又爲隆重。《左傳·成公三年》:“~爲之禮而歸之。”又爲貴重。《戰國策·趙策四》:“而挾~器多也。”[輜~]軍用的糧草、器械等物品。《史記·淮陰侯列傳》:“從間道絶其輜~。”

(二)讀chóng,形容詞。重疊的,重複的。《周易·繫辭下》:“~門擊柝,以待暴客。”(擊柝tuò:打更。)《荀子·賦篇》:“~樓疏堂。”又名詞,表示“層”。《莊子·列禦寇》:“夫千金之珠必在九~

之淵。"《史記·項羽本紀》:"漢軍及諸侯兵圍之數~。"又爲再,加上,增加。動詞(在這個意義上又讀 zhòng)。《楚辭·離騷》:"紛吾既有此内美兮,又~之以脩能。"《後漢書·范滂傳》:"今子相隨,是~吾禍也。"

422.【狂】

(一)狗發瘋。《晉書·五行志》:"旱歲,犬多~死。"引申爲人瘋癲。《吴越春秋》卷三:"子胥之吴,乃被髮佯~,跣足塗面,行乞於市。"《史記·淮陰侯列傳》:"蒯通説不聽,已詳~爲巫。"又爲一般的失卻常態,狂亂,《老子》十二章:"馳騁田獵,令人心發~。"又引申爲放蕩,不受拘束。《論語·陽貨》:"古之~也肆,今之~也蕩。"《漢書·酈食其傳》:"然吏、縣中賢豪不敢役,皆謂之~生。"王維《輞川閒居贈裴秀才迪》詩:"~歌五柳前。"(五柳:陶淵明自號五柳先生。)又爲浮誇,虚妄。如説"~妄"。

(二)聲勢大的。韓愈《進學解》:"迴~瀾於既倒。"今成語有"~風暴雨"。

423.【殆】

(一)危險。《莊子·秋水》:"吾非至於子之門,則~矣。"

(二)副詞。表示推測或不肯定,大概,恐怕,也許。《孟子·梁惠王上》:"~有甚焉。"《文心雕龍·情采》:"言隱榮華,~謂此也。"

424.【危】

(一)高。《莊子·盗跖》:"使子路去其~冠,解其長劍。"《列子·黄帝篇》:"履~石,臨百仞之淵。"李白《蜀道難》詩:"噫吁戲,~乎高哉!"引申爲不穩,不安定。《論語·季氏》:"~而不持。"又《泰伯》:"~邦不入。"成語有"居安思~""高而不~"。引申爲危險,危急。《孟子·梁惠王上》:"上下交征利,而國~矣。"《論語·子張》:"士見~致命。"又使動用法,表示使危險,使受到危害。《孟子·梁惠王上》:"~士臣,構怨於諸侯。"

(二)二十八宿之一。

[辨]危,殆。二者都含有"危險"的意思,但"危"的應用範圍較廣,"殆"的應用範圍較狹。"危"可以用作形容詞,及物動詞,不及物動詞,並且有使動用法;而"殆"衹能用作不及物動詞和副詞。

425.【面】

(一)臉。《莊子·秋水》:"於是焉河伯始旋其~目。"《漢書·張禹傳》:"卜者愛之,又奇其~貌。"注意:在這種意義上,古代說"面"不說"臉"。

(二)動詞。面向,面對着。《論語·雍也》:"雍也可使南~。"(古代君主和臨民的官面向南而坐,這是說仲弓的道德足可以做官了。)又《衛靈公》:"恭己正南~而已矣。"《莊子·秋水》:"東~而視,不見水端。"注意:在古代漢語裏"南面""東面"等不等於"南方""東方"。

(三)當面。《漢書·龔遂傳》:"~刺王過。"成語有"耳提~命""~授機宜"。

[辨]臉,面。"臉",是晚出的字(《說文》没有"臉"字),大約是魏晉以後纔產生的。"臉"最初指頰,並常常指婦女目下頰上可施脂粉的部分,例如白居易《王昭君》詩:"眉銷殘黛臉銷紅。"後來漸與"面"同義。

426.【口】

(一)嘴。《孟子·梁惠王上》:"爲肥甘不足於~與?"《莊子·胠篋》:"鉗楊墨之~。"注意:在這種意義上,古人說"口"不說"嘴"。引申爲孔穴。《墨子·備穴》:"勿令離竈~。"陶潛《桃花源記》:“山有小~,髣髴若有光。”

(二)一人叫“一口”。《孟子·梁惠王上》:“數~之家,可以無飢矣。”又:“八~之家,可以無飢矣。”《漢書·龔遂傳》:“令~種一樹榆。”[生~]活捉來的敵人,即俘虜。《後漢書·班超傳》:“斬首千餘級,多獲生~。”又:“陰綬所得生~。”

427.【齒】

(一)排列於脣前的牙。《左傳·僖公五年》:“脣亡~寒者,其虞虢之謂也。”引申爲泛指牙齒。白居易《與元九書》:“未老而~髮早衰白。”人的牙齒的生長與脱落,標志着年齡的增長,所以“齒”又引申爲歲數,年齡。《孟子·公孫丑下》:“鄉黨莫如~。”庾信《哀江南賦·序》:“藐是流離,至於暮~。”歐陽修《蘇氏文集序》:“子美之~少於予。”(子美:蘇舜欽的字。)

(二)排列,並列。《左傳·隱公十一年》:“寡人若朝於薛,不敢與諸任~。”(薛國爲任姓。“諸任”指薛的同姓國。)引申爲同類,類别。韓愈《師説》:“巫醫樂師百工之人,君子不~。”“爲人所不~”,意即“不爲人視爲同類”。

[辨]牙,齒。“牙”是牙牀後部的大牙,“齒”是排列在前面的牙。所以“脣亡齒寒”不能説成“脣亡牙寒”。“齒”的各種引申義“牙”都没有。

428.【耳】

(一)耳朵。《荀子·勸學》:“~不能兩聽而聰。”[~食]用耳朵吃東西,比喻對傳聞的話不加分析而就相信。《史記·六國年表·序》:“學者牽於所聞,見秦在帝位日淺,不察其終始,因舉而笑之,不敢道,此與以~食無異。”

(二)語氣詞。有“而已”“罷了”的意思。(“耳”是“而已”的合音字。)《孟子·梁惠王上》:"直不百步~,是亦走也。"《戰國策·齊策四》:"狡兔有三窟,僅得免其死~。"《三國志·吴書·周瑜傳》:"徒忌二袁、吕布、劉表與孤~。"這個意義又寫作"爾"。《戰國策·魏策四》:"布衣之怒,亦免冠徒跣,以頭搶地爾。"

(三)語氣詞。表示肯定。《孟子·梁惠王上》:"寡人之於國也,盡心焉~矣。"《史記·淮陰侯列傳》:"諸將易得~;至如信者,國士無雙。"又《刺客列傳》:"且吾所爲者極難~。"

429.【目】

(一)眼。《荀子·勸學》:"~不能兩視而明。"《禮記·大學》:"十~所視,十手所指。"用如動詞時表示注視或以目示意。《國語·周語上》:"國人莫敢言,道路以~。"《史記·項羽本紀》:"范增數~項王,舉所佩玉玦以示之者三。"

(二)條目。《論語·顔淵》:"顔淵曰:'請問其~。'"

[**辨**]眼,目。二者爲同義詞。"目"字産生得早,大約在文字的初創時期就有了。"眼"字晚出。先秦古籍中,用"目"的多,用"眼"的少;兩漢以後的作品,用"眼"的逐漸多起來,後來在口語中竟取代了"目"的"眼睛"這一意義。"目"的其他的用法是"眼"所没有的。

430.【指】

(一)手指。名詞。《莊子·駢拇》:"駢拇枝~,出乎性哉。"《文心雕龍·鎔裁》:"駢拇枝~,由侈於性。"引申爲用手指。動詞。《禮記·大學》:"十目所視,十手所~。"

(二)名詞。意之所指,旨趣。《孟子·告子下》:"軻也請無問其詳,願聞其~。"《漢書·藝文志·諸子略》:"今異家者,各推所長,窮知究慮,以明其~。"這個意義也寫作"旨"。《周易·繫辭下》:"其旨遠,其辭文。"

431.【飯】

(一)動詞。吃〔飯〕。《論語·述而》:"~疏食,飲水。"又使動用法,給飯吃。鄒陽《獄中上梁王書》:"甯戚~牛車下。"《史記·淮陰侯列傳》:"有一漂母見信飢,~信。"又《游俠列傳》:"夷吾桎梏,百里~牛。"注意:上古"飯"字一般用作動詞。

(二)名詞。米飯,食物。《禮記·曲禮上》:"共~不澤手。"(澤手:手沾上髒物。)又:"毋摶~。"(不把飯弄成團,一次取很多。)

動詞的"飯"舊讀上聲,名詞的"飯"讀去聲。今無别。

432.【食】

(一)吃。《左傳·隱公元年》:"~舍肉。"《戰國策·齊策四》:"長鋏歸來乎,~無魚!"

(二)讀 shí。名詞。吃的東西。《左傳·隱公元年》:"小人有母,皆嘗小人之~矣。"又《莊公十年》:"衣~所安,弗敢專也,必以分人。"

(三)讀 sì。給吃。《戰國策·齊策四》:"左右以君賤之也,~以草具。"又:"~之比門下之客。"《史記·項羽本紀》:"以惡食~項王使者。"又《淮陰侯列傳》:"解衣衣我,推食~我。"

(四)讀 sì。名詞。飯。《論語·述而》:"飯疏~,飲水。"又《雍也》:"一簞~,一瓢飲。"《左傳·宣公二年》:"而爲之簞~與肉,寘諸橐以與之。"

注意:舊時名詞的"食"泛指一切食物時,讀 shí;專指飯時,讀 sì。動詞作主動用法時讀 shí;作使動用法時讀 sì。

433.【服】

(一)事,特指政務。《詩經·大雅·蕩》:"曾是在位,曾是在～。"《僞古文尚書·旅獒》:"無替厥～。"(替:廢。)用作動詞,表示從事。《禮記·曲禮上》:"～官政。"今有雙音詞"～役""～務"。

(二)駕車的馬在中央夾轅者。《詩經·鄭風·大叔于田》:"兩～齊首,兩驂如手。"(驂 cān:在服馬兩側者。)用作動詞,表示以牛馬駕車。《周易·繫辭下》:"～牛乘馬。"賈誼《弔屈原賦》:"驥垂兩耳,～鹽車兮。"

(三)信服,服從。《尚書·舜典》:"四罪而天下咸～。"《論語·季氏》:"遠人不～而不能來也。"又爲使信服,使服從。《孟子·公孫丑上》:"以力～人者,非心服也。"

(四)衣服。《論語·先進》:"春～既成。"《孟子·告子下》:"子服堯之～。"用作動詞,表示穿或戴。《詩經·周南·葛覃》:"～之無斁。"(斁 yì:厭。)《論語·衛靈公》:"乘殷之輅,～周之冕。"(輅 lù:車。冕 miǎn:大夫以上的禮冠。)又特指喪服。按照封建的宗法制,規定居喪有五種不同質地的衣服。即:斬衰(cuī),齊(zī)衰,大功,小功,緦(sī)麻。用這五種不同的衣服,來表示死者和自己的親屬關係的遠近。引申爲居喪。《史記·魏其武安侯列傳》:"灌夫有～。"又:"夫安敢以～爲解?"

(五)吃〔藥〕。《禮記·曲禮下》:"醫不三世,不～其藥。"[～食]爲求長生吃藥。《古詩十九首》:"～食求神仙,多爲藥所誤。"

(六)傳説上古王畿(京都及其近郊)之外,每五百里爲一服(一區),共有五服。即:甸服,侯服,綏服,要(yāo)服,荒服。《尚書·禹貢》:"五百里甸～……五百里侯～……五百里要～……"《史記·五帝本紀》:"方五千里,至於荒～。"

(七)盛箭的器具。《詩經·小雅·采薇》:"象弭魚～。"(弭 mǐ:弓兩端受弦的地方。象弭:象牙做的弭。魚服:魚皮做的服。)

《史記·周本紀》:"檿弧箕~。"(檿 yàn:山桑。檿弧:山桑木弓。箕:木名。)這個意義又寫作"箙"。

434.【飾】

(一)打扮,裝飾。《論語·鄉黨》:"君子不以紺緅~。"(紺 gàn:天青色。緅 zōu:鐵色。飾:指衣服上鑲邊。)《文心雕龍·情采》:"夫鉛黛所以~容。"引申爲文辭方面的加工。《論語·憲問》:"行人子羽修~之。"《文心雕龍·情采》:"文采所以~言。"又:"藻~以辯雕。"引申爲掩飾。《莊子·盜跖》:"辯足以~非。"《後漢書·范滂傳》:"不得隱~。"今成語有"文過~非",雙音詞有"粉~"。

(二)名詞。服裝,服飾,修飾品。《左傳·昭公元年》:"子皙盛~入,布幣而出。"《楚辭·離騷》:"佩繽紛其繁~兮。"雙音詞有"首~"。

[辨]裝,飾。在用作名詞時,"裝"着重表示衣服,"飾"則着重表示服裝之外的一些裝飾品;在用作動詞時,"裝"衹表示裝束,"飾"則表示裝扮之後再增添些顏色或文采。在"打扮""修飾"這種意義上,"裝"衹用於具體方面,不能用在抽象的方面;"飾"則兩方面都可以用。

435.【布】

(一)麻布。古代"布帛"並稱,絲織品稱"帛",麻織品稱"布"。《孟子·滕文公上》:"許子必織~而後衣乎?"又:"~帛長短同,則賈相若。"[~衣]上古時代庶民衹能穿布衣,不能穿絲織品,所以"布衣"就成了庶人的代稱。《戰國策·魏策四》:"大王嘗聞~衣之怒乎?"《史記·淮陰侯列傳》:"始爲~衣時,貧無行。"後來又成爲一般士人的專稱。杜甫《詠懷五百字》:"杜陵有~衣,老大意轉拙。"

（二）先秦的一種貨幣。由第一意義發展而來。（在未有貨幣的時代，人們以物易物，逐漸以布作爲交換的媒介。《詩經・衛風・氓》："抱～貿絲。"）《荀子・榮辱》："餘刀～，有囷窌，然而衣不敢有絲帛。"（刀、布：都是錢。囷：穀倉。窌：同"窖"jiào。）

（三）陳列，展開。《左傳・昭公元年》："～幣而出。"《禮記・中庸》："文武之政，～在方策。"《文心雕龍・鎔裁》："然後舒華～實。"在這種意義上，後來又寫作"佈"。現代雙音詞"分～""宣～""公～"都由此發展而來。

436.【斗】

（一）有柄的酒器。《詩經・大雅・行葦》："酌以大～。"（酌：以斗取酒注入飲器中。）《史記・項羽本紀》："玉～一雙，欲與亞父。"又："玉～一雙，再拜奉大將軍足下。"

（二）量糧食的用具，十升爲斗。《莊子・胠篋》："爲之～斛以量之，則並與～斛而竊之。"又："掊～折衡，而民不爭。"引申爲容量單位。《晉書・陶潛傳》："吾不能爲五～米折腰。"［刁～］古代行軍用的器皿，容量一斗，晝間用來煮飯，夜間用來敲擊打更。《史記・李將軍列傳》："不擊刁～以自衛。"

（三）二十八宿之一。《詩經・小雅・大東》："維北有～，不可以挹酒漿。"（斗：指南斗，共六星，因在箕星之北，所以說"維北有～"。）王勃《滕王閣序》："龍光射牛～之墟。"［北～］星宿名，屬大熊星座，共七星。《楚辭・九歌・東君》："援北～兮酌桂漿。"注意：如"斗牛"連用，都是指南斗，不是北斗。

437.【式】

（一）法式，楷模。《僞古文尚書・微子之命》："萬邦作～。"蕭統《文選序》："孝敬之准～。"用如動詞，效法，"以……爲楷模"。

《後漢書·崔寔傳》:"使人主師五帝而~三王。"

(二)通"軾"。用如動詞,古人乘(立乘)車時,伏身憑扶車前的橫木(軾)以表示恭敬。《僞古文尚書·武成》:"封比干墓,~商容閭。"(商容:商代的賢人。)《禮記·檀弓下》:"夫子~而聽之。"

438.【檢】

(一)法則,法度,方式。曹丕《典論·論文》:"曲度雖均,節奏同~。"《文心雕龍·物色》:"然物有恒姿,思無定~。"

(二)收斂,檢點。《孟子·梁惠王上》:"狗彘食人食而不知~。"引申爲查看,查驗。現代有雙音詞"~查""~驗"。

439.【英】

(一)花。《詩經·鄭風·有女同車》:"顏如舜~。"(舜:植物名,即木槿。)《楚辭·離騷》:"朝飲木蘭之墜露兮,夕餐秋菊之落~。"陶潛《桃花源記》:"落~繽紛。"引申爲文采,辭藻。《文心雕龍·情采》:"必術既形,~華乃贍。"

(二)人物之美的,傑出的。《禮記·禮運》:"大道之行也,與三代之~,丘未之逮也。"《孟子·盡心上》:"得天下~才而教育之。"陶潛《詠荊軻》:"飲餞易水上,四座列羣~。"

440.【靈】

(一)事神的女巫。《楚辭·九歌·東皇太一》:"~偃蹇兮姣服。"(偃蹇:形容舞蹈的姿態。)又《雲中君》:"~連蜷兮既留。"(連蜷:形容女巫迎神導引的樣子。)引申爲神,神靈。《楚辭·九歌·雲中君》:"~皇皇兮既降。"又《湘夫人》:"~之來兮如雲。"又爲鬼神的精神意志。《楚辭·九歌·國殤》:"天時墜兮威~怒。"又爲鬼神的反應(後起義)。如"~驗""心誠則~"。

(二)對死者之稱。韓愈《祭十二郎文》:"使建中遠具時羞之奠,告汝十二郎之~。"(建中:人名。時羞:應時的珍饈。)又如"~柩""~牀"等。

(三)人的精神(對肉體而言)。《楚辭·九章·哀郢》:"羌~魂之欲歸兮,何須臾而忘返?"《文心雕龍·情采》:"若乃綜述性~,敷寫器象。"引申爲機敏,不呆滯。今成語有"心~手巧"。

441.【豪】

(一)長而尖鋭的毛。《莊子·齊物論》:"天下莫大於秋~之末。"在這個意義上也可以寫作"毫"。《孟子·梁惠王上》:"明足以察秋毫之末。"

(二)卓越的人物,豪傑。賈誼《過秦論》上:"山東~俊遂並起而亡秦族矣。"《史記·游俠列傳》:"此豈非人之所謂賢~閒者邪?"引申爲魁首,居首的。《史記·秦始皇本紀》:"徙天下~富於咸陽。"《洛陽伽藍記》卷四:"而河間獻王琛最爲~首。"又爲行爲突出常格,豪邁。《史記·魏公子列傳》:"平原君之游,徒~舉耳,不求士也。"又爲横暴,强横。《史記·游俠列傳》:"~暴侵凌孤弱。"陶潛《詠荆軻》詩:"~主正怔營。"又如説"~吏""~强"。

[辨]英,豪,俊,傑。就人的才能、品德方面的品題説,四者是同義詞。古人於四者曾有許多强生分别的解釋,衆説紛紜,都不可靠。如説才能過十人爲"豪",過百人爲"傑",過千人爲"俊",過萬人爲"英"等等。"英""俊""傑"一直用於褒義,"豪"在後來有時用於貶義。如説"土豪劣紳"。但在古代,所謂"土豪"也衹不過是"地方上的首腦"的意思。

442.【然】

(一)燒,引火點着。《孟子·公孫丑上》:"若火之始~,泉之始達。"賈誼《治安策·序》:"火未及~,因謂之安。"這個意義後代都寫作“燃”。

(二)代詞。這樣,那樣。《論語·憲問》:“古之人皆~。”《孟子·梁惠王上》:“河東凶亦~。”又:“物皆~。”又《公孫丑上》:“惟此時爲~。”今熟語有“所以~”“想當~”。[~則]這樣……那麼,那麼。《孟子·滕文公上》:“~則治天下獨可耕且爲與?”[~後]這樣……纔。《論語·子罕》:“歲寒~後知松柏之後凋也。”《孟子·滕文公上》:“~後中國可得而食也。”[~而]但是。韓愈《燕喜亭記》:“吾州之山水名天下,~而無與燕喜者比。”這個意義又可單説“然”。《史記·高祖本紀》:“周勃重厚少文,~安劉氏者必勃也。”

(三)是的,對,用來表示同意别人的話。《孟子·滕文公上》:“孟子曰:‘許子必種粟而後食乎?’曰:‘~。’”又:“曰:‘許子以釜甑爨,以鐵耕乎?’曰:‘~。’”加否定詞“不”,表示不同意。《史記·項羽本紀》:“宋義曰:‘不~。’”“然之”連用,表示“以之爲然”,即“認爲……是對的”。《史記·淮陰侯列傳》:“信~之。”[~諾]諾言。按:“然”和“諾”都是答應别人的話,連起來成爲名詞,表示“諾言”。《史記·游俠列傳》:“而布衣之徒,設取予~諾。”又《魏其武安侯列傳》:“好任俠,已~諾。”

(四)詞尾,表示“……的樣子”。《論語·微子》:“夫子憮~曰。”《孟子·梁惠王上》:“填~鼓之。”

443.【且】

(一)連詞。而且。《左傳·隱公元年》:“公語之故,~告之悔。”又用來表示推進一層。《論語·季氏》:“~爾言過矣。”《孟子·公孫丑上》:“~王者之不作,未有疏於此時者也。”[~夫]表示再説一層道理。賈誼《過秦論》:“~夫天下非小弱也。”

(二)連詞。又。《詩經·小雅·魚麗》:“君子有酒,旨~多。”

又:"多~旨。"(旨:美。)[且……且……]表示"又……又……",或"一方面這樣,一方面那樣"。《史記·淮陰侯列傳》:"上~怒~喜。"又:"~喜~憐之。"

(三)副詞。將要,快要。《史記·項羽本紀》:"不者,若屬皆~爲所虜。"又《魏公子列傳》:"趙寇至,~入界。"又:"吾攻趙,旦暮~下。"

(四)副詞。尚且,還。《孟子·公孫丑下》:"管仲~猶不可召,而況不爲管仲者乎?"

(五)副詞。暫且。《詩經·鄭風·溱洧》:"~往觀乎?"又爲姑且。《詩經·唐風·山有樞》:"~以喜樂。"

[辨]且,將。在"將要"的意義上,"且"和"將"是同義詞。但"將"表示一般的"將來","且"表示"快要",稍有不同。

444.【或】

(一)無定代詞。表示"有人",但不知道姓名,或不指稱姓名。《孟子·公孫丑上》:"~問乎曾西曰。"又"人或"連用。《史記·淮陰侯列傳》:"人~説信曰。""或"字放在名詞後面,表示衹有一部分而不是全部如此,略等於現代的"有的"。《漢書·張禹傳》:"篇第~異。"有時兩個或兩個以上的"或"字前後呼應着用,等於説"有的這樣,有的那樣"。《孟子·梁惠王上》:"~百步而後止,~五十步而後止。"又《滕文公上》:"~相倍蓰,~相什百,~相千萬。"注意:後來連詞"或"雖然由此發展而來,但上古的"或"還不是連詞。

(二)副詞。也許,或許。范縝《神滅論》:"刃之與利,~如來説。"

445.【曾】

(一)讀 zēng。祖之父爲"曾祖",孫之子爲"曾孫"。又孫以下都可叫"曾孫"。《詩經·小雅·信南山》:"～孫田之。"

(二)讀 céng。副詞(用來加强語氣),略等於"竟""竟然""乃"。《詩經·衛風·河廣》:"誰謂河廣?～不容刀!誰謂宋遠?～不崇朝!"《戰國策·趙策四》:"老臣病足,～不能疾走。"《孟子·公孫丑上》:"爾何～比予於管仲!"

(三)讀 céng。副詞。曾經。《史記·孟嘗君列傳》:"孟嘗君～待客夜食。"

446.【更】

(一)讀 gēng,平聲。改變。《論語·子張》:"君子之過也,如日月之食焉。過也,人皆見之;～也,人皆仰之。"現代變爲雙音詞"～改"。引申爲換。《莊子·養生主》:"良庖歲～刀,割也;族庖月～刀,折也。"現代有雙音詞"變～""～動""～换""～迭"。

(二)讀 gèng,去聲。副詞。重新,另外。《左傳·僖公五年》:"晉不～舉矣。"《漢書·藝文志》:"方今去聖久遠,道術缺廢,無所～索。"《後漢書·班超傳》:"何故不遣而～選乎?"又:"～立元孟爲焉耆王。"

447.【漸】

(一)流入。《尚書·禹貢》:"東～于海。"引申爲浸泡。《荀子·勸學》:"蘭槐之根是爲芷,其～之滫,君子不近,庶人不服。"引申爲慢慢滲透,習染。《漢書·龔遂傳》:"今大王親近羣小,～漬邪惡。"

(二)進。《尚書·顧命》:"〔周成王〕疾大～。"(大漸:特别加重。)引申爲徐進。《周易·漸》:"鴻～于干……鴻～于陸。"(鴻從一處漸進到另一處。干:水邊。)又引申爲事情逐漸發展。《周易·坤·文言》:"非一朝一夕之故,其所由來者～矣。"引申爲副詞。慢慢地,逐漸地。白居易《與元九書》:"年齒～長。"

448.【俱】

(一)動詞。在一起,同去或同來。《史記·魏公子列傳》:“臣客屠者朱亥可與~。”又《魏其武安侯列傳》:“魏其侯過灌夫,欲與~。”陶潛《讀山海經》詩:“微雨從東來,好風與之~。”

(二)副詞。皆,都。《戰國策·趙策三》:“曷爲與人~稱帝王,卒就脯醢之地也?”《史記·項羽本紀》:“赤泉侯人馬~驚,辟易數里。”

[辨]俱,具。二字古代不同音:“俱”舉朱切,音拘;“具”其遇切,音懼。在先秦時代,“具”偶然當“俱”講,如《詩經·小雅·節南山》:“民具爾瞻。”但後來二字大有區別。“俱”表示兩個以上的人同做一件事,如《孟子·告子上》“雖與之俱學”,《史記·項羽本紀》“毋從俱死也”;“具”表示行爲的範圍,如《史記·項羽本紀》“具告以事”“具告沛公”。

449.【並】

(一)動詞。平行,平列。《莊子·馬蹄》:“族與萬物~。”(族:叢聚。)賈誼《過秦論》中:“~殷周之迹。”

(二)副詞。一起,一齊。《孟子·滕文公上》:“賢者與民~耕而食。”《莊子·胠篋》:“爲之斗斛以量之,則~與斗斛而竊之;爲之權衡以稱之,則~與權衡而竊之。”

450.【而】

(一)連詞。連接兩種性質或兩種行爲。《論語·爲政》:“温故~知新。”又《泰伯》:“任重~道遠。”《史記·孫子吳起列傳》:“龐涓既事魏,得爲惠王將軍,~自以爲能不及孫臏。”

(二)連詞。表示結果或目的。《荀子·勸學》:“是故質的張~弓矢至焉;林木茂~斧斤至焉。”《史記·孫子吳起列傳》:“彼必釋趙~自救。”表示結果的,義近“則”;表示目的的,義近“以”。

(三)連詞。表示假設。《詩經·鄘風·相鼠》:"人~無儀,不死何爲?"《論語·爲政》:"人~無信,不知其可也。"

(四)連詞。連接狀語和動詞。《莊子·養生主》:"提刀~立。"《荀子·勸學》:"吾嘗終日~思矣。"

(五)代詞。你,你的。《論語·微子》:"滔滔者,天下皆是也,~誰以易之?"又:"且~與其從辟人之士也,豈若從辟世之士哉?"《史記·項羽本紀》:"必欲烹~翁,則幸分我一杯羹。"

451.【若】

(一)動詞。像。《論語·憲問》:"豈~匹夫匹婦之爲諒也?"《莊子·逍遥遊》:"其翼~垂天之雲。"又《養生主》:"而刀刃~新發於硎。"引申爲相同,一樣。《孟子·滕文公上》:"布帛長短同,則賈相~。"又引申爲及,比得上,常用於否定句和反問句。《論語·學而》:"未~貧而樂,富而好禮者也。"又《微子》:"豈~從辟世之士哉?"

(二)代詞。你,你的。《莊子·齊物論》:"~勝我,我不~勝。"《史記·項羽本紀》:"吾翁即~翁,必欲烹而翁,則幸分我一杯羹。"[~屬]爾等,你們這些人。《史記·項羽本紀》:"不者,~屬皆且爲所虜。"

(三)連詞。表示假設,等於"如果"。《左傳·僖公三十年》:"~亡鄭而有益於君,敢以煩執事。"《孟子·梁惠王上》:"王~隱其無罪而就死地,則牛羊何擇焉?"

(四)連詞。表示另提一件事,略等於現代的"至於""至如"。《孟子·梁惠王上》:"~民,則無恒産因無恒心。"又説成"若夫"。《孟子·梁惠王下》:"~夫成功則天也。"又説成"若其"(較晚的説法)。蕭統《文選序》:"~其讚論之綜緝辭采,序述之錯比文華。"

(五)連詞。表示選擇,等於現代的"或"。《史記·魏其武安侯列傳》:"願取吴王~將軍頭,以報父之仇。"《漢書·食貨志》:"時有軍役~水旱,民不困乏。"注意:古代的"或"字不是真正的連詞(參看"或"字條),衹有"若"字纔是真正的連詞。

(六)形容詞詞尾。表示"……的樣子"。與"然"略同。《詩經·衛風·氓》:"桑之未落,其葉沃~。"

452.【爾】

(一)代詞。你,你們;你的,你們的。《論語·八佾》:"~愛其羊,我愛其禮。"又《先進》:"以吾一日長乎~,毋吾以也。"《詩經·衛風·氓》:"以~車來,以我賄遷。"《論語·公冶長》:"盍各言~志。"

(二)指示代詞。這,這樣。陶潛《飲酒》詩:"問君何能~?心遠地自偏。"

(三)形容詞性或副詞性詞尾。《論語·先進》:"鏗~,舍瑟而作。"又:"子路率~而對曰。"又《陽貨》:"夫子莞~而笑曰。"

(四)語氣詞。通"耳"。《孟子·萬章上》:"鬱陶思君~。"《顏氏家訓·名實》:"勢如葵葉~。"

古漢語通論

(十七)古書的注解(上)

我國比較重要的古籍,前人大都作過注解。今天我們要想比較順利地讀懂一部古書,一般都要參看舊注。有些文字比較艱深的古書,如果不參看舊注甚至根本無法讀懂。

注解古書的工作開始於漢代。秦以前的許多典籍傳到漢代,由於種種原因(如語言的發展、口授和傳抄的錯誤等),漢代人已經不能完全讀懂;於是有一些人專門爲這些古書做注解,像毛亨、孔安國、馬融、鄭玄等,都是著名的注解家。鄭玄對先秦的經書,像

《周易》《毛詩》《周禮》《儀禮》《禮記》《論語》等書,都曾作過注解。這些注解對我們了解先秦古籍非常有用,如果没有漢代學者這一番辛勤的工作,有許多先秦古籍我們今天是很難讀懂的。

到了唐代,距離漢代又有六七百年了,許多漢人的注解在唐代人看起來,又不是那麽容易理解了,於是出現了一種新的注解,作者不僅解釋正文,而且還給前人的注解作注解。這種注解一般叫做"疏",也叫"正義"。例如現在最通行的《十三經注疏》中的《詩經》①,就是漢毛亨傳,漢鄭玄箋,唐孔穎達等正義。毛傳、鄭箋的"傳"和"箋",當時都各有特定的意義,"傳"指闡明經義,"箋"有補充與訂正毛傳的意思,一方面對毛傳簡略隱晦的地方加以闡明,另一方面把不同於毛傳的意見提出,使可識别。

先秦經書的注解一般都比較難讀。這一方面是因爲注解家數繁多,各有側重,看法也常常不一,取捨之間,有時很不容易決定;另一方面是因爲注文比較簡略,注解的體例和術語對一般讀者來

---

① 《十三經注疏》大多數是漢朝人或魏晋人做的注,唐宋人做的疏,各部書的注疏人如下:

《周易》:魏王弼、韓康伯注,唐孔穎達等正義;
《尚書》:舊題漢孔安國傳,唐孔穎達等正義;
《詩經》:漢毛亨傳,漢鄭玄箋,唐孔穎達等正義;
《周禮》:漢鄭玄注,唐賈公彦疏;
《儀禮》:漢鄭玄注,唐賈公彦疏;
《禮記》:漢鄭玄注,唐孔穎達等正義;
《春秋左傳》:晋杜預注,唐孔穎達等正義;
《春秋公羊傳》:漢何休注,唐徐彦疏;
《春秋穀梁傳》:晋范寧注,唐楊士勛疏;
《論語》:魏何晏集解,宋邢昺疏;
《孝經》:唐玄宗注,宋邢昺疏;
《爾雅》:晋郭璞注,宋邢昺疏;
《孟子》:漢趙岐注,宋孫奭疏。

説都比較生疏。要想讀懂先秦經書的注解，我們首先要對它們的體例有大致的了解。

下面我們舉出《詩經·魏風·碩鼠》第一章作爲例子來説明經書注疏的體例。

碩鼠。刺重斂也。國人刺其君重斂蠶食於民。不脩其政。貪而畏人。若大鼠也。碩音石斂呂驗反下同【疏】碩鼠三章章八句至大鼠○正義曰蠶食者蠶之食桑漸漸以食使桑盡也猶君重斂漸漸以稅使民困也言貪而畏人若大鼠然解本以碩鼠爲喻之意取其貪且畏人故序因倒述其事經三章皆上二句言重斂次二句言不脩其政由君重斂不脩其政故下四句言將棄君而去也○碩鼠碩鼠。無食我黍。三歲貫女。莫我肯顧。貫事也箋云碩大也大鼠大鼠者斥其君也女無復食我黍疾其稅斂之多也我事女三歲矣曾無教令恩德來顧眷我又疾其不修政也古者三年大比民或於是徙○貫古亂反徐音官復扶又反稅始銳反比毗志反逝將去女。適彼樂土。箋云逝往也往矣將去女與之訣別之辭樂土有德之國○樂音洛注下同土如字他古反沈徒古反訣古穴反○樂土樂土。爰得我所。箋云爰曰也○【疏】碩鼠至得我所○正義曰國人疾其君重斂畏人比之碩鼠言碩鼠碩鼠無食我黍猶言國君國君無重斂我財君非直重斂於我又不脩其政我三歲以來事汝矣曾無於我之處肯以教令恩德眷顧我也君既如是與之訣別言往矣將去汝之彼樂土有德之國我所以之彼樂土者以此樂土若往則曰得我所宜故也言往將去汝者謂我往之他國將去汝國也○傳貫事○正義曰釋詁文○箋碩大至是徙○正義曰碩大釋詁文釋獸於鼠屬有鼫鼠孫炎曰五技鼠郭璞曰大鼠頭似兔尾有毛青黃色好在田中食粟豆關西呼鼩音瞿鼠舍人樊光同引此詩以碩鼠爲彼五技之鼠也許慎云碩鼠五技能飛不能上屋能游不能渡谷能緣不能窮木能走不能先人能穴不能覆身此之謂五技陸機疏云今河東有大鼠能人立交前兩腳於頸上跳舞善鳴食人禾苗人逐則走入樹空中亦有五技或謂之雀鼠其形大故序云大鼠也魏國今河北縣是也言其方物宜謂此鼠非鼫鼠也按此經作碩鼠訓之爲大不作鼫鼠之字其義或如陸言也序云貪而畏人若大鼠然故知大鼠爲斥君亦是興喻之義也箋又以此民居魏蓋應久矣正言三歲貫汝者以古者三歲大比民或於是遷徙故以三歲言之地官小司徒及卿大夫職皆

上面是中華書局影印的阮刻本《十三經注疏》的影印件。大字是正文，雙行小字是注疏。前面没有“箋云”的注是毛傳，如“貫事也”；“箋云”之後的注是鄭箋；圓圈之後“貫古亂反……”是唐陸德明《經典釋文》對正文和注文的注音①。【疏】字以下纔是孔穎達的

① 《經典釋文》簡名《釋文》，它彙集了唐代以前各家給先秦經書（包括《老子》和《莊子》，因爲《老子》《莊子》在唐代也被稱爲經）所做的注釋（以注音爲主，也有少數義訓），經過作者一番選擇，成爲我國早期别具風格的注音（兼釋義）總集之一。先秦古籍中的注音，一般都摘自《經典釋文》。這部書本來是脱離具體注釋對象的一部完整的專著，宋代以後，人們纔把它的注釋移到每本書的相應的正文之下。

疏。宋代以前,注和疏是分成兩本書印行的;宋代以後,爲了便於閱讀,纔把注和疏合成一本書。注和疏合成一本後,疏一般放在一段正文之後,如果一段中有幾個注,疏就放在幾個注之後,如果一段中衹有一個注,疏就放在一個注之後;上面這個例子就是把疏放在幾個注之後。疏一般是先疏正文,再疏注文。先略引被疏的文字,一般是起訖各引兩三個字(如"'碩鼠'至'得我所'","傳'貫事'","箋'碩大'至'是徙'"),然後再疏,中間用圓圈隔開。有時是直解正文,如"國人疾其君重斂畏人,比之碩鼠……";有時是疏證和發揮毛傳和鄭箋,這裏是首先説明毛傳和鄭箋的來源,如毛傳"貫事也",正義曰"《釋詁》文",又如鄭箋"碩大也",正義曰"《釋詁》文"(《釋詁》指《爾雅·釋詁》,孔穎達認爲毛傳和鄭箋這裏都是根據《爾雅·釋詁》來注解正文的);接着就考證名物,如"《釋獸》於鼠屬有鼫鼠……"。可見疏的内容是很豐富的。

一部重要的古代作品,注解的人常常很多,後來就有人把各家的注選集在一起,再加上自己的注解,成爲集注或集解,例如何晏注《論語》,就是集解。試舉《論語》第一句爲例(改爲横排,正文大字,注解雙行小字,以下同):

子曰。學而時習之。不亦説乎。馬曰。子者。男子之通稱。謂孔子也。王曰。時者。學者以時誦習之。誦習以時。學無廢業。所以爲説懌。

其中"馬曰"的"馬"指馬融,"王曰"的"王"指王肅。在讀"集解"之類的著作時,首先要細讀它的序,這樣纔可以知道集的是哪幾家,"某曰"的"某"指的是哪一個人(也有序裏没有提到的,這多半在注中第一次出現某人時用全名,以後衹用他的姓)。

注解常見的情况有下列四種:

第一,釋詞。如上例"馬曰'子者,男子之通稱,謂孔子也'"。

馬融就衹注釋了“子”字。

第二,串講。把一句或幾句連串起來講解。如前例鄭箋對“三歲貫女,莫我肯顧”兩句作了串講:“我事女三歲矣,曾無教令恩德來顧眷我。”這種方式雖然表面上没有釋詞,但實際上是在串講中附帶地注釋了詞義,如以“事”釋“貫”,以“眷”釋“顧”都是。又如上例“王曰‘時者,學者以時誦習之。誦習以時,學無廢業,所以爲説懌’”。王肅不但解釋了“時”字,並且把“學而時習之,不亦説乎”全句串講了一下。

第三,釋詞並串解,這是頭兩種方式的同時使用。如上例“王曰‘時者,學者以時誦習之。誦習以時,學無廢業,所以爲説懌’”。王肅不但解釋了“時”字,並且把“學而時習之,不亦説乎”全句串解了一下。

第四,通釋全章大意。如現在流傳的漢趙岐注宋孫奭疏的《孟子章句》,就是採用既釋字句也釋全章大意的辦法。《孟子章句》每章之後都有“章指”,“章指”是通釋全章正文的大意的。例如《孟子·梁惠王上》“寡人之於國也”章的後面有:“章指言:‘王化之本,在於使民養生喪死之用備足,然後導之以禮義;責己矜窮,則斯民集矣。’”這種辦法,爲的是使文章的意義更爲明顯,幫助讀者對全章的大意有一個總的了解。

要想讀懂先秦經書的注解,除了要了解經書注疏的體例和注解的各種情况之外,我們還要對經書中的注解術語有一個大致的了解。注解的術語很多,這裏不可能一一列舉,我們衹介紹幾個較爲常見的術語。

1.曰,爲,謂之 使用這幾個術語時,被釋的詞總是放在“曰”“爲”“謂之”的後面。這幾個術語的作用相同,它們不僅用來釋義,並且用來分别同義詞或近義詞之間的細微差别。例如:

《論語·先進》:"加之以師旅,因之以饑饉。"朱熹注:"穀不熟曰饑,菜不熟曰饉。"

《爾雅·釋天》:"穀不熟爲饑,蔬不熟爲饉。"

《穀梁傳·襄公二十四年》:"二穀不升謂之饑,三穀不昇謂之饉。"

《詩經·衛風·淇奥》:"如切如磋,如琢如磨。"(《論語·學而》引此)毛傳:"治骨曰切,象曰磋,玉曰琢,石曰磨。"

《爾雅·釋器》:"骨謂之切,象謂之磋,玉謂之琢,石謂之磨。"

"饑"與"饉"是同義詞,"切""磋""琢""磨"是近義詞,注釋家有時用"曰",有時用"爲",有時用"謂之"來區分它們。在注釋並區分這類同義詞或近義詞時,既可用"曰",也可用"爲",也可用"謂之",可見"曰""爲""謂之"的作用是相同的。這種"曰""爲""謂之"略等於現代漢語的"叫做"。

2.**謂** "謂"和"謂之"不同。前面説過,使用"謂之"時,被釋的詞總是放在"謂之"的後面;使用"謂"時,被釋的詞則都是放在"謂"的前面。可見這兩個術語的差别是很明顯的。"謂"這個術語,往往是在以具體釋抽象、或以一般釋特殊的情況下,纔用上它。例如:

《論語·爲政》:"道之以政,齊之以刑,民免而無恥。"孔安國注:"政謂法教。"

《論語·子罕》:"後生可畏。"何晏注:"後生謂少年。"

"政"的概念比較抽象,故用比較具體的概念"法教"來注釋它;"後生"的概念比較特殊,故用比較一般的概念"少年"來注釋它。這都是爲了幫助讀者理解原文。

3.**貌** "貌"字一般用在動詞或形容詞的後面。使用"貌"字時,被釋的詞往往是表示某種性質或某種狀態的形容詞。例如:

《詩經·衛風·氓》:“桑之未落,其葉沃若。”朱熹注:“沃若,潤澤貌。”

《論語·陽貨》:“夫子莞爾而笑。”何晏注:“莞爾,小笑貌。”

《論語·子罕》:“夫子循循然善誘人。”何晏注:“循循,次序貌。”

這種“貌”字略等於現代漢語的“……的樣子”。

4.**猶** 使用這個術語時,釋者與被釋者往往就是同義或近義的關係。例如:

《詩經·魏風·伐檀》:“坎坎伐輻兮,寘之河之側兮。”毛傳:“側,猶厓也。”

《詩經·小雅·節南山》:“赫赫師尹,不平謂何?”箋云:“謂何,猶云何也。”

用“厓”釋“側”,用“云何”釋“謂何”;因爲“云”“謂”義同,“側”“厓”義近。這種“猶”字略等於現代漢語的“等於説”。

以上“曰”“爲”“謂之”“謂”“貌”“猶”六個術語,都是單純用於釋義的。

5.**之言,之爲言** 使用這兩個術語時,必然是聲訓;除了釋義之外,釋者與被釋者之間有時是同音的關係,有時是雙聲疊韻的關係。例如:

《論語·季氏》:“吾恐季孫之憂,不在顓臾,而在蕭牆之内也。”鄭玄注:“蕭之言肅也。牆謂屏也。君臣相見之禮至屏而加肅敬焉,是以謂之蕭牆。”

《論語·爲政》:“爲政以德,譬如北辰,居其所,而衆星共之。”朱熹注:“政之爲言正也,所以正人之不正也;德之爲言得也,得於心而不失也。”

“肅”“正”“得”除了從意義上分别注釋了“蕭”“政”“德”之外,釋者與被釋者之間還有語音上的關係:"肅""蕭"雙聲,"正""政"同音,"得""德"同音。

6.**讀爲,讀曰**　這兩個術語是用本字來説明假借字。例如:

《詩經·衛風·氓》:"淇則有岸,隰則有泮。"鄭箋:"泮讀爲畔。"

《禮記·曲禮》:"國君則平衡,大夫則綏之,士則提之。"鄭玄注:"綏讀曰妥。"

"泮"和"綏"是假借字,"畔"和"妥"是本字。

7.**讀若,讀如**　這兩個術語一般是用來注音。例如:

《説文》:"噲,咽也。从口,會聲。或讀若快。"

有時,"讀若""讀如"的作用和"讀曰""讀爲"相同,也是用本字來説明假借字。例如:

《禮記·儒行》:"起居竟信其志。"鄭玄注:"信,讀如屈伸之伸,假借字也。"

"讀爲""讀曰"和"讀若""讀如"的分别就在於:前者必然是用本字破假借字;後者則一般是用於注音,但有時也是用本字來破假借字。

(十八)古書的注解(下)

從漢代學者注經開始,其後魏晉南北朝各代,注解古書的範圍都有所擴展。唐人除了爲先秦經書做注疏工作之外,也爲漢以下的其他古書做了注解。例如司馬遷的《史記》,在唐代就有司馬貞的《史記索隱》和張守節的《史記正義》;蕭統的《文選》,在唐代就有李善注和五臣注。這些注解,有的是以人名地名的考證和史實的考核爲主,有的是以詞語的出處和典故的來源的考證爲主。例如司馬貞、張守節對《史記》所做的注解,都較多地集中在人名地名的考證和史實的考核方面。這類古書的注解,有的在考核史實之中增補了許多後代難得的史料;南朝宋裴松之的《三國志》注就有這個特點。

古代作家一般都喜歡引經據典,尤其是中古時期,引經據典幾乎成爲一種重要的修辭手段。因此,注解這些文學作品時,注明出典就成了注解家的首要任務。李善《文選》注就是如此。當時人們批評他的注解是"釋事而忘義"(這個批評不一定完全正確,李善注解中的釋義工作雖然做得比較少,但是他並不是完全不釋義)。試看他在揚雄《解嘲》中的一段注解:

(之舉以爲三公)或倚夷門而笑(應劭曰:侯嬴也。秦伐趙,趙求救於魏,無忌將百餘人往過嬴,嬴無所誡,更還見嬴,嬴笑之,以謀告無忌。韋昭曰:笑人不知己也。)或橫江潭而漁(服虔曰:漁父也。)或七十說而不遇(應劭曰:孔丘也。已見東方朔《荅客難》。)或立談而封侯(史記曰:虞卿說趙孝成王,再見,爲趙上卿,故號爲虞卿。譙周曰:食邑於虞也。)或枉千乘於陋巷(呂氏春秋曰:齊桓公見小臣稷,一日三至,弗得見。從者曰:萬乘之主,見布衣之士,一日三至而不得見,亦可以止矣。桓公曰:不然。士傲爵祿者,固輕其主;君傲霸王者,亦輕其士。從夫子傲爵祿,吾庸敢傲霸王乎?)或擁篲而先驅(擁篲,鄒衍也。七略曰:方士傳言,鄒子在燕,其遊諸侯,畏之,皆郊迎擁篲也。)是以士頗得信其舌而奮其筆,窒隙蹈瑕而無所詘也。(李奇曰:君臣上下有瑕隙乖離之漸,則可抵而取之。窒,竹栗切。)當今縣令不請士,郡守不迎師,羣卿不揖客,將相不俛眉,言奇者見疑,行殊者得辟。(言世尚同而惡異。爾雅曰:辟,罪。)

這段原文雖然有一些對於今人來說較難理解的詞語,如"枉""詘"

“窒隙蹈瑕”等,但原文中更難理解的是每句話的用典,如果没有李善的注解,即使唐代的一般讀者也難以知道每句話用的是什麼典,也就難以理解每句話的内容了。

有時,李善不是注明典故的來源,而是指出某些詞語的出處。例如:

既無伯叔。終鮮兄弟。毛詩曰。終鮮兄弟。維予與女。(李密:陳情表)

臣之進退。實爲狼狽。孔叢子。孔子曰。吾於狼狽見聖人之志。荀悦漢紀論曰。周勃狼狽失據。塊然囚執。(同上)

過蒙拔擢。寵命優渥。毛詩曰。既優既渥。豈敢盤桓。有所希冀。周易曰。初九。盤桓利居貞。(同上)

這三個例子中,他指出了“終鮮兄弟”“狼狽”“優渥”“盤桓”等詞語的出處。這種注解,也有助於讀者充分領會作品詞句的意思。

有時,他也釋義,不過他往往是轉引古注或古代字書對這個字的注釋。例如:

拳拳之忠。終不能自列。禮記。子曰。回得一善。拳拳不失之矣。鄭玄曰。拳拳。捧持之貌。説文曰。列。分解也。(司馬遷:報任安書)

門衰祚薄。晚有兒息。字書曰。祚。福也。(李密:陳情表)

有些古書的注解,除了注明出典之外,並能劃分段落,詮釋大意,從而幫助讀者分析和鑑賞作品。試舉仇兆鰲注杜甫《春望》爲例:

國破山河在。城春草木深。感時花濺淚。恨别鳥驚心。烽火連三月。家書抵萬金。白頭搔更短。渾欲不勝簪。此憂亂傷春而作也。上四。春望之景。覩物傷懷。下四。春望之情。遭亂思家。趙汸曰。烽火句。應感時。家書句。應恨别。但下句又因上句而生。髮白更短。愁亂思家所致。○齊國策。王蠋曰。國破君亡。吾不能存。庾信詩。山河不復論。吕氏春秋。春氣至則草木生。楚辭。余感時兮悽愴。拾遺記。漢獻帝爲李傕所敗。后以淚濺帝衣。秦嘉詩。一别懷萬恨。聞人蒨詩。林有驚心鳥。園多奪目花。……

注文前面先劃分段落,詮釋大意,後面再逐詞逐句地注明出典。這樣做,對於閲讀和鑑賞這首詩的人,確有幫助。

另外有一類古書的注解,往往側重在闡明哲學思想上。其中有的是闡明原著中的哲理,也有的是在闡明原著哲理時從中寄寓了注者自己的思想觀點。比如《莊子》,這是一部文字深奥的古書,但是郭象注與成玄英疏的重點卻不擺在字句的解釋方面。試看《逍遥遊》中的一段注疏:

之二蟲又何知。【注】二蟲。謂鵬蜩也。對大於小。所以均異趣也。夫趣之所以異。豈知異而異哉。皆不知所以然而自然耳。自然耳。不爲也。此逍遥之大意。【疏】郭注云。二蟲。鵬蜩也。大於小。所以均異趣也。且大鵬摶風九萬。小鳥決起榆枋。雖復遠近不同。適性均也。咸不知道里之遠近。各取足而自勝。天機自張。不知所以。既無意於高卑。豈有情於優劣。逍遥之致。其在兹乎。……

郭注和成疏都用了很多筆墨闡明“之二蟲又何知”這一句話中所包含的“自然”“不爲”之類的老莊哲理。

關於注音,也有新的發展。早期的注解一般是用直音法或“讀若”“讀如”等術語注音,後來反切逐漸被注解家用來注音了。例如李善《文選》注:

侍中侍郎郭攸之費禕於宜反董允等。(諸葛亮:出師表)

是以申徒狄蹈雍之河。雍,一龍切徐衍負石入海。(鄒

陽:獄中上梁王書)

昔者司馬喜臏鼻引腳於宋。卒相中山。(鄒陽:獄中上梁王書)

陛下亦宜自謀。以咨諏足俱善道。察納雅言。深追先帝遺詔。(諸葛亮:出師表)

"鼻引"即"鼻引切",是注"臏"字的音;"足俱"即"足俱切",是注"諏"字的音。如果我們以爲"鼻引"是釋"臏"字的意義,"足俱"是釋"諏"字的意義,那就錯了。

關於注音,有一個術語值得提出來説一説,那就是"如字"。古書上某字注以"如字",通常是告訴讀者,在這特定的上下文裏,這個字要按照它本來的讀音讀。例如《禮記·大學》:"所謂誠其意者,毋自欺也,如惡惡臭,如好好色。此之謂自謙。"《經典釋文》説:

惡惡,上烏路反,下如字……好好,上呼報反,下如字。

這是説第一個"惡"字讀"烏路反",是去聲,第二個"惡"字要讀它本來的音,即惡劣的"惡",舊讀入聲;第一個"好"字讀"呼報反",是去聲,第二個"好"字要讀它本來的音,即美好的"好",是上聲。

有時候一個字的下面注"如字",又注别的反切(或直音),表明這個字在這特定的上下文裏傳統有不同的讀法。例如《論語·公冶長》:"季文子三思而後行。"《經典釋文》説:

三思,息暫反,又如字。

這是説這裏"三"字有去聲的讀法(變讀),又有平聲的讀法(如字)。讀法不同,往往講法不同。例如《論語·微子》:"四體不勤,五穀不分。"《經典釋文》説:

不分,包云如字,鄭扶問反,分猶理。

這是説這裏"分"字有平聲的讀法(如字),又有去聲的讀法(變讀)。包鄭兩家的讀音,反映了對“分”字的不同的理解。

古書上常常有一字異讀的情況。不同的讀音往往表示了詞義或詞性的不同。例如音樂的“樂”和快樂的“樂”,解説的“説”、遊説的“説”和喜説的“説”(悦),等等。異讀有時衹表現爲聲調上的差異。例如施行的“施”讀平聲,施與的“施”讀去聲;聽聞的“聽”讀平聲,聽從的“聽”讀去聲。但是這衹是詞義上的轉變。有時候聲調不同,不僅是詞義上而且是詞性上的轉變,這種情況最值得注意。例如王侯的“王”是名詞,讀平聲,王天下的“王”是動詞,讀去聲;操持的“操”是動詞,讀平聲,節操的“操”是名詞,讀去聲;愛好的“好”是動詞,讀去聲,美好的“好”是形容詞,讀上聲;厭惡的“惡”是動詞,讀去聲,惡劣的“惡”是形容詞,讀入聲。

利用四聲來區别詞義和詞性,這是漢語的特點之一。漢魏學者看到了這個特點,並體現於古書注音。有的文字學家認爲這是六朝經師注解古書時的强生分别,顯然作出這一論斷的論據是不足的;雖然有些異讀後來消失了,但是也有不少字的異讀還保留在現代漢語裏,如“好”(hǎo)“好”(hào)“惡”(è)“惡”(wù)之類;有些字的異讀雖然在現代漢語普通話裏已經混同了,但是仍保留在某些方言裏,例如上昇的“上”讀上聲,在上的“上”讀去聲,現在廣州話仍有區别。

唐代以後,宋代學者也做了不少注解古書的工作。例如朱熹就著有《周易本義》《詩集傳》《大學章句》《論語集注》《孟子集注》《中庸章句》《楚辭集注》等。朱熹能不受漢代學者的束縛,直接從正義入手,他做的注解,有時比較近情近理,平易可通。

清代學者幾乎對每一種重要的經典都做了新的注解,他們鑽研漢唐人的注解,根據具體材料判斷前人的是非,解决了古書中許多疑難問題。他們對古書字句的解釋要求非常嚴格,做出了許多成績。例如陳奂的《詩毛氏傳疏》、馬瑞辰的《毛詩傳箋通釋》、劉寶楠的《論語正義》、焦循的《孟子正義》、王先謙的《莊子集解》、郭慶藩的《莊子集釋》，等等，都有很大的參考價值。自然，清人有些注解，極力要求無一字無來歷，不免過於瑣細。例如劉寶楠的《論語正義》注《論語》"子曰學而時習之不亦説乎"一句，幾乎每一個字都作了詳細的考證，這一句並不難懂的話，就注了將近一千字；其中一個"曰"字就注了一百多字，繁徵博引，極爲詳盡，但是實用價值不大。

除了爲古書做注解和考證工作之外，清代學者還作了許多古籍校勘的工作。阮元爲《十三經注疏》所作的《校勘記》，就是一例。《校勘記》除校正十三經正文的錯誤之外，更多的是校正注疏中的錯誤（《校勘記》附在《十三經注疏》每卷之後，我們閱讀十三經時，應該參閱）。校勘學上有些專門術語，我們應當有所了解。試舉校勘學上常用的兩個術語爲例：

1.**衍文**　"衍文"簡稱"衍"，也叫"衍字"。這個術語用來指明古籍中多出了文字的現象。例如《詩經·邶風·柏舟》："汎彼柏舟，亦汎其流。"鄭箋："舟載渡物者，今不用，而與衆物汎汎然俱流水中。"阮元《校勘記》："'與'下衍'衆'字，小字本無。"又如《左傳·僖公四年》："漢水以爲池。"阮元《校勘記》："《釋文》無'水'字。云：或作'漢水以爲池'，'水'字衍。"又如《禮記·檀弓》："從母之夫，舅之妻，二夫人相爲服。"俞樾在《古書疑義舉例》卷五中説："'夫'字衍文也，'二人'兩字合爲'夫'。"

2.**脱文**　"脱文"簡稱"脱"（有時作"敓"或"奪"），也叫"脱字"。這個術語專指古籍中脱落了文字的現象。例如《詩經·周南·桃夭》孔穎達疏："此云家人，家猶夫也，猶婦也。"阮元《校勘記》："'猶婦'上當脱'人'字。"又如《詩經·衛風·碩人》孔穎達疏:"猗嗟云:'頎而長兮。'孔世家云:'頎然而長。'故爲長貌。"阮元《校勘記》:"'孔'下脱'子'字。"

清代學者除了爲專書做注解和校勘工作之外,還利用讀書札記的形式,對古書的詞句詮釋和文字校訂提出自己的看法,其中常常有非常精闢的見解。重要的如王念孫的《讀書雜誌》、王引之的《經義述聞》、俞樾的《古書疑義舉例》,等等,這些都是讀上古典籍不可缺少的參考書。

學習古代漢語,參閱古書的注解是十分必要的。我們讀古書,能直接讀白文(就是不附注解的文章)固然很好;如果能參考前人的注解來讀,就能體會得更深刻。對先秦的文章,更是如此。阮元曾有一段話談到讀注解的重要:

> 竊謂士人讀書,當從經學始,經學當從注疏始。空疏之士,高明之徒,讀注疏不終卷而思臥者,是不能潛心研索,終身不知有聖賢諸儒經傳之學矣。至於注疏諸義,亦有是有非;我朝經學最盛,諸儒論之甚詳,是又在好學深思實事求是之士,由注疏而推求尋覽之也。(見《十三經注疏·重刻宋板注疏總目録》)

我們今天讀古書的目的,自然和阮元的時代完全不同。但是讀古書應先接觸先秦作品(其中自然包括所謂經書),讀先秦作品要依靠注解,這個方法在今天仍然是有用的。

阮元提到應該依靠注解,但不要迷信注解,這一點尤其重要。實際上不祗是對注解,就是對正文也應該如此。古書傳到現在,由於傳寫和其他種種原因,其中常常有錯字。注解家對這些錯字,有的看出來了,有的就不免以訛傳訛,根據錯字做了錯誤的注解。所以我們必須學會判斷古注是非的本領。"五四"後出版了不少古書選本,其中的注解往往利用前人的研究成果,注文大都是用現代口語(或淺近文言)寫的,可供初學古代漢語的人參考。

附　録

(一)簡化字與繁體字對照表

本表收録中國文字改革委員會自1956年以來公布的四批簡化字,共517個。

凡簡化字與繁體字都見於古代,而在意義上或用法上有所不同的,本表後面另附有説明,以供查閲。

[A] 爱愛　碍礙　袄襖

[B] 罢罷　摆擺襬　办辦　板闆　帮幫　宝寶　报報　备備　笔筆　币幣　毕畢　毙斃　边邊　变變　标標　表錶　别彆　宾賓　卜蔔　补補

[C] 才纔　参參　惨慘　蚕蠶　仓倉　层層　产産　搀攙　谗讒　馋饞　尝嘗　偿償　厂廠　长長　彻徹　陈陳　尘塵　衬襯　称稱　惩懲　迟遲　齿齒　冲衝　虫蟲　丑醜　筹籌　处處　触觸　出齣　础礎　刍芻　疮瘡　辞辭　从從　聪聰　丛叢　窜竄

[D] 达達　带帶　担擔　胆膽　单單　当當噹　档檔　党黨　导導　灯燈　邓鄧　敌敵　籴糴　递遞　淀澱　点點　电電　垫墊　冬鼕　东東　冻凍　栋棟　动動　斗鬥　独獨　断斷　对對　队隊　吨噸　夺奪　堕墮

[E] 恶惡噁　尔爾　儿兒

［F］发發髮　范範　矾礬　飞飛　奋奮　粪糞　坟墳　丰豐　风風　凤鳳　妇婦　复復複　麸麩　肤膚

［G］盖蓋　干幹乾　赶趕　个個　巩鞏　沟溝　构構　购購　谷穀　顾顧　刮颳　关關　观觀　广廣　归歸　龟龜　柜櫃　过過　国國

［H］汉漢　号號　轰轟　后後　护護　壶壺　沪滬　画畫　划劃　华華　怀懷　坏壞　欢歡　环環　还還　会會　秽穢　汇匯彙　伙夥　获獲穫

［J］几幾　机機　击擊　际際　剂劑　济濟　挤擠　积積　饥飢饑　鸡鷄　极極　继繼　家傢　价價　夹夾　艰艱　荐薦　坚堅　歼殲　监監　茧繭　舰艦　鉴鑒鑑　拣揀　姜薑　将將　奖獎　浆漿　桨槳　酱醬　讲講　胶膠　借藉　阶階　节節　疖癤　洁潔　尽盡儘　紧緊　仅僅　进進　烬燼　惊驚　竞競　旧舊　举舉　剧劇　据據　惧懼　卷捲　觉覺

［K］开開　克剋　垦墾　恳懇　夸誇　块塊　矿礦　亏虧　困睏　扩擴

［L］腊臘　蜡蠟　来來　兰蘭　拦攔　栏欄　烂爛　劳勞　痨癆　乐樂　类類　累纍　垒壘　里裏　礼禮　丽麗　厉厲　励勵　离離　历曆歷　隶隸　俩倆　帘簾　联聯　恋戀　怜憐　炼煉　练練　粮糧　两兩　辆輛　了瞭　疗療　辽遼　猎獵　临臨　邻鄰　灵靈　龄齡　岭嶺　刘劉　浏瀏　龙龍　楼樓　娄婁　录録　陆陸　虏虜　卤鹵滷　卢盧　庐廬　泸瀘　芦蘆　炉爐　乱亂　罗羅　屡屢　虑慮　滤濾　驴驢

［M］迈邁　买買　卖賣　麦麥　蛮蠻　么麽　霉黴　蒙濛　懞矇　梦夢　弥彌瀰　面麵　庙廟　灭滅　蔑衊　亩畝

[N] 难難　恼惱　脑腦　拟擬　酿釀　镊鑷　宁寧　农農

[O] 欧歐

[P] 盘盤　辟闢　苹蘋　凭憑　朴樸　扑撲

[Q] 齐齊　气氣　启啟　岂豈　千韆　迁遷　签簽籤　牵牽　墙墻牆　蔷薔　枪槍　乔喬　侨僑　桥橋　壳殼　窍竅　窃竊　亲親　寝寢　庆慶　穷窮　琼瓊　秋鞦　区區　趋趨　权權　劝勸　确確

[R] 让讓　扰擾　热熱　认認　荣榮

[S] 洒灑　伞傘　丧喪　扫掃　啬嗇　杀殺　晒曬　伤傷　舍捨　摄攝　沈瀋　审審　渗滲　声聲　胜勝　圣聖　绳繩　湿濕　适適　时時　实實　势勢　师師　寿壽　兽獸　数數　术術　树樹　书書　帅帥　双雙　松鬆　苏蘇囌　肃肅　虽雖　随隨　岁歲　孙孫

[T] 态態　台臺檯颱　摊攤　滩灘　瘫癱　坛壇罎　叹嘆　誊謄　体體　条條　粜糶　铁鐵　听聽　厅廳　头頭　图圖　团團糰

[W] 袜襪　洼窪　万萬　弯彎　网網　为爲　伪僞　韦韋　卫衛　稳穩　务務　无無　雾霧

[X] 牺犧　系係繫　戏戲　习習　吓嚇　虾蝦　献獻　咸鹹　显顯　宪憲　县縣　向嚮　响響　乡鄉　协協　写寫　胁脅　泻瀉　亵褻　衅釁　兴興　选選　旋鏇　悬懸　学學　寻尋　逊遜

[Y] 压壓　亚亞　哑啞　艳艶　严嚴　盐鹽　厌厭　养養　痒癢　样樣　阳陽　尧堯　钥鑰　药藥　叶葉　爷爺　业業　医醫　义義　仪儀　艺藝　亿億　忆憶　隐隱　阴陰　蝇蠅　应應　营營　拥擁　佣傭　踊踴　痈癰　优優　犹猶　邮郵　忧憂　余

餘 御禦 吁籲 郁鬱 与與 誉譽 屿嶼 远遠 园園 跃躍 云雲 运運 酝醖

［Z］杂雜 赃臟 灶竈 凿鑿 枣棗 斋齋 战戰 毡氈 赵趙 这這 折摺 征徵 症癥 证證 郑鄭 只衹隻 帜幟 职職 致緻 制製 执執 滞滯 质質 种種 众衆 钟鐘鍾 肿腫 昼晝 朱硃 筑築 烛燭 专專 庄莊 壮壯 装裝 妆妝 状狀 桩樁 准準 浊濁 总總 纵縱 钻鑽

説 明

［C］才纔——才，始，僅；又才能。纔，僅。二字本通用；但才能的才，決不與纔通用。

冲衝——冲的意義是幼小，空虚；用作動詞時表示一直向上（冲天）。衝的意義是突擊、衝撞；用作名詞時表示交叉路口。這兩個字在古書裏一般是區别得很清楚的。

丑醜——二字古不通用。丑是地支名。醜是醜惡的醜。

出齣——齣是近代産生的字，來歷不明。

［D］淀澱——淀，淺水泊。澱，沉澱，滓泥。

斗鬭——斗，升斗。鬭，鬭爭。

［F］发發髮——發，發射，出發。髮，頭髮。

范範——范，姓。範，模範。

丰豐——丰，丰滿，丰采（風采，風度）。豐，豐富。二字在古書裏一般不通用。丰字比較罕用。

复復複覆①——反復的復本作复，但是復和複覆並不是同義

① 1986年重新發表《簡化字總表》時，對個别字作了調整，規定“覆”不再作爲“复”的繁體字。

詞。複衹用於重複和複雜的意義;復字等於現代的“再”,它不表示複雜,一般也不用作形容詞來表示重複。覆用於覆蓋、顛覆的意義,而這些意義決不能用復或複。

[G] 干幹乾——干是干戈的干,讀 gān,和讀 gàn 的幹没有什麽關係。乾枯的乾和干戈的干也絶不相通。乾枯的乾,近時有人寫作乹,但古書中没有乹字。特别應該注意的是乾坤的乾(qián),讀音完全不同,規定不能簡化爲干。

谷穀——谷,山谷。穀,百穀(稻麥等)。二字不通用。

[H] 后後——后,君王,皇后。後,先後。有些古書曾經以后代後,但用得很不普遍,後代一般不再通用。至於君王、皇后的后,則絶不寫作後。

画畫,划劃——古代計畫的畫不寫作劃。劃是後起字,並且衹表示錐刀劃開。划是划船的划(也是後起字),與計劃的畫更是没有關係。

汇匯彙——匯,匯合。彙,種類。

伙夥——伙,伙伴,傢伙。夥,很多。

获獲穫——獲,獲得。穫,收穫。二字不通用。

[J] 几幾——几是几案的几。幾是幾何的幾。二字絶不相通。

饥飢饑——飢,飢飽。饑,饑饉。上古一般不相通,後代漸混。

价價——价,善。價,價格。二字不通用。

荐薦——《説文》:“荐,席也。”又:“薦,獸之所食草。”二字古通用,都有重複、陳獻、推薦等義。

借藉——借,借貸。藉,憑藉。二字一般不通用。注意:狼藉的藉(jí)不能簡化爲借。

尽盡儘——盡,完全,竭盡。儘,達到極限。儘是後起字,本寫作盡。

卷捲——卷,卷曲;又書卷。捲,收捲。上古捲多寫作卷。

[K] 克剋——克,能,勝。剋,剋制。

夸誇——夸,奢侈,夸大,自大。誇,大言,自大。在自大、夸大的意義上,二字古通用。

困睏——困,勞倦,窮困。睏是困的後起字,專用於疲乏想睡的意義。

[L] 腊臘——腊(xī),乾肉。臘,陰曆十二月。

蜡蠟——蜡,即蛆;又音 zhà,古祭名。蠟,油脂中的一種,蠟燭。

累纍——累,積累,牽累,纏縛。纍,連綴,纏縛。在"纏縛"這個意義上,二字古通用。

里裏——里,鄉里。裏,衣内,《詩經·邶風·綠衣》:"綠衣黃裏。"内,《左傳·僖公二十八年》:"表裏山河。"二字古不通用。

历曆歷——歷,經歷。曆,曆數。歷曆一般是有分别的。在古書中,曆數的曆可以用歷,但經歷的歷絶不用曆。

帘簾——帘,酒家幟(後起字)。簾,門簾。

了瞭——了,了解。瞭,眼睛明亮。後來又有雙音詞"瞭望"。

[M] 么麽——么(yāo),幺的俗體,細小,與麽没有關係。

蒙濛懞矇——蒙,披蓋,遭受。濛,微雨的樣子。懞,懞懂,不明白。矇,矇矓,眼力不好。

弥彌瀰——彌,滿,更。瀰,瀰漫,水大的樣子。

面麵——面,臉部。麵(麪的後起字),糧食磨成的粉。二字不通用。

蔑衊——蔑是蔑視的蔑。衊是誣衊的衊。

［N］宁寧——宁是貯的本字,與寧没有關係。

［P］辟闢——辟,法,刑,君。闢,開闢。上古辟曾經通用作闢,後代不通用。

苹蘋——苹,草名,蒿的一種,《詩經·小雅·鹿鳴》:“食野之蘋。”又同萍。蘋,草名,一名田字草,讀 pín;蘋果是後起的,舊寫作蘋,讀 píng,簡化字作苹。

凭憑——憑依的憑本作凭,又作凴,凂。

［Q］气氣——依文字學説,氣本作气,但是現在簡化爲气的字,一般古書都寫作氣。

启啟——開啟的啟本作启。

千韆——千,數目。韆,鞦韆。

签簽籤——簽與籤意義相近,但簽押不能作籤押;竹籤、牙籤不能作竹簽、牙簽。

秋鞦——秋,四季中的第三季。鞦,鞦韆。

［S］舍捨——舍,客館,居室;又放棄。捨,放棄。捨本作舍。

沈瀋——沈,沉(chén)的本字;又沈(shěn),姓。瀋,汁;又地名(瀋陽)。

适適——适,讀 kuò,《論語》有南宫适,人名。適,到〔某地〕去,正巧。

术術——术(zhú),原寫作朮,植物名,有白朮、蒼朮,與術不相通。

松鬆——松鬆古代不同音。松,松樹。鬆,鬆緊。

［T］台臺檯颱——這四個字的意義各不相同。台(yí),我;又三台(tái),星名。臺,樓臺。檯(後起字),桌子。颱,颱風。

［W］ 网網——网是網的本字。

无無——二字古代通用，但一般衹寫作無。

［X］ 系係繫——這三個字意義相近，上古往往通用。後代逐漸分工，世系、系統、體系作系，關係和"是"的意義作係，縛的意義作繫。

咸鹹——咸，皆。鹹，鹹淡。不通用。

向嚮——嚮與向意義相近，但嚮導不作向導。在上古，嚮可通響，向不通響。

衅釁——二字古代通用。

［Y］ 痒癢——痒，病，《詩經·小雅·正月》："癙憂以痒。"在這個意義上，痒癢不相通。

叶葉——叶（xié），同協："叶音""叶韻"。叶與葉音義皆不同。

踊踴——二字古代通用。

余餘[①]——余，我。餘，剩餘。二字不通用。

御禦——御，駕馭車馬。禦，阻當，防禦。

吁籲——吁（xū），歎聲："長吁短歎"。籲（yù），呼："籲天""呼籲"。

郁鬱——二字古不同音。郁郁，有文采的樣子；馥郁，香氣濃。鬱，草木叢生；又憂鬱。按：郁鬱有相通之處，但憂鬱的鬱決不作郁。

与與——賜與的與本作与。

云雲——依《説文》，云是雲的本字。但是在古書中，云謂的云和雲雨的雲已經有了明確的分工，決不相混。

---

① 1986年重新發表《簡化字總表》時，規定在"余"和"餘"意義可能混淆時，不用"余"代"餘"。

［Z］折摺——二字古不同音,亦不通用。折,折斷,屈折。摺,摺疊。

征徵——二字古不同音。征,行,征伐,征税。徵,徵召,徵求,徵信。按:衹征税的意義古書偶然用徵,其餘意義都不相通。特别要注意的是宫商角徵羽(五音)的徵,讀音是 zhǐ,不能簡化爲征。

症癥——症(zhèng),病症。癥(zhēng),癥結。

只衹隻——只,語氣詞,這個意義不能作衹或隻。只在中古以後與衹通,表示"單只"的意思。副詞只與量詞隻在古書中絶不通用。

致緻——緻是密的意思:"細緻";古與致通。當然,這衹是説用緻的地方可以用致,不是説用致的地方可以用緻。

制製——制,制裁,法度,君命。製,製造。製造的意義在古代也可以用制。

钟鐘鍾——鐘,樂器。鍾,酒器;又聚,《國語·周語》:"澤,水之所鍾也。"上古鐘多作鍾,但酒器的鍾、鍾聚的鍾及姓鍾的鍾不作鐘。

筑築——筑,樂器名。築,建築。二字不通用。

准準——准是準的俗體,但近代有了分工:准字衹用於允許、決定等近代意義,而水準、準繩等古代意義則寫作準。一般古書衹有準字,没有准字。

(二)漢字部首舉例

(1)口部之類:口舌甘旨言欠

(2)心部

(3)目部之類:目見

(4)頁部之類:頁首面耳鼻齒

(5)肉部之類:肉骨血身

(6)手部之類:手又攴

(7)足部之類:足止走辵彳行

(8)人部之類:人儿

(9)大部之類:大立

(10)士部、女部、子部、男部

(11)鬼部之類:鬼巫

(12)示部

(13)疒部

(14)天文方面:日月風雨气

(15)地理方面:土邑山厂石阜

(16)宮室方面:宀广尸門户

(17)衣服器用方面:衣巾黹革韋糸网㫃弓矢戈矛刀斤皿缶瓦

(18)金玉財寶方面:金玉貝

(19)水部、火部

(20)植物之類:艸木竹禾米食酉

(21)動物之類:馬牛羊豕鹿犬鳥隹虫魚黽鼠

(1)口部之類

口部的字,大致可以分爲四類:

第一類是跟口有關的器官,如喉、吻(嘴邊)、噣(zhòu,鳥嘴)、喙(huì,獸嘴)等。

第二類是跟口有關的行爲,如含(从口,今聲)、嚼(據《説文》,嚼是噍的異體字)、吮、噬(shì,咬)、嗁(嗁是啼的異體字,《説文》有嘑,無啼)、叫等。

第三類是象聲詞,如呱(gū,小兒哭聲)、啾(jiū,小兒聲)等。第一類字上古較少,後代纔多起來。

第四類是屬於語言方面的事情,如命(从口从令,會意,令亦聲)、問(从口,門聲)、唯(答應)、咨(諮詢)等。

舌部可以認爲口部的分支。舌字本身就从口。

甘部可以認爲口部的分支。甘字篆文作⊟,表示嘴裏有好吃的東西。旨嘗二字值得討論一下:

旨,《説文》:“旨,美也;从甘,匕聲。”本義是味美。《禮記·學記》:“雖有嘉肴,弗食,不知其旨也。”

嘗,本義是辨别滋味(《説文》“嘗,口味之也”);从旨(味美),尚聲。

《説文》旨嘗都屬旨部,現在一般字典把旨歸入日部,把嘗歸入口部,看不出意符來了。

言部可以認爲口部的分支。言字本身就从口。跟語言有關的意義,原則上从言从口都可以,例如諭喻、謼呼等;有時候甚至既从口又加言,例如諮(後起字)。

言部的字,大致可以分爲三類:

第一類是動詞,如諫、謗、讒、誣、諱、謂、諾、謝、許等。在這一類中,有幾個字值得討論一下:

謀,本義是諮詢。《説文》:“慮難曰謀。”《左傳·襄公四年》:“咨難爲謀。”有困難的事提出來商量叫謀,所以从言。《左傳·莊公十年》:“肉食者謀之。”

訪,本義也是諮詢。《説文》:“汎謀曰訪。”(廣泛地諮詢)《爾雅·釋詁》:“訪,謀也。”所以从言。《左傳·僖公三十二年》:“穆公訪諸蹇叔。”

誅,本義是責。斥責是言語的事,所以从言。《論語·公冶長》:“於予與何誅?”

識,本義是知(懂),是記住。《説文》忘字下注云:“不識也。”忘就是記不住。古人所謂識,指的是記住古人傳下來的話,所以从言。《論語·述而》:“默而識之,學而不厭,誨人不倦。”

第二類是名詞,如詩、詞等。《説文》詞字在司部。朱駿聲認爲詞字應屬言部,从言,司聲。

第三類是形容詞。這一類字多與道德有關,如謹、誠、信、諒、詐等(信字《康熙字典》歸入人部)。這些字值得討論一下:

謹,本義是謹慎,特别是在言語上多加小心,所以从言。《論語·鄉黨》:“其在宗廟朝廷,便便言,唯謹爾。”

誠,本義是誠實,特别是在言語上不虚僞,所以从言。《周易·文言》:“修辭立其誠。”

信,本義也是誠實。《説文》:“信,誠也。”言語真實叫做信,所以从言。《老子》:“信言不美,美言不信。”

諒,本義也是誠實。《説文》:“諒,信也。”所以从言。《論語·季氏》:“友直,友諒,友多聞。”(跟正直、誠實、學問淵博的人交朋友。)

詐,本義是不誠實,最初的意思是謊騙,所以从言。《説文》:“詐,欺也。”《左傳·宣公十五年》:“我無爾詐。”

言部和心部有相通之處,所以誤又寫作悮,悖又寫作誖(現在一般衹寫作悖)。

欠部也和口部有關。欠字的篆文是[illegible],上半是气字(氣的本字),下半是人字。表示人在呵氣。現在我們説“打呵欠”正是這個欠字。因此,有關呵氣的動作往往从欠。例如吹字从欠从口,因爲吹就是"出氣"(見《説文》)[①]。歎字从欠,因爲歎是太息(據《文選》注引),太息就是呵長氣。唏嘘(xīxū)多寫作欷歔,是大哭後的抽息聲,所以也从欠。歡欣都从欠,徐鍇説:"喜動聲氣,故从欠。"歌字从欠,徐鍇説:"歌者,長引其聲以誦之也。"長引其聲,也須要呵長氣,所以从欠。此外,有關吸氣的動作也往往从欠。歙(xī)是鼻子吸氣,所以从欠。飲、歠(chuò)、歃(shà)都是喝,喝也須要吸氣,所以也从欠。飲字篆文作[篆](㱃),从欠,酓聲,《説文》立有㱃部。歠字《説文》在㱃部。

欠部和口部、言部都有相通之處。因此,歎又寫作嘆(有些文字學家認爲歎嘆有分别,那是靠不住的),歗又寫作嘯(現在一般衹寫作嘯),歐又寫作嘔(現在嘔吐一般衹寫作嘔),歌又寫作謌,歡又寫作讙。

(2)心部

心部字的偏旁共有三種寫法:①寫作心,放在字的下部或中部,例如意、念、恩、惠、愛、憂等(惠字《説文》在叀部。愛字《説文》作㤅,从心,旡聲,在心部;《説文》别有䝴(愛)字,从夊,㤅聲,在夊部;先秦經典皆假愛爲㤅。憂字《説文》作𢝊,在心部;《説文》别有憂字,在夊部;先秦經典皆假憂爲𢝊)。②寫作忄,放在字的左邊,如性、情、憤、恨等。③寫作⺗,放在字的下部,如恭、慕、忝等。

心部的情况比較簡單,一般都是關於心理的意義。有些是大的概念,如意、志、性、情等。主要是性和情兩類的字。所謂性類的字,是關於人的德性和品質的,如忠、恭、悍、惰、怠、慈、懦、愚等;所

① 吹在《説文》中重見,口部有吹字,欠部也有吹字。

謂情類的字,是關於人的心理活動的,如怨、怒、恨、恐、悔、惜、惕、悲、愁、慚、慰等。下面提出三個字來討論:

惟,本義是思惟,所以从心。《詩經·大雅·生民》:“載謀載惟。”

息,本義是呼吸;从自,从心。自就是鼻字,呼吸是用鼻子的。段玉裁説:“心氣必從鼻出,故从心自。”古代科學不發達,所以人們以爲氣是從心裏呼出來的。引申則口裏出氣也叫息,所以長歎叫做太息。《楚辭·九章·哀郢》:“望長楸而太息兮。”

慢,本義是怠慢,傲慢(不是緩慢),所以从心。《孟子·梁惠王下》:“是上慢而殘下也。”《荀子·不苟》:“君子寬而不僈。”僈慢同①。

(3)目部之類

目部的字都是跟眼睛有關的意義(如瞻、睡等),但是有些字的本義已經不爲一般人所了解了。下面提出幾個字來討論:

省(xǐng),本義是細看。省字應在目部,《説文》把省字歸入眉部,那是錯的;不過眉字也从目。引申爲省察的意義。《論語·學而》:“吾日三省吾身。”《論語·爲政》:“退而省其私。”

相,本義也是細看。《説文》:“相,省視也。从目,从木。”从木的意思不大好懂,但是目的意思十分明顯。《詩經·鄘風·相鼠》:“相鼠有皮。”

眷,本義是回頭看。《説文》:“眷,顧也。”《詩經·大雅·皇矣》:“乃眷西顧。”

見部可以認爲目部的分支。見字篆文作[篆文],本身就从目,从人

---

① 《説文》有慢字,無僈字。

(儿即人字)。有些字从目从見都可以,例如睹字也可以寫作覩。

見部指有關視覺的動作,如觀、覽等;又指有關會晤的行爲,如覲(jìn,朝見)、覯(gòu,見面)、覿(dí,見面;《説文》新附字)等。下面提出兩個字來討論:

視,本義是看;从見,示聲。注意:這個字在見部,不在示部,因爲它的意符是見,不是示(視和示在意義上也有關係,那是另一問題)。

覺,本義是睡醒;从見,學省聲。覺字从見,和睡眠从目是一樣的道理。睡眠和醒覺都和眼睛有關:睡着就閉上了眼睛,睡醒就張開了眼睛。《莊子·齊物論》:"覺而後知其夢也。"

(4)頁部之類

頁(xié)就是頭(不是書頁的頁),篆文作,从百(首),从儿(人),指的是人頭。因此,从頁的字都與頭面的意義有關,如頭、頂、頰、頸等。有些从頁的字,現在看來,本義不大明顯。舉例討論如下:

顔,本義是額,所以从頁。

顛,本義是頭頂,所以从頁。《詩經·秦風·車鄰》:"有馬白顛。"引申爲山頂,寫作巔。

題,本義是額;从頁,是聲。《詩經·周南·麟之趾》:"麟之定,振振公姓。"毛傳:"定,題也。"《楚辭·招魂》:"彫題黑齒。"注:"題,頟(額)也。"《戰國策·趙策二》:"黑齒雕題。"鮑云:"刻其額。"

領,本義是脖子(頸),所以从頁。《孟子·梁惠王上》:"如有不嗜殺人者,則天下之民,皆引領而望之矣。"

項,本義是脖子的後部,所以从頁。《廣韻》:“頸在前,項在後。”《後漢書·左雄傳》:“項背相望。”

頒,本義是大頭;形容詞。《詩經·小雅·魚藻》:“有頒其首。”

頗(pō),本義是頭偏,所以从頁。引申爲一般的偏。《尚書·洪範》:“無偏無頗。”(今本頗作陂)

顧,本義是回頭看。因爲回頭,所以从頁。《莊子·秋水》:“莊子持竿不顧。”顧和眷本義都是回頭看,是同義詞;但是二者詞義上有細微的差别,《説文》眷字下段玉裁注:“凡顧眷並言者,顧者,還視也;眷者,顧之深也。顧止於側而已,眷則至於反,故毛云反顧;許渾言之,故言顧也。”

頓,本義是頓首(磕頭),所以从頁。《戰國策·燕策三》:“太子避席頓首。”

首部可以認爲頁部的分支。有人説,頁字就是首字。

面部也可以認爲頁部的分支。面字篆文作,裏邊是個頁,即首字。

附帶談談耳部、鼻部、齒部。下面衹挑幾個值得特别注意的字來談一談:

聖,本義爲通達事理。通達事理從多聞得來,所以从耳。

聰,本義是耳朵好,聽覺敏鋭,所以从耳。《孟子·離婁上》:“師曠之聰,不以六律不能正五音。”

聞,本義是聽見;从耳,門聲。

齅(嗅),《説文》:“以鼻就臭也;从鼻,从臭,臭亦聲。”臭,氣味。拿鼻子去聞有香味(或臭味)的東西,叫做齅(嗅)。

鼾(hān),熟睡時的鼻息聲,所以从鼻。

齡,年齡;从齒,令聲。這是《説文》新附字。齒字有年齡的意義,所以从齒。《孟子·公孫丑下》:“天下有達尊三:爵一,齒一,德一。”

(5)肉部之類

肉部字的偏旁有兩種寫法:寫作肉,一般放在字的下部,如腐(這類字很少);寫作⺼,放在字的左邊或下部,如腹、背(這類字佔極大部分)。依照現代的寫法,肉部的偏旁和日月的月,字形上不容易分辨。但是從意義上還可以辨别,例如朝朔等字和天文時令有關,自然是从日月的月,不是从肉。

肉部的字,就它們的意義來説,大致可以分爲兩類:

第一類是名詞,指身體的部分,特别是除頭部以外的部分及各種内臟。例如肩、肘、股、肱(《説文》作厷,肱是厷的異體字)、腋(《説文》作亦)、脅、腹、背、腳、脛、肝、膽、肺、腸等。

第二類是形容詞,指有關身體的某些性狀,如肥、腯(tú,也是肥)、腴(yú,也是肥)、腫、脹(《説文》無脹字,《左傳·成公十年》:“將食,張,如廁,陷而卒。”《玉篇》引作脹)、膩、臞(qú,瘦)、腥①、臊等。

下面提出幾個字來討論:

肯,本義是緊緊附著在骨上的骨間肉,所以从肉。篆文作肎,从肉,从冎省。《莊子·養生主》:“技經肯綮之未嘗。”

膏,本義是脂肪,所以从肉。

臘,本義是歲終祭,祭神用肉,所以从肉。《左傳·僖公五年》:“虞不臘矣!”(虞國等不到歲終祭神就要被滅亡了!)

膳,本義是備辦伙食,一般指上等的餐,即肉食,所以从肉。

---

① 據《説文》,腥本指長有絲蟲的幼蟲的猪肉;腥臊的腥,本字作胜,《説文》:“胜,犬膏臭也,从肉,生聲,一曰不孰也。”但先秦經典中腥臊的腥不用胜,而用腥。

《左傳·閔公二年》:"以朝夕視君膳者也。"

胡,本義是牛脖子下垂的肉,引申爲獸類脖子的垂肉,所以从肉。《詩經·豳風·狼跋》:"狼跋其胡。"(跋 bá,踐踏。)

脩,本義是乾肉,所以从肉。

肉部和口部有相通之處,所以脣又寫作唇。

骨部可以認爲肉部的分支。骨字本身就是从冎(guǎ,剮),从肉。段玉裁説去肉爲冎(《説文》:"冎,剔人肉置其骨也"),在肉中爲骨。凡跟骨頭有關的意義都从骨,如骸(hái)、骼(gé)、髑髏(dúlóu,死人頭骨)等。體字从骨,因爲整個身體都是有骨的。

附帶談談血部。血部有衊(miè)字,是以血塗汙的意思。从血的衅字,《説文》作釁,意思是血祭(殺牲用血塗器物)。《孟子·梁惠王上》:"將以釁鐘。"

身部也可以認爲肉部的分支。身部除部首外,常用詞衹有身的同義詞躬和軀,這裏無須詳細討論。

(6)手部之類

手部字的偏旁有兩種寫法:在字的下部寫作手(少數),如拳、掌等;在字的左邊寫作扌(多數),如指、揮等。

手部的字,除極少數名詞如手、指、拳、掌、技等,以及極少數形容詞如拙以外,絶大多數都是動詞,表示與手有關的動作。下面提出一些字來討論:

抑,本義是用手按低。《老子》:"高者抑之,下者舉之。"《説文》抑在印部,是𢑏字的俗體。

揚,本義是用手舉起。《禮記·檀弓下》:"杜蕢洗而揚觶。"鄭注:"舉爵於君也。"後代所謂揚鞭,也是這個意義。

承,本義是雙手捧着或接受。篆文作[篆],从手,从卪(jié),从廾

(gǒng)。《左傳·襄公二十五年》:"承飲而進獻。"(杜注:"承飲,奉觴。")

把,本義是拿着。《史記·刺客列傳》:"左手把秦王之袖。"

探,本義是把手深深地伸進去拿東西。《莊子·胠篋》:"將爲胠篋、探囊、發匱之盜而爲守備。"

捷,本義是獲得戰利品。大捷,是獲是許多戰利品。引申爲戰勝的意義。

援,本義是攀引。《爾雅·釋獸》:"猱猿善援。"又拽過來,拿過來。《左傳·成公二年》:"右援枹而鼓。"《楚辭·九歌·國殤》:"援玉枹兮擊鳴鼓。"

撫(fǔ),本義是用手輕輕地按着或拍着,對人是表示愛意。撫愛、撫慰、安撫都是這個意義。對物則是按。《孟子·梁惠王下》:"撫劍疾視。"

操,本義是拿着。《史記·項羽本紀》:"大王來何操?"

擁,本義是抱。《史記·項羽本紀》:"噲即帶劍擁盾入軍門。"

又部可以認爲手部的分支。又的本義是右手,篆文作ヨ,象形。从又的字例如:

叔,本義是拾。《詩經·豳風·七月》:"九月叔苴。"

取,本義是拿,拿來用。《論語·陽貨》:"取瑟而歌。"《孟子·告子上》:"舍魚而取熊掌者也。"

受,本義是接過來。《史記·項羽本紀》:"亞父受玉斗。"按:受字《説文》入𠬪(biào)部,甲骨文受作[甲骨文],這是一人的手拿着東西交給另一人的手,中間是舟字,舟不是船,而是盛物器。

攴(pū)部也可以認爲手部的分支。《説文》:"攴,小擊也;从又,卜聲。"按:攴就是扑字(扑字《説文》未收),攴扑都以卜爲聲符，从又等於从手，所以知道是扑字。攴在字的右邊，多數寫成攵。政教等字都从攴，可能是由於奴隸社會初期的政教是和鞭子分不開的，奴隸主靠鞭子來施行他們的所謂政教(《尚書·舜典》："扑作教刑。"可見教是要扑的)。攴既是擊的意義，所以从攴的字有敲，有敂。敂字今寫作扣或叩，叩也是敲，所以敲門説成叩門，敲鐘説成叩鐘(《説文》無叩字；扣的本義是牽馬)。从攴的字不都是打擊的意義；有些字衹表示某種動作或行爲，例如收、赦、改、㪅(更)、變、救、啟等。

放字本義是逐，最初也可能與鞭打有關。《説文》另立放部。

下面再談幾個與手有關的字：

戒，本義是警戒(防敵人來襲)。篆文作，从兩手持戈。廾(gǒng)是的簡化。後代説戒嚴就是這個意義。戒，《説文》在廾部。

兵，本義是武器。篆文作，从雙手持斤，斤是斧子。丌是的簡化。兵，《説文》在廾部。

要(yāo)，本義是腰，《説文》在臼(jǔ)部(臼：叉手也)。篆文作，象兩手叉腰。《墨子·兼愛中》："楚靈王好士細要。"

執，本義是拘捕罪人，《説文》在㚔(niè)部，丮(jǐ，後來寫成丸)，从㚔(後來寫成幸)。丮是拿的意思；㚔，《説文》："所以驚人也。"《孟子·盡心上》："桃應問曰：'舜爲天子，皋陶爲士，瞽瞍(舜父)殺人，則如之何？'孟子曰：'執之而已矣。'"

埶(藝)，本義是種植，《説文》在丮部，从丮，从坴(lù)。坴是土塊。《詩經·唐風·鴇羽》："不能蓺黍稷。"

(7)足部之類

足部的字，意義都與腳有關。大致可以分爲兩類：第一類是名詞,如蹏(蹄)①、蹟(《説文》以爲迹字的異體字,收在辵部迹字下)等;第二類是動詞,如跨、踰、躋、跪、跽、跣、踐、蹴等。此外有極少數形容詞,如跛。下面提出兩個字來討論:

路,本義是道路。因爲路是人走出來的,所以从足。

距,本義是雞距(雄雞腳後突出像腳趾的部分)。《左傳·昭公二十五年》:“季氏介其雞,郈氏爲之金距。”(介其雞,給雞穿上盔甲;爲之金距,給雞加上金距,以便鬥雞。)

止部可以認爲足部的分支。止的本義是腳(依朱駿聲説)。腳趾的趾就是這個止,由腳的意義轉到趾的意義,這是意義縮小了。後人給止加足成趾,弄得意符重複了。从止的字都表示和腳有關的意義。下面提出三個字來討論:

歷,本義是經過,引申爲經歷,閱歷。

歸,本義是女子出嫁,从止,从婦省,𠂤(堆)聲。《詩經·周南·桃夭》:“之子于歸。”

步,本義是步行。甲骨文作,象兩腳走路。《説文》有步部。

走部也可以認爲足部的分支。走字金文作,象人奔跑,兩手擺動,下面畫一隻腳。《孟子·梁惠王上》:“棄甲曳兵而走。”走部都是一些與行走有關的字,如趨、赴等。下面提出三個字來討論:

趣,本義是疾走(快跑),和趨差不多;又解作催促(本是催人快走),和促差不多。《詩經·大雅·棫樸》:“左右趣之。”毛傳:“趨也。”《史記·項羽本紀》:“數使使趣齊兵。”(項梁屢次派遣使者催促齊國出兵。)

越,本義是越過。《左傳·宣公二年》:“惜也,越竟乃免。”

---

① 《説文》有蹏字,無蹄字,今本經典多作蹄。

超,本義是跳過。《孟子·梁惠王上》:“挾太山以超北海。”

辵(chuò)部也可以認爲足部的分支。《説文》:“辵,乍行乍止也;从彳(chì)从止。”其實“辵”和“行”同義(依王筠説)。《説文》:“彳,小步也。”其實彳是“行”字的左半,止就是脚,辵部偏旁,後代都寫作“辶”。凡从辵的字都和行走的意義有關。少數是名詞,如迹(跡)、道(道路)等;絶大多數都是動詞,如巡、過、進、退(《説文》彳部復字的古文)、逝、逾、迎、遇、逃、追等。這一部的字很多,下面提出一些常用字來討論:

邁,本義是行。《詩經·王風·黍離》:“行邁靡靡。”

徒,本義是步行(徒步);从辵,土聲,本該寫成辻。後代的人把辵的上半寫在左邊,辵的下半寫在土字下面(從字从辵,从从,徙字从辵,止聲,也是同樣的情形)。現在徒字在一般字典中改入彳部。

遵,本義是順着走。《詩經·豳風·七月》:“遵彼微行。”

適,本義是往。《莊子·逍遥遊》:“適千里者三月聚糧。”

造,本義是至(從朱駿聲説)。《儀禮·士喪禮》:“造於西階下。”造詣、深造都是這個意義。

逆,本義是迎。《左傳·成公十四年》:“宣伯如齊逆女。”

通,本義是通過(窮的反面,窮是走不通)。《周易·繫辭》:“往來不窮謂之通。”

違,本義是離去。《詩經·小雅·節南山》:“惡怒是違。”

迷,本義是迷了路。《楚辭·離騷》:“及行迷之未遠。”

關於遠近的意義,如遠、遼、遥、遐(遥、遐是《説文》新附字)、近、邇、迫(近也)等,因爲最初是就行路説的,所以从辵。關於遲速的意義,如遲、迅、速等,最初也是就行路説的。如果從古文字説,辵是由╡變來的(╡是╡╞的左半),則遠近似乎是就路途説的。

彳部也可以認爲足部的分支。《説文》:“彳,小步也。”彳部的字,擇要討論如下:

徑,本義是小路。《論語·雍也》:“行不由徑。”

復,本義是往而復來。《周易·泰》:“無往不復。”

往,來的反面。

循,本義是順着走,與遵同義。《左傳·僖公四年》:“循海而歸。”《左傳·昭公七年》:“循牆而走。”《左傳·昭公二十三年》:“循山而南。”

徐,本義是慢走。《戰國策·趙策四》:“入而徐趨,至而自謝曰:‘老臣病足,曾不能疾走。’”引申爲慢。

待,本義是等待。

徧(遍),本義是周匝,引申爲普遍。《詩經·邶風·北門》:“室人交徧讁我。”

後,本義是遲到,後到,最後走。《論語·雍也》:“非敢後也,馬不進也。”《論語·先進》:“曾皙後。”《論語·微子》:“子路從而後。”

足,止,走,辵,彳,這五個部原則上是相通的。例如迹又作跡,踰又作逾。有些寫法,後代與《説文》有分歧。例如征,《説文》作延,踟,《説文》作峙。有些字,《説文》有或體,如後又作遂。這些都可以證明相通的道理。

行部也可以認爲足部的分支。《説文》:“行,人之步趨也。”甲骨文作[illegible],顯然是道路。《説文》所説的衹是行的引申義。因此,从行的字都與道路的意義有關。行部的字,聲符夾在中間。下面提出幾個字來討論:

行,本義是路。《詩經·豳風·七月》:“遵彼微行。”《詩經·

周南·卷耳》:“寘彼周行。”

術,本義爲邑中道(據《説文》)。《漢書·刑法志》:“園囿術路。”引申爲抽象的道或法。《孟子·梁惠王上》:“是乃仁術也。”

街,本義是四通道;从行,圭聲。

衢,本義也是四通道。《説文》:“四達謂之衢;从行,瞿聲。”《荀子·勸學》:“行衢道者不至。”

衝,本義是通道,即交叉路口。《左傳·昭公元年》:“及衝,擊之以戈。”(趕到了交叉路口,用戈打他。)“衝要”“首當其衝”,都是這個意義的引申。

(8)人部之類

人部絶大多數的字都是在字的左邊加上一個亻旁,亻就是人。人部的情況很複雜,區别起來大致可以分爲下列幾類:

(a)名詞,表示人的類别,如俊、傑、儒、俠、仇等。這一類的字不多。

(b)形容詞,表示人的德性,如倨、傲、儉、侈、仁等。這一類的字也不多。

(c)動詞,表示人的行爲。這一類的字很多。如企、仰、伏、侍、依、倚、伸、僵、偃、仆、借、付、償、仕、使、侵、伐、俘、侮等。

下面提出一些字來討論:

倫,本義是類(指人的種類)。《禮記·曲禮下》:“儗人必於其倫。”(儗:同“擬”,比較。同類的人纔好比較。)引申爲“人倫”的“倫”。

偶,本義是偶像(就是俑),所以从人。《史記·孟嘗君列傳》:“見木偶人與土偶人相與語。”

伯,本義是兄弟當中年長者。

仲,本義是兄弟當中排行第二的。

伍,本義是五人組成的集體,特指軍隊編制中的"伍"。《史記·項羽本紀》:"願賜骸骨歸卒伍。"又户籍五家爲伍。

什,本義是十人組成的集體。賈誼《過秦論》上:"而倔起什伯之中。"

負,本義是背(bēi)在背上(依徐灝説);从人,从貝。《説文》入貝部,其實該入人部。《孟子·梁惠王上》:"頒白者不負戴於道路矣。"

儋(擔),本義是挑在肩上。《國語·齊語》:"負任儋何(荷)。"

何(hè,荷),本義是扛在肩上。例見上。

作,本義是起來。《論語·先進》:"舍瑟而作。"

俱,本義是偕同,在一起。《史記·項羽本紀》:"梁與籍俱觀。"

仍,本義是依舊,照舊(不改動)。《論語·先進》:"仍舊貫。"(貫:事。)

代,本義是更遞(一個接替一個)。《孟子·滕文公下》:"暴君代作。"(作:起來,出來。)

傷,本義是受傷,所以从人。《史記·項羽本紀》:"漢王傷。"

係,本義是縛;从人,从系(繫),系亦聲。《孟子·梁惠王下》:"若殺其父兄,係累其子弟。"(累:縛。)

儿(rén)部實際上也就是人部,因爲把人字寫在字的下面,纔變成儿,隸書變成儿。下面提出幾個从儿的字來討論:

兒,本義是嬰孩。引申爲兒子。《史記·項羽本紀》:"外黄令舍人兒年十三。"(外黄縣令的門客的兒子纔十三歲。)

兄,本義是哥哥。《説文》另立兄部。

皃,就是貌字,本義是容貌。《説文》另立皃部。

先,本義是走在前面。甲骨文作,金文作,从人,从止(腳)。《論語·先進》:“先進於禮樂。”《説文》另立先部。

元,本義是人頭(依孫詒讓説)。《孟子·滕文公下》:“勇士不忘喪其元。”《説文》元字在一部。

(9)大部之類

大字篆文作,象人的正面形。所以大字在最初是人的意義,可能是大人的意義。从大等於从人,从大的字的意義往往和人類或人事有關。从大的字有少數和大小的大有關,例如夸、奢等。《説文》另立奢部。下面提出幾個从大的字來討論:

夷,本義是東方之人(依段玉裁説)。《論語·子路》:“雖之夷狄,不可棄也。”(之:往。)

亦,篆文作,即古腋字(依《説文》)。《説文》另立亦部。

奔,篆文作,《説文》从夭,賁省聲;金文作,从夭,从三止,象人奔走。从夭也等於从大,曲其上筆。《説文》在夭部。

交,篆文作,从大,象交形。《説文》另立交部。

夫,篆文作,甲骨文作,金文作。本義是男人。上加一畫,衹是要跟大字的音義區别開來(依孫詒讓説)。《詩經·豳風·七月》:“食我農夫。”《説文》另立夫部。

天,篆文作,金文作。天應是顛的本字,顛就是頭頂。《周易·睽》:“其人天且劓。”馬注:“剠(黥)鑿其額曰天。”頭上有青天,故引申爲天地的天。《説文》天字在一部。

立部可以認爲大部的分支。立,篆文作,甲骨文作,象人站在地上。這個人也就是大字。一般字典裏的某些立部字在《説文》裏並不屬於立部,例如竟、章都在音部。音樂完了叫竟,音十爲章。

下面提出幾個从立的字來討論:

竝(並),本義是兩人並肩而立。《莊子·馬蹄》:"族與萬物並。"《説文》另立竝部。

端,本義是直立(端正地站着)。《莊子·山木》:"顔回端拱還目而窺。"成玄英疏:"顔生既見孔子擊木而歌,於是正身回目而視。"

竦(sǒng),从立,束聲;本義是企待。《漢書·韓信傳》:"竦而望歸。"注:"謂引領舉足也。"

竢,同俟,本義是等待。《論語·鄉黨》:"君命召,不俟駕行矣。"

顉(sī),站着等待。《漢書·翟方進傳》:"下車立顉。"通作須。《詩經·邶風·匏有苦葉》:"卬須我友。"(卬音 áng,我。)

(10)士部、女部、子部、男部

就原則上説,士部的字和男子有關;女部的字和婦女有關;子部的字和小孩有關。例如:

士部:壻(从士,胥聲,又作婿;本義是丈夫)。

女部:妻、婦、妃、母(母字《説文》在女部)、嫗(yù,老太婆)、媪(ǎo,義同嫗)、姑、姊、妹、妣(母親,後來指死去的母親)、嫂、姨、婢、妊(懷孕)、娠(shēn,義同妊)。

子部:孺(孩子)、孟(長子)、季(幼子)、孤(幼而無父)、孕。

由於上古曾經有過一個時代是女權社會,上古的姓氏多數加上女旁,如姜、姚、姬、嬴、嬀(guī)、姒(sì。《説文》無姒字)等。連"姓"字本身也是女部字。關於婚姻的字也是女部字,例如嫁、娶、姻、媵(yìng,陪嫁。《説文》無媵字)、媒、妁(shuò,與媒同義)等。奴字兼指男女兩性,但是也入女部。

古人也根據男女兩性的特點，造了一些字。例如壯字从士，因爲健壯、丁壯和戰爭有關，那是男子的事；姝、孌（嫋字的籀文）等字从女，因爲這些形容詞常常應用在女子方面。

到了男權社會的時代，從文字上可以看見許多侮辱女性的痕迹，例如姦、奸、嬖、妄、姤、婪、嫉、嫌、妨等都是女部字。其中有些字已經被後人改成另一寫法，例如媮改成偷，嬾改成懶。

士部的字，常用的衹有三個（士、壯、壻）；現在一般字典中的士部字，有許多在《説文》裏並不屬於士部。下面提出幾個女部和子部的字來討論：

好，本義是美，特指女子的美。《戰國策·趙策三》："鬼侯有子而好。"古詩《陌上桑》："秦氏有好女。"

佞，从女，仁聲（依徐鍇説）；本義是有才。《左傳·成公十三年》："寡人不佞。"特指有口才。《論語·雍也》："不有祝鮀之佞。"引申爲僞善，口是心非，强辯。《論語·衛靈公》："遠佞人。"《論語·先進》："是故惡夫佞者。"因此，佞字有褒義，也有貶義。

字，本義是生子，所以从子。《論衡·氣壽篇》："婦人疏字者子活，數乳者子死。"（婦女生子不密的，所生的小孩就活，生子密的，所生的小孩就死。《論衡》這句話説得太絕對了，但是節制生育對母子都有好處卻是對的。）引申爲撫育的意義。任昉《奏彈劉整》："氾毓字孤。"（氾毓：人名。字孤：撫養孤兒。）

孩，本義是小兒笑（《説文》以爲孩是咳字的古文，收在口部咳字下）。《孟子·盡心上》："孩提之童。"趙注："孩提，二三歲之間，在襁褓知孩笑，可提抱者也。"引申爲孩兒的意義。

附帶談談《説文》男部。男字从田，从力，表示在農業社會中，男子是主要勞動力。男部有舅甥二字。舅从男，臼聲；甥从男，生聲。舅與甥是相對待的名詞,都是男性,所以从男。

(11)鬼部之類

鬼部的字很少。下面討論魂、魄、醜三個字:

魂,从鬼,云聲。古人迷信,以爲人死後靈魂可以脱離軀殼而存在,所以从鬼。《楚辭·九歌·國殤》:"魂魄毅兮爲鬼雄。"

魄,从鬼,白聲。从鬼的理由與魂字同。

醜,本義爲貌醜;从鬼,酉聲。現在一般字典歸入酉部。醜从鬼,因爲古人以爲鬼的相貌是醜惡的。引申爲惡的意義。《詩經·鄘風·牆有茨》:"言之醜也!"

《説文》有一個巫部,在這裏附帶談一談。巫部有覡(xí)字。覡是男巫;从巫,从見,因爲古人迷信,以爲巫能見鬼。《荀子·正論》:"出户而巫覡有事。"巫部有靈字。靈,从巫,霝(零)聲,是靈字的異體字。楚人謂巫爲靈。《楚辭·九歌·東皇太一》:"靈偃蹇兮姣服。"(偃蹇:舞蹈的樣子。姣:美。女巫穿着美麗的服裝舞蹈着。)一般字典靈字歸入雨部。

(12)示部

示是古祇字(依徐鍇説)。祇(qí)是地神,神是天神。《周禮·春官》:"大宗伯之職掌建邦之天神、人鬼、地示之禮。"(大宗伯:官名。)因此,凡从示的字都和神祇有關。古書上常見的示字表示視的使動用法,示是給人看(使視),所以視字常作示字用,《史記·項羽本紀》:"持三日糧以示士卒必死。"《漢書》作"視"。使視的示和地神的示在意義上不一定有聯繫。《説文》:"示,天垂象,見吉凶,所以示人也;从二(二即上字),三垂,日月星也。"那是牽强附會的説法。甲骨文示常常寫作丅,既不从二(上),也不从三垂。

示部的字大致可以分爲四類:第一類是關於神的類別,如神

（天神）、祇（地神）、社（土神）等；第二類是關於祭祀的類别，如祭、祀、祠（春祭）、礿（夏祭）、禘（五年大祭）、禪（祭天，據《説文》）、祝（禱告）、祈（求福）、禱（告事求福）、祓（fú，除惡祭）、禳（祭求免災）等；第三類是關於宗廟的，如祖（祖廟）、祏（shí，宗廟中藏神主的石屋）等；第四類是關於禍福之事的，如福、禄（福）、祥、禎（福）、祜（福）、祉（福）、禍（害）、祟（神禍）等。

下面提出兩個字來討論：

禮，从示，从豊（lǐ），豊亦聲。據《説文》，禮的本義是“所以事神致福”，豊則是“行禮之器”。古人對於祭祀，禮節最重，所以禮字从示。依王國維的説法，醴、禮在甲骨文裏都衹寫作𧯮，𧯮表示兩串玉放在器皿中。古人行禮以玉，所以豊是行禮之器。從𧯮繁化爲豊，再從豊繁化爲禮。但是，儘管這個示旁是後加的，也顯示了古人把禮節和祭祀聯繫起來。

禁，本義是禁忌。《説文》：“禁，吉凶之忌也；从示，林聲。”上古時代，迷信觀念很重，巫覡代表鬼神説話，禁止人做某些事情。引申爲禁令的意義。《孟子·梁惠王下》：“臣始至於境，問國之大禁，然後敢入。”

（13）疒部

疒（chuáng）部①，俗名疾扇兒。疒字古書中未見，我們衹要知道它表示疾病就行了。疒部的字，最常見的有疾、病、痛、疽、痔、痹（麻痹）、疫、瘧等。

疲和瘦都入疒部，古人把疲勞和瘦弱都看成病狀。癡（痴）被看成疾病，因爲上古所謂癡不是傻，而是白癡（依桂馥説）。

瘥（差）和瘉（癒、愈）都是病好了的意思。病好了也與疾病有

① 編者注：疒，《説文》女戹切。《廣韻》兩見：陽韻士莊切；麥韻尼戹切。

關,所以从疒(但最初衹寫作差和愈)。

痕,本義是瘢痕(傷痕或瘡疤),所以从疒。《通俗文》:"創瘢曰痕。"引申爲痕迹的意義。

疚,本義是病,引申爲心中難過。《論語·顔淵》:"内省不疚,夫何憂何懼?"此字《説文》未收。

疒部和肉部有相通之處,如腫又作瘇,膌又作瘠、殰、瘯。

(14)天文方面

關於天文的部首,有日、月、風、雨等部。日部有名詞旻(秋曰旻天)、星、晨、時等字,形容詞明(《説文》有朙部,以明爲朙字的古文)、暗、昭、昧、晚等字,動詞有昇(《説文》新附字)、曬等字;月部有朗字;雨部有雲、雪、露、霜、雷等字;風部有飄、颶等字。下面提出幾個字來討論:

景,本義爲日光。引申爲日影,再引申爲一切影子。賈誼《過秦論》上:"贏糧而景從。"

暴,本義爲曬太陽。後代寫作曝,从兩日,重複了。《孟子·滕文公上》:"秋陽以暴之。"現代還有成語"一暴十寒"(也出自《孟子》)。

朔,本義爲陰曆每月初一。《莊子·逍遥遊》:"朝菌不知晦朔。"

望,《説文》朔望的望作朢(在壬部),觀望的望作望(在亡部),古書一律寫作望。甲骨文作[illegible],金文作[illegible],又作[illegible],象人望月。

朝,本義爲早晨。篆文作[illegible],《説文》在倝(gàn)部,从倝,舟聲。倝从旦,㫃(yǎn)聲(《説文》解釋㫃字説"日始出,光倝倝也")。金文朝字作[illegible]、[illegible],字从日。甲骨文有一個[illegible]字,有人認爲是朝字,象日出草叢中而月亮還没有下去;也有人認爲是萌字。

震,本義爲響雷。《詩經·小雅·十月之交》:"爗爗震電。"(爗爗音 yèyè,光盛的樣子。)引申爲聞雷而驚。《詩經·大雅·常武》:"如雷如霆,徐方震驚。"(霆,急雷:又當電講。徐:國名。)

零,本義爲餘雨(依《説文》)。引申爲落雨。《詩經·鄘風·定之方中》:"靈雨既零。"(靈雨:好雨。)又引申爲凝結起來的。《詩經·鄭風·野有蔓草》:"零露漙兮。"

附帶講一講气部。气,包括人所呼出的氣和空氣,古書一般寫作氣。《荀子·王制》:"水火有氣而無生……人有氣,有生,有知,亦有義。"《莊子·齊物論》:"夫大塊噫氣,其名爲風。"

氣字从米,气聲,《説文》入米部,本義是送給人米粟芻薪之類。後人借氣爲气,又另造餼字以代替氣字。現在氣字簡化爲气,回到古本字,反而合理了。

(15)地理方面

關於地理的部首,有土部、邑部、山部、厂(hàn)部、石部、阜部等。

土部有名詞,表示關於土的名詞,如地、壤、埃等;又表示疆界的名稱,如疆(《説文》田部畺的異體字)、境等①;又表示關於建築物的名稱(因上古建築以築土爲主),如城、墉、垣、堵、堂、壘等。有形容詞,表示土的性質,如坦、堅(《説文》入臤部)等。有動詞,表示土的變化,如坼(chè,地裂,《説文》㘵字);又表示對土或用土的動作,如埽(掃)、填、塗(用泥,《説文》新附字)等。下面提出幾個字來討論:

基,本義爲牆根。《詩經·周頌·絲衣》:"自堂徂基。"(從堂上走到堂下廟門外的牆根。)

① "境"是《説文》新附字。

塞,本義爲邊塞,因爲是要害之地,所以从土。《漢書·李廣傳》:“使陵將五校兵隨後行,至塞。”

塊,《説文》凷的異體字,本義爲土塊。《左傳·僖公二十三年》:“乞食於野人,野人與之塊。”

壞,本義爲建築物遭到破壞。因爲建築物的字往往从土,所以壞字也从土。《韓非子·説難》:“天雨牆壞。”

邑部,在字的右邊寫作阝。邑部的字,有些是國名和邑名,如鄭、邶、鄘、鄶(檜)、鄧、邲、邯鄲等;有些是有關國邑和行政區域的名稱,如邦、郡、都、郊等。現在提出幾個字來討論:

鄙,本義爲五百家(户口單位)。引申爲邊邑。《左傳·隱公元年》:“既而大叔命西鄙北鄙貳於己。”

鄰,本義爲五家(户口單位)。《論語·雍也》:“以與爾鄰里鄉黨乎!”(拿來給你的鄰里鄉黨的人吧!鄭注:“五家爲鄰,五鄰爲里,萬二千五百家爲鄉,五百家爲黨。”)引申爲鄰近的人或鄰居的人。

郵,本義爲傳遞文書的驛舍。《孟子·公孫丑上》:“德之流行,速於置郵而傳命。”

郎,本義爲魯邑名。《禮記·檀弓下》:“戰於郎。”

山部字有名詞,表示山名,如嵩(《説文》新附字)、岱(泰山)、崵;又表示山的種類,如嶽、岑(山小而高)、巒(山小而鋭);又表示關於山的部分,如岡、巖、岫(xiù,山穴)等。有形容詞,表示山的形狀,如峻(陖的異體字)、巍(《説文》入嵬部)、崔嵬、嵯峨、崢(嵤)嶸等[①]。有動詞,表示山的變化,如崩。島字从山,因爲古人以爲島是水中的小山。岸字从山,因爲岸的本義是山邊(依徐灝説)。

① 《説文》有嵤字,無崢字,崢是後起字。

關於山部,下面祇討論一個崇字。

崇,本義爲山高;从山,宗聲。王羲之《蘭亭集序》:“此地有崇山峻嶺。”

厂(hàn)部,俗名叫打廈兒。厂字是山崖的意義,所以从厂的字多與山崖的意義有關。下面提出幾個字來討論:

厚,本義爲山陵之厚(依《説文》)。《左傳·隱公元年》:“厚將崩。”(崩是山崩,厚也是山厚,以山喻人。)《説文》厚字入㫗部,㫗、厚是古今字(依徐灝説)。

原,篆文作𠩋(原),本義是水源,从泉出厂下。《孟子·離婁下》:“資之深則取之左右逢其原。”這個意義,後代加水旁作源,而以原字作爲原野的原。《説文》原字入灥(xún)部。

厲,本義是磨刀石。因爲與巖石有關,所以从厂。《史記·高祖功臣侯者年表》:“使河如帶,泰山若厲。”今字加石作礪。

石部是一些與石有關的字,如碑、磬、磨、硎(磨、硎二字不見於《説文》)等。現在提出幾個字來討論:

碎,本義是把石碾碎,所以从石。

破,本義是石碎,所以从石。引申爲擊敗敵人。

研,本義是磨。後代的硯字,實際上應該是研字。

礎,本義爲柱下石(《説文》新附字)。《淮南子·説林》:“山雲蒸,柱礎潤。”

阜部,在字的左邊寫作阝。阜部的字一般都是與山有關的。阜字的本義是無石之山。依《説文》,有石之山爲山,無石之山爲阜。《詩經·小雅·天保》:“如山如阜。”下面提出幾個字來討論:

陵,本義爲大阜。《左傳·僖公三十二年》:“殽有二陵焉。”引申爲陵墓。

阿(ē),本義爲大陵。《詩經·小雅·菁菁者莪》:“在彼中阿。”

陸,本義爲高平地(依《説文》)。《説文》:“阜,大陸,山無石者。”可見陸是高而上平的土山。《國語·齊語》:“陸阜陵墐。”(墐,溝上道。)引申爲陸地,跟水相對。

陽,本義是山南,所以从阜。《詩經·召南·殷其靁》:“在南山之陽。”

陰,本義是山北,所以从阜。華陰(地名)因在華山之北,故稱華陰。

隅,本義是山角。《詩經·小雅·緜蠻》:“緜蠻黄鳥,止於丘隅。”(緜蠻,鳥聲。)

阻,本義是山路難行。宋玉《高唐賦》:“妾在巫山之陽,高丘之阻。”指險阻之處。

險,與阻同義。《孟子·公孫丑下》:“固國不以山谿之險。”

限,與阻同義。《戰國策·秦策一》:“南有巫山黔中之限。”

與高下有關的動詞也多从阜,因爲阜表示高處。例如陟(登)、降(走下來)、隤(即頹,墜下)、隕(從高處落下來)、陷(自高而陷入於下)等。隊字的本義是從高處掉下來。《墨子·七患》:“今有負其子而汲者,隊其子於井中。”(汲,打水。)後人加土作墜①。

阜是土山。因此,从阜的字多與高的意思有關。例如:

階,本義爲臺階,與現代義同。

除,本義爲殿階。《漢書·李廣傳》:“扶輦下除。”

陛,本義爲自卑登高的殿階。舊説天子之陛九級。陛下作爲對天子的尊稱,這是因爲羣臣對天子不敢直接稱呼,呼陛下的人轉

---

① “墜”是《説文》新附字。

告天子。

際,本義爲兩牆相合之縫,牆高,所以从阜。引申爲接界處,中間。《史記》有《秦楚之際月表》。

隙,本義爲壁際孔,壁高,所以从阜。《漢書·魏豹傳》:"如白駒過隙。"

防,本義爲隄壩,隄壩須高起,纔能防水,所以从阜。《周禮·稻人》:"以防止水。"

土部與阜部有相通之處,如階又作堦;又與石部相通,塙是確的本字(塙的本義是土堅不可拔,引申爲堅定不移)。

山部與厂部有相通之處,如崖又作厓(厓、崖是古今字,《説文》分爲二字,誤)。

(16)宫室方面

關於宫室的部首,主要是五個:宀(mián)部、广(yǎn)部、尸部、門部、户部。

宀部俗名寶蓋兒,表示居住的所在。家、宅、室、宫(《説文》另立宫部)等字都明白地表示了這種意義。下面提出幾個字來討論:

宗,本義是祖廟。《左傳·成公三年》:"首其請於寡君而以戮於宗。"

宇,本義是屋簷。《詩經·豳風·七月》:"八月在宇。"

安,定,寍(《説文》以寧爲寧願字,入丂部,丂音 kǎo;以寍爲安寧字,入宀部。經典都作寧),本義都是平安。上古人民生活條件不好,所以能住在房子裏就算平安。

宴,本義也是平安,引申爲安樂。《左傳·閔公元年》:"宴安酖毒,不可懷也。"

官,本義是官府,所以从宀。《説文》入𠂤(duī)部。

宿,本義是住宿。住宿必在房子裏,所以从宀。寄,本義爲寄宿,从宀也是這個道理。

寢①,本義是睡覺,睡覺在房子裏,所以从宀。寐、寤从宀,也是這個道理。

寬,本義是屋寬大,所以从宀。

客,本義是賓客。賓客寄宿在主人家裏,所以从宀。

广部和宀部一樣,都是表示房屋的。府、廬、庭、庫、庖、廄、廁、廛、廟都明顯地表示了這種意義。下面討論幾個广部字:

序,本義是東西牆。《尚書·顧命》:"西序東嚮。"

廉,本義是堂的邊。《儀禮·鄉飲酒禮》:"設席於堂廉東上。"

廢,本義是房子傾倒,没有用處了。引申爲廢棄,廢止。

尸部的字分爲性質很不相同的兩大類:第一類等於人部的分支。尸字金文作[illegible],象人形。从尸的字有居(踞、蹲)、展(轉身、輾轉)、尻(kāo,屁股)、尾等。這一類和宫室無關,這裏不詳細討論。第二類是宀部的分支,从尸等於从屋省,表示與宫室有關的事物。例如:

屋,本義爲帷幕,後代寫作幄。《詩經·大雅·抑》:"尚不愧於屋漏。"鄭箋:"屋,小帳也。"

屏,本義爲照壁。上古又稱"蕭牆"(見《論語·季氏》)。

層,本義爲重屋(樓房)。引申爲樓房的各層。

門部的字,意義都與門户有關,如門、閭(里門)、開、閉等。下面提出幾個字來討論:

閨,本義爲小門,上圓下方,其狀如圭。《公羊傳·宣公六年》:

---

① 《説文》寢臥之寢作寑。今本經典多作寢。

“有人荷畚自閨而出者。”

闕,宫門(或廟門)外兩旁的高建築物(樓觀),又名觀,中間是道路。

闢,本義是開門。《左傳·宣公二年》:“晨往,寢門闢矣。”

闊,本義爲寬廣。闊字从門,寬字从宀,廣字从广,都表示寬廣的概念起源於房屋的寬廣。

閒(jiān),本義爲門隙;从門月,會意。段玉裁説:“門開而月入,門有縫而月光可入,皆其意也。”這個意義後來又寫作間。引申爲閒暇的閒,讀 xián,這個意義後來又寫作閑。

閑(xián),本義爲栅欄;从門中有木,會意。《論語·子張》:“大德不踰閑。”這是用於抽象的意義。引申爲防閑(防備禁止)。

關,本義爲門閂(shuān)。《左傳·襄公二十三年》:“臧纥斬鹿門之關以出。”

户部的字,意義也與門户有關。兩户曰門,半門曰户。户是單扇的門。从户的字一般表示與單扇的門有關的事物。例如:

扉,本義是門扇。《左傳·襄公二十八年》:“子尾抽桷擊扉三。”王維詩:“日暮掩柴扉。”

扇,本義也是門扉。木做的叫扉,竹或葦做的叫扇。《禮記·月令》:“乃修闔扇。”(闔即扉。)

扃(jiōng),本義是門閂。

房,本義是在旁之室。堂之内爲室,室之左右爲房。王筠説:“古之房室皆用户,廟門大門始用門。”《詩經·王風·君子陽陽》:“右招我由房。”朱注:“由,從也;房,東房也。”

(17)衣服器用方面

關於服飾器用方面,有衣部、巾部、黹(zhǐ)部、革部、韋部、糸

(mì)部、网部、㫃(yǎn)部、弓部、矢部、戈部、矛部、刀部、斤部、皿部、缶(fǒu)部、瓦部等。

衣部,在字的左邊寫作衤。這一部是關於衣服的字,如衣、袂、襟(《説文》作裣)等。也有少數動詞,如袒、裸(《説文》認爲羸的異體字)、裁等。有些字,衣服的意義已經不再能顯示出來了,例如初字的本義是裁衣之始(初字《説文》入刀部),裕字的本義是衣物充裕,衹是根據《説文》纔知道的。

从巾的字大部分表示與布有關的意義。如布、帛(《説文》立帛部)、帷、幄、幕、幟(《説文》新附字)等。幣字的本義是帛(用來送禮的),所以从巾。常字的本義是旗子(從朱駿聲説),韓愈《元和聖德詩》:"天兵四羅,旂常婀娜。"巾部與衣部相通,所以裙又寫作帬。

黹部的字很少。黹是刺繡品,所以古代的刺繡工作稱爲鍼黹(鍼,同"針")。黹部比較常用的字衹有聯緜字黼黻(fǔfú),意義是禮服上的繡飾。

革部和韋部相近。革和韋都是獸皮,因此,从革从韋的字差不多都表示皮革的製成品。鞵(鞋)字之所以从革,正由於它的原始意義是革履(與履有别);鞭字从革也由於它的本義是皮鞭。韈(襪、袜)字之所以从韋,因爲它在最初是皮做的,而且是長統的。顧炎武説:"古人之韈,大抵以皮爲之。"下面提出兩個字來討論:

勒,本義是馬絡頭。用皮做的,所以从革。後代引申爲馬銜。杜甫《麗人行》詩:"白馬嚼齧黄金勒。"

韜(弢),本義是弓或劍的套子。引申爲韜藏的意義。

革韋兩部常常相通,如韈又作韤。

糸部表示與絲麻有關的意義。絹、綃、繩、繭、絮、紡、織等的本義都非常明顯。維是維繫的維(《説文》説是車蓋維),績是績麻的

績,絶是絲斷,繼是絲續,細是絲微,結是結繩,也都無可懷疑。紙字从糸,也由於紙是麻絮做的。下面提出幾個字來討論:

經,本義是經緯的經,即織時的直行絲。《論衡·量知》:"紡績織經。"

綏,本義爲車中索(人們扳着它上車的)。《論語·鄉黨》:"升車必正立執綏。"

緒,本義是絲的頭緒。張衡《南都賦》:"白鶴飛兮繭曳緒。"

統,本義是總束衆絲的緒。《淮南子·泰族訓》:"繭之性爲絲,然非得女工煮以熱湯,而抽其統紀,則不能成絲。"

有一件事值得注意,就是關於顔色的字,一般都从糸,如紅、紺(gàn,天青,紅青)、紫、絳(大赤)、緑等。這因爲顔色是抽象的概念,必須依附於具體的事物。古人對於顔色,印象最深刻的是染絲,所以有關顔色的字多數从糸。還有素字更是有趣。素字用作名詞時,表示生帛。古樂府《上山采蘼蕪》:"新人工織縑,故人工織素。"用作形容詞時,表示白色。《詩經·召南·羔羊》:"素絲五紽。"(紽音 tuó,量詞。)因爲生帛還没有染過,所以是白色。

網字古又作罔,而网則是罔、網的本字,《説文》立网部。現在網字簡化爲网,是採用了古本字。网的變形是罒,所以罒頭(俗名偏四兒)的字一般都等於从网。羅字从网,因爲羅的本義是網。現在我們還説"天羅地網"。

㫃部是《説文》的部首,《康熙字典》把㫃部字都歸了方部,其實㫃部和方部没有關係。㫃部的字,多數和旗幟有關係,如旂、旗、旄、旌、旛等。

弓部、矢部、戈部、矛部,這四部的字,一般都和兵器有關。例如:

彊(强),本指弓强(有力)。杜甫《前出塞》詩:"挽弓當挽强。"用的是本義。但是《説文》彊、强分爲二字,强从虫,弘聲,在虫部,本義是蚚(qí,米穀中的小黑蟲)。

引,本義是拉弓。

張,弛,本義是弓弦的緊張和鬆弛。

彎是動詞,表示彎弓。

彈,本義是發射彈丸。《左傳·宣公二年》:"從臺上彈人,而觀其辟丸也。"

矯,本義是"揉箭箝"(用來把箭桿揉直的一種器具),引申爲矯枉,矯正。

戚,本義是大斧。《説文》入戉部,戉字从戈。

矜,本義是矛柄。賈誼《過秦論》上:"鉏櫌棘矜。"

刀部、斤部,這兩部多數是動詞,表示刀斧(斤)的動作。刀部有切、刻、剖、剥等;斤部有斫、斲、斷等。注意:形容詞利字从刀,因爲它的本義是鋭利。《孟子·公孫丑下》:"威天下不以兵革之利。"

皿部、缶部、瓦部,這三部都和陶器有關。皿部有盆、盂、盌等;缶部有缾、缸等;瓦部有甓、甑等。注意:缺字从缶,因爲缺的本義是器破(依《説文》)。缶部和瓦部常常相通,如瓶又作缾,罌又作甖等。

(18)金玉財寶方面

金和玉在古代都被認爲寶貴的東西。金部有金屬的名稱,如銅、銀、鐵、錫等;有金屬工具的名稱,如釜(《説文》鬴的異體字)、鑊、鋤(即《説文》鉏字)等;有冶金手工業的動作,如鑄、鍛、鍊等;有利用金屬工具的動作,如鏤(本義是剛鐵)、鈞等;有金屬品的性質,如鋭、鈍、銛等。玉在字的左邊寫作王。玉部有玉的名稱,如瓊、

玖、球等;有玉製物品的名稱,如璧、環、玦、珩、璜等;有治玉手工業的動作,如琱(彫)、琢等。下面提出幾個字來討論:

鏡,在古代是用銅製成的,所以从金。

鑑(鑒),銅製的承水器,鑑裏有水,可以照人,所以鑑有鏡子的作用。《詩經·邶風·柏舟》:"我心匪鑒。"毛傳:"鑒所以察形也。"後世鏡子也就叫鑑。《唐書·魏徵傳》:"以銅爲鑑,可正衣冠。"又動詞,察看。《國語·吴語》:"王盍亦鑑於人,無鑑於水。"字又作監。

鎮,本義是鎮壓,即以金或玉壓在他物上,所以从金。《楚辭·九歌·湘夫人》:"白玉兮爲鎮。"王注:"以白玉鎮坐席也。"

理,本義是治玉,所以从玉。

瑞,本義是玉製的符信,所以从玉。引申爲祥瑞。

貝部一般表示與財物有關的意義,因爲古人曾經用貝殼作爲貨幣。有名詞,如財、貨、資、賄等。有形容詞,如貴、賤等,因爲貴賤的本義是財物價值的貴賤。有動詞,如買、購、賞、賜、贈等。下面提出幾個字來討論:

貪,本義是貪財物,所以从貝。

費,本義是耗費財物,所以从貝。《老子》四十四章:"甚愛必大費。"(太吝嗇了一定會破財)

賀,本義是以禮物相慶賀,所以从貝。

賈(gǔ),本義是把財物買來又賣去,所以从貝。引申爲商賈。

賦,本義是賦税,賦税是財物,所以从貝。《論語·公冶長》:"千乘之國,可使治其賦也。"

質,本義是以財物抵押,所以从貝。引申爲人質。《左傳·隱公三年》:"周鄭交質。"(互相以人爲抵押)

(19)水部、火部

水部和火部關係不很密切,應該分開來談。

水在字的左邊寫作氵。水部有名詞,表示江河的名稱,如江、河、淮、漢、涇、渭、洛等;又表示水利的名稱,如溝、渠、瀆等。有關於水的形容詞,如深、淺、清、濁(《説文》深、濁又是河流名)等。有動詞,表示水的動作,如流(古文作㳅,入沝 zhuǐ 部)、湧(《説文》作涌)、潰等。下面提出幾個字來討論:

決,本義是江河打開缺口,所以从水。

没,本義是沈没在水裏。

注,本義是灌進,所以从水。

測,本義是測量水的深淺。

渴,本義是乾涸,古書上常用爲飢渴的渴字。《孟子·公孫丑上》:"渴者易爲飲。"飢渴的渴《説文》作㵣。

淫,本義爲浸潤,所以从水。又當久雨講,後代寫作霪。

激,本義是水流急。"激烈"的本義是水急火烈。

準,本義是水準(水平),所以从水。

火在字的左邊寫作火,在字的下邊寫作灬。火部有名詞,表示與火有關的東西,如煙、炭、灰、燭等。有關於火(特别是火光)的形容詞,如炳、燦(《説文》新附字)。有動詞,表示火(特别是火光)的動作,如照、燿(耀)等;又表示用火的動作,如焚、熬、煎、煣等。下面提出兩個字來討論:

熲(jiǒng),本義是火光,从火頃聲。

然,本義是燃燒。後代加火作燃,意符重複了。《孟子·公孫丑上》:"若火之始然,泉之始達。"

光,本義是明,篆文作𤆀,《説文》:"从火在人上,光明意也。"

附帶説一説：烏、無、燕等字本來都不屬於火部，後代字典纔歸入火部，所以不要拿火的意義去説明這些字。

火部、光部和日部有相通之處，如燿又寫作耀、曜，煇又寫作輝、暉等。

(20)植物之類

《説文》關於植物的部首，主要有艸、木、竹、禾等部。艸部主要是有關草本植物的一些概念；木部除了木名之外，還有木器名；竹部主要是竹器名；禾部主要是農作物。下面提出一些字來討論：

苦，本義是“大苦”(藥草名)，所以从艸，其味極苦，引申爲一切的苦。

落，本義是落葉。

華(依《説文》當作𠌶)，本義是花。《詩經·周南·桃夭》：“桃之夭夭，灼灼其華。”

葺，以茅蓋屋，引申爲修葺，仍由補充一些茅草而來。

薄，本義爲林薄的薄。木叢生爲林，草叢生爲薄。

蔣(jiāng)，菰蔣，即茭白。

蘇，本義是紫蘇(藥名)。

藉，本義是以茅藉地(墊在地上)。

蓋，本義是蓋屋的茅草。引申爲掩蓋。

析，本義是破木；从木，从斤，會意。斤是斧子。《詩經·齊風·南山》：“析薪如之何，匪斧不克。”

構，本義是以木架屋，所以从木。

樸，本義是未經彫飾的木。引申爲樸實，樸素。

楚，本義是叢木。《詩經·周南·漢廣》：“言刈其楚。”一名荆(依段玉裁説)。

櫂,本義爲黄華(花)木,所以从木。

梁,本義是橋梁,所以从木。

檢,《説文》:"書署也。"古人在木版上寫信或寫短文,上面再加一版,寫收信人和寄信人的姓名(然後綑扎起來加封),類似後世的信封和書的封面,這叫做"檢"。引申爲檢查。

杯(依《説文》當作桮),本來是用木製的,所以从木。但因杯是器皿,所以又寫作盃。椀、盌亦同。

節,本義是竹節,所以从竹。

符,本義是符信,符信是竹做的。

篇,本義是書篇,上古書用竹簡,所以篇字从竹。

簡,寫字的竹簡,所以从竹。

策(筴),馬鞭,用竹做的,所以从竹。《莊子·馬蹄》:"而後有鞭筴之威。"

箸,本義是筷子。後人寫作筯。

算,古人計算用竹籌,所以从竹。

秀,本義是禾吐穗,所以从禾。《論語·子罕》:"苗而不秀者有矣夫。"

秋,本義是禾穀熟。《尚書·盤庚上》:"若農服田力穡,乃亦有秋。"

秉,本義是手持一把禾(《説文》入又部)。《詩經·小雅·大田》:"彼有遺秉。"

租,本義是地租,地租收的是穀物。

税,賦税收的也是穀物。

積,本義是積聚禾穀。《詩經·周頌·良耜》:"穫之挃挃,積之栗栗。"(挃挃 zhìzhì,收穫的聲音。栗栗:衆多的樣子。)

艸、木、竹、禾四部互有相通之處。薪雖从艸,但《詩經》説析薪,可見薪是木柴。荆、楚本是一物(楚國又稱荆),但荆字从艸而楚字从木。藩、籬本是一物,但藩字从艸而籬字从竹。苗字从艸,而秀字从禾。

附帶討論米部、食部、酉部。

米部可以認爲禾部的分支,因爲米部有粱有粟。但是米部有它的特點,主要表示與米糧有關的概念。例如:

粒,本義是米粒。絶糧又説成絶粒。

精,本義是米經過選擇。《論語·鄉黨》:"食不厭精。"

粗,本義是米粗。

粲,本義是舂得最白的米。引申爲上好的餐飯。《詩經·鄭風·緇衣》:"還予授子之粲兮。"

食部和米部有些關係。餌(《説文》䰞部鬻字的異體字,鬻音ěr)、飴(古以芽米熬之,類似後世的麥芽糖)、餳(糖醬)都从食,不从米。饘(zhān)就是粥(厚者曰饘,稀者曰粥),但粥从米而饘从食。餻字(《説文》新附字)或从米作糕。下面提出幾個字來討論:

餘,本義是穀米豐足吃不完,引申爲富餘,多餘。《孟子·滕文公下》:"則農有餘粟,女有餘布。"

館,本義是招待所,供膳食,所以从食。《詩經·鄭風·緇衣》:"適子之館兮。"《左傳·襄公三十一年》:"乃築諸侯之館。"(招待諸侯的。)

餉,本義是送東西給人吃。《孟子·滕文公下》:"有童子以黍肉餉。"

酉部字主要是關於酒的意義。酉字甲骨文作[illegible]、[illegible],金文作[illegible]、[illegible],象酒尊,並假借爲酒字。尊字甲骨文作[illegible],金文作[illegible],象雙手捧着酒尊;後人加木作樽,或加缶作罇。酉部有關於酒的名詞,如醴(lǐ)、醯(xī,醋,《説文》入皿部)等。有關於酒的形容詞,如醇(chún)、醨(lí)等。有關於酒的動詞,如釀、酌、酬(勸酒,《説文》醻的異體字)、酹(lèi,以酒沃地)、酣、醉、醒(《説文》新附字)等。

(21)動物之類

動物方面,有馬部、牛部、羊部、豕部、鹿部、犬部(犬在字的左邊寫成犭)、鳥部、隹(zhuī)部(隹也是鳥)、虫(huǐ)部、魚部、黽(mǐn)部(黽,蛙)、鼠部等。這些部的字,多數是很明顯地屬於跟部首所舉的動物同一類的或是有關的,不必一一説明。下面祇舉出一些較特殊的例子加以解釋:

駁,本義是馬色不純。引申爲一般的不純。後來有雙音詞"斑駁""駁雜"等。

駭,本義是馬驚。驚,本義也是馬驚。

驅,本義是趕馬。《詩經·鄘風·載馳》:"載馳載驅,歸唁衛侯。"

驟,本義是馬快跑。《詩經·小雅·四牡》:"駕彼四駱,載驟駸駸。"(駱,白色黑鬣尾的馬;駸駸音qīnqīn,馬快跑的樣子。)

牢,本義是牛欄。

物,本義是雜色牛(依羅振玉説)。

特,本義是公牛。

牽,本義是牽牛。

美,本義是味美;从羊,从大,會意,羊大則味美。上古時代,羊爲主要的肉食,所以从羊。

羣,本義爲羊羣。《詩經·小雅·無羊》:"誰謂爾無羊?三百維羣。"

豪,本義是箭豬,引申爲毫毛。《漢書·高帝紀》:“秋豪無所犯。”秋豪即秋毫。《孟子·梁惠王上》:“明足以察秋毫之末,而不見輿薪。”

麗,本義是兩鹿並行,所以从鹿。

塵,鹿行揚土爲塵,本作麤,从羣鹿。

狀,本義爲犬形,引申爲一切形狀。

狂,本義爲狂犬,引申爲一般的狂。

獨,《説文》:“羊爲羣,犬爲獨。”犬好鬥,所以常常是孤獨的。

鳴,本義爲鳥鳴,所以从鳥,从口,會意。引申爲凡出聲皆曰鳴。

隻,本義爲鳥一隻,《説文》:“从又(手)持隹,持一隹曰隻,持二隹曰雙。”

雙,本義是兩鳥,从又(手)持兩隹。《説文》在雔(chóu)部。

集,本義是鳥停在樹上;从隹,从木,會意。集字本作雧,从三隹(羣鳥),故引申爲集合的意義。《説文》入雥(zá)部。

離,是鸝的本字。

虹,又名螮蝀(dìdòng),狀似虫,所以从虫(據《説文》)。

鮮,本義是魚名。引申爲一般的魚。《老子》六十章:“治大國若烹小鮮。”再引申爲肉食新鮮的鮮。有人認爲新鮮的鮮是鱻字的假借字。

竄,本義爲逃藏;从鼠在穴中,會意。此字在穴部,但也从鼠,故附於此。

犬部與豸部相通,所以貓又寫作猫,貍又寫作狸。豺狼同類,但是豺从豸而狼从犬。

鹿部與犬部相通,所以麞又寫成獐。

鳥部與隹部相通，所以鴈又寫作雁，雞又寫作鷄，難又寫作鶵，雅又寫作鴉，離又寫作鸝。

虫部與魚部相通，所以鰕又寫作蝦。

黽部與虫部相通，所以鼃又寫作蛙，蜘蛛又寫作鼅鼄。

黽部與魚部相通，所以鼈又寫作鱉，鼇又寫作鰲。

以上所講的部首，並不是全面的，有些小部就不講了。

（三）上古韻部及常用字歸部表

本表除收録本書文選《詩經》《楚辭》中的全部入韻字外，還收録先秦古籍中的一般常用字。本表收在同一韻部的字，按今音的韻母次序排列，韻母的次序是：

a	ia	ua	
e　o		uo	
	ie		üe
	i(ɿ,ʅ)		er
		u	ü
ai		uai	
ei		uei	
ao	iao		
ou	iu		
an	ian	uan	üan
en	in	uan	ün
ang	iang	uang	
eng	ing	ong、ueng	iong

韻母相同，再按聲母、聲調爲序。少數不規則變化的字，排在最後。

一、之部

茲滋孳孜淄輜緇錙菑子秄梓滓字牸慈鶿詞祠辭伺司絲思緦偲笥似祀姒耜寺嗣飼俟涘竢之芝止趾址沚芷祉痔峙庤時治志誌痣笞癡蚩媸嗤持恥齒詩時塒蒔鰣史使駛始士仕事恃市侍而胹耳餌珥刵鄙坯丕伾駓邳嚭否痞圮擬釐貍李里理裏俚鯉悝吏姬箕基朞己紀記跽忌欺其萁期旗萁淇祺騏麒琪綦起屺杞芑熙嘻僖熹徙屣蓰喜禧臬醫疑嶷怡詒貽飴頤矣已以苢部不菩母拇畝晦芣罘負婦侮鴟郁埋薶霾殆迨怠紿待胎苔台臺駘抬態乃奶耐來萊徠賚睞災哉栽宰載再在才材財裁采採彩菜鰓腮豺茝該垓賅改咍咳孩骸海亥駭挨埃唉礙杯倍蓓胚醅培陪賠佩媒煤禖梅莓每龜悝灰恢詼悔賄晦誨洧鮪剖掊謀某否鬮久玖灸疚舊柩丘邱蚯裘郵尤訧疣有友美又右佑祐宥囿侑敏能

二、職部

德得特慝忒勒則側廁惻測塞色穡嗇革克剋刻劾核踣墨默國馘幗或惑戒誡械織職直值殖植置幟陟騭熾飭敕食蝕飾識式軾試弒拭奭逼偪匿暱力亟殛棘極稷冀驥息熄媳異翼意薏憶臆噫弋翊翌牧服鵩伏茯福輻蝠幅菖匐副富域蜮緎昱煜彧麥代袋岱貸賽北背備邶賊黑

三、蒸部

崩綳朋鵬棚夢馮登蹬等嶝鐙凳磴隥鄧瞪騰滕縢螣藤䲢籐棱增憎曾矰罾繒鄫甑贈層蹭僧徵癥烝蒸拯證稱偁澄瀓懲乘塍承丞橙升昇陞勝繩澠乘剩賸仍礽亘恒冰掤憑凝陵綾菱凌兢興膺鷹應蠅塍肱弓躬薨弘宏紘閎竑翃鋐泓穹芎熊雄朕肯孕

四、幽部

笛迪滌牡郛莩稃俘孚浮蜉桴阜戮鑄倏儵戊務鶩騖霧婺旭軌晷簋褒包苞胞枹雹寶保堡葆褓緥飽報抱菢鮑鉋泡袍炮庖咆匏砲茅矛蝥卯昴茆冒帽瞀楙懋袤茂島禱搗導道稻蹈幬絛滔韜縚謟慆燾濤陶匋綯

蜪駒討牢醪老嫪糟遭棗早蚤皂造糙曹槽漕嘈草騷搔慅掃皋考攷烤嗥好晧浩皞翱彪彫雕鵰凋琱調莜陶舀窈牟侔眸弊繆缶搜蒐餿廋溲叟州洲周週舟肘帚紂宙胄酎抽瘳惆稠綢儔籌疇醻躊愁仇讎酬絛丑醜臭收手守首瘦狩受綬授售壽柔揉輮蹂謬狃扭紐鈕蟉流硫旒劉瀏懰留騮瘤鎦柳綹溜餾霤鳩糾赳酒九韭就鷲究救廄臼舅咎秋楸湫鞦鰌酋蝤遒囚泅求球逑賕虯羞修脩休朽秀袖岫憂優麀悠攸幽呦由油游遊輶猶猷酉莠黝誘柚鼬幼

五、覺部

寂戚慼目睦穆苜腹複覆蝮复復鰒馥督毒篤陸戮稑蹙蹴肅夙宿縮妯軸竹竺筑築逐祝俶叔菽淑孰塾雒梏酷嚳鵠匊菊鞫鞠趜畜蓄旭鬻育毓逵燠薁澳竈告誥靠奥隩窖粥肉六學

六、冬部

降洚絳芃風楓豐酆灃諷鳳冬彤佟統農膿儂濃襛穠醲隆窿宗鬃踪粽綜琮淙嵩宋中忠衷終螽潨仲衆忡充沖蟲種崇銃戎絨狨融躬宫窮

七、宵部

猫毛芼旄髦耄眊刀舠倒到菿盗叨桃逃撈勞癆嘮澇澡藻躁燥操召招昭沼兆照詔超抄鈔弨巢嘲朝潮晁炒吵梢捎筲稍韶少紹邵劭高膏羔糕縞稿犒蒿豪毫號壕濠秏昊鎬號熬敖嗷獒驁鰲傲鑣表苗描眇秒渺廟妙貓弔挑佻祧迢苕窕跳眺潦燎僚遼繚鷯療交郊蛟茭鮫焦蕉鷦驕嬌狡絞姣矯皎繳皦教校較醮噍轎敲蹻譙樵憔喬橋僑蕎翹悄俏峭誚鞘宵消銷霄硝逍梟驍鴞肴殽淆小曉孝效校笑肖夭妖要腰邀肴摇瑶窑遥謡姚堯咬葽鷂微竅

八、藥部

樂鶴駁搦犖卓桌焯酌灼濯擢綽芍妁爍鑠弱沃虐瘧謔爵爝催雀確推約躍龠籥藥的翟糴溺櫟礫激礉瀑曝籲暴爆豹皃貌悼淖罩櫂勺杓釣

掉糴嫋削耀藥鑿

九、侯部

誅蛛株邾朱珠硃銖洙茱拄主駐註柱注住蛀炷廚櫥躕芻雛樞姝輸殳數戍豎樹澍儒濡乳孺侮縷褸屨拘駒俱聚句屨具趨區驅軀鴝取娶趣需須鬚嬃禺隅愚俞逾榆渝愉瑜傴遇寓愈喻諭兜斗抖鬥豆逗脰荳偷媮投頭婁樓僂蔞螻摟簍漏鏤瘻緅郰鄹騶走奏驟縐狗苟構購媾覯雊姤詬摳口叩扣寇后厚後歐謳鷗甌毆偶耦藕嘔漚懦

十、屋部

殼剥涿捉琢啄斲濁鐲浞齪握渥幄齷珏角愨岳嶽卜扑撲濮僕璞樸木沐赴訃獨讀櫝牘瀆犢禿禄碌鹿麓漉簏轆録緑族鏃足簇蔟促俗速粟蠋躅燭囑矚屬觸贖蜀漱束辱褥縟蓐穀轂谷哭斛觳觳屋局跼曲續玉獄欲慾浴竇耨奏嗾嗽彀角

十一、東部

幫邦蚌棒龐龙厖江講耩虹腔項巷撞窗幢雙瀧蓬篷捧蒙濛朦矇封葑峯蜂鋒烽丰逢縫奉俸東董懂涷棟動洞峒恫通同銅桐筒童瞳僮桶捅痛慟籠聾朧瓏龍攏隴壠豵縱總囱驄從从鬆松聳送訟頌誦潨鐘鍾種踵腫重衝舂寵茸顒容熔溶蓉工攻功公恭供龔拱鞏貢共空孔恐控烘洪紅鴻虹閧翁蓊甕蛩邛凶兇訩雍雝壅饔邕廱臃擁庸傭鏞墉甬勇湧俑踊用

十二、魚部

巴笆豝芭把耙葩馬罵禡拏家葭豭假賈蝦稼嫁價遐蝦霞瑕暇夏廈下鴉牙芽衙雅訝迓瓜寡夸誇姱跨胯譁華花驊遮者車奢舍捨社謨模所姐且邪冶野逋補哺捕布佈怖鋪蒲脯匍葡圃普浦溥舖莽夫鈇膚跗敷痡扶蚨芙府腑俯斧甫脯黼撫釜輔付賦傅父附駙鮒賻都堵賭覩杜肚妒徒屠瘏塗途荼圖土吐兔菟奴駑帑孥努弩怒盧爐蘆鱸壚鸕廬臚魯

虜租祖組阻俎詛粗徂殂蘇穌酥素豬瀦諸煮渚著箸助貯宁初除儲躇鋤褚楚礎處櫖梳疏蔬書抒舒紓暑鼠黍署薯恕曙如茹汝孤呱觚姑辜沽酤鴣蛄古估牯鹽罟詁股羖鼓瞽賈蠱故固錮雇顧枯刳苦庫褲呼謼滹胡湖糊葫餬蝴鬍狐弧瓠壺乎虎琥滸戽户扈滬怙祜互烏鳴汙洿巫誣吾梧鼯吴蜈無蕪毋五伍午忤武舞憮廡悟寤晤誤女閭吕侶旅膂慮疽雎砠苴狙居琚裾據舉莒筥矩榘沮鋸倨踞攄巨拒距炬秬詎鉅遽懼蛆袪胠渠蘧瞿衢去胥墟虚嘘吁徐許栩詡絮敘緒序壻淤迂紆魚漁於余餘予輿歟虞娛于盂語嶼與雨宇禹羽圉譽預豫芋御禦

十三、鐸部

霸灞怕吒詐榨乍詫擇澤坼赦射麝輅擱閣格骼各客壑赫嚇額惡亳泊箔伯帛舶粕迫魄摸膜莫寞漠陌貊貉鐸託蘀籜柝魄諾洛落絡駱烙雒昨祚阼胙作柞酢怍錯措厝索朔槊愬斫若箬郭虢槨廓鞹蠖霍藿穫鑊獲借藉謝榭夜掖液腋袚略掠腳卻蹠尺斥赤石釋碧逆籍耤戟惜夕昔席蓆隙郤亦奕弈譯懌斁驛繹步暮慕墓幕縛妬度渡路潞賂輅露鷺醋庶護濩白百柏拍宅窄拆薄

十四、陽部

榜膀謗傍滂雱旁徬仿螃忙芒茫卭盲虻氓方坊芳妨防房魴倣紡仿髣舫訪放當璫襠黨蕩盪璗湯鏜堂螳棠唐塘螗糖倘囊曩郎廊狼莨琅瑯稂朗浪閬臧贜葬奘藏倉滄蒼鶬喪桑顙張章樟彰漳璋麞長掌帳漲丈仗杖障昌倡猖閶菖倀萇腸場裳常償嘗嫦敞暢鬯悵唱商傷殤觴賞上尚攘穰穰壤讓岡崗剛綱康慷亢伉抗犺杭航頏远行沆印昂盎釀良梁粱量糧涼兩緉魎諒亮姜疆僵殭韁薑將漿襁繈蔣槳獎彊醬匠羌槍斨蹌鏘强牆戕嬙薔搶鄉香相湘廂箱緗襄纕翔祥詳庠痒享響饗想餉向嚮象像央秧殃鴦泱昜楊陽揚煬暘瘍颺羊洋佯鞅養仰怏漾樣恙莊裝壯狀瘡牀創愴霜孀爽光洸廣獷匡筐狂誑況貺曠壙纊框眶礦荒肓黄

潢璜簧皇湟惶徨遑隍煌蝗篁凰謊晃愰汪王亡忘枉往网罔輞魍惘旺妄望彭盟萌氓猛孟瞠棖更庚鶊羹梗埂綆鯁骾坑吭衡蘅橫瑝黌兵丙炳秉柄病並明皿京景境竟鏡競倞卿黥勍鯨慶英迎影映觥兄永泳詠罡黽

十五、支部

灑佳崖涯卦挂掛罣蛙窪衙鞋攜貲呰髭龇紫吰雌疵此泚斯廝釃虒知蜘支枝肢卮只咫枳軹紙智豸箎褫踟匙豉翅豕是氏兒俾睥髀裨婢鼙弭遞題提醍媞禔緹騠蹏倪霓猊蜺睨輗麗驪鸝儷邐雞技伎妓芰歧岐跂衹芪疷谿溪醯兮奚蹊傒嶲徙纚躧稗牌買賣柴曬卑碑蘂圭閨規闚窺奎

十六、錫部

畫劃責簀幘策册謫讁隔膈覈厄軛扼解蟹懈邂鶪漬束刺賜寘啻寔湜適嬖臂避辟璧壁劈霹癖譬僻闢辟甓滴嫡鏑敵狄荻帝蒂諦禘締愓剔惕逖曆歷鬲積擊繫迹蹟績析淅晰晳錫裼系繫鬩係縊溢鎰益易埸鷁役疫擘派脈摘隘

十七、耕部

爭箏正征鉦整諍鄭政頳檉蟶呈程酲裎成誠城盛逞騁生甥笙聲省聖盛耕耿硜牼并餅屏併俜平評苹屏瓶萍聘鳴名銘冥溟暝瞑螟茗命丁釘頂鼎訂定聽廳汀廷庭亭停町梃挺寧濘鈴伶零齡苓蛉聆翎玲囹靈領嶺令莖荆驚精睛菁旌經涇警儆井頸剄敬靜靖淨勁徑逕清青蜻輕傾情晴擎請頃磬罄星腥猩馨形刑型硎陘滎醒幸倖性姓鶯櫻嚶鸚嬰纓攖瓔縈盈楹贏嬴瑩營塋螢熒郢穎潁榮扃坰炯迥泂瓊煢貞禎楨偵姘聘

十八、脂部

皆階喈偕諧資姿咨粢諮姊秭恣自茨瓷次私死四駟泗兕脂衹旨指恉

雉鴟遲坻師獅尸屍鳲矢示視嗜爾邇二貳比妣秕匕陛比篦庇枇砒毗貔琵枇蚍迷彌瀰獮瀰米氐低羝底抵牴邸弟悌娣第梯荑綈涕剃泥禰犂黎藜黧梨禮醴澧履利稽笄嵇飢几麂濟霽薺劑妻淒悽萋棲齊臍蠐祁耆鰭啟启棨綮西犀細伊咿夷姨痍詣齋篩揩楷鍇眉湄嵋楣美謎媚癸揆葵夔牝

十九、質部

八戛黠瑟跌迭瓞垤絰耋咥鐵涅隉節結袺拮桔詰屆切頡襭血屑噎譎闋血穴肆姪致疐質躓至窒秩紩帙櫛叱蝨失實室日鼻閉秘閟毖必畢匹泌祕蜜謐密嚏替隸戾莅栗慄疾嫉蒺吉詰佶即計繼季悸鯽七漆器棄悉蟋一壹乙羿殪噎懿肆逸佚軼抑橘恤賉洫矞鷸歈遹譎繐穗惠蕙蟪

二十、真部

編蝙褊扁匾徧遍篇偏翩騙諞沔丏眄麪顛巔癲滇電甸佃畋鈿天田填闐瑱年憐堅千阡牽縴賢弦絃舷蚿烟胭咽濬玄絢泫眩衒炫淵珍榛蓁溱臻真縝稹鎮瑱嗔瞋陳塵臣身申伸紳呻神慎人仁恩賓濱瀕殯鬢擯臏繽頻蘋顰嚬岷緡民泯鄰鱗燐麟轔璘藺津矜緊進晉搢縉盡燼藎親秦辛新薪莘信因姻茵絪寅螾蟥引蚓尹印胤筍均鈞荀詢洵恂旬汛訊迅濬殉徇筠匀侫

二十一、微部

火機譏饑幾璣畿蟣祈圻頎豈希稀晞欷豨悕衣依沂遺排俳徘開凱愷鎧塏哀衰乖淮懷槐壞悲裴枚飛非扉緋霏菲騑妃腓肥淝匪篚蜚誹菲斐翡餒雷擂罍纍嫘蕾壘耒誄累堆推蓷隤罪崔催摧雖綏睢追錐隹騅椎誰水蕤瑰歸鬼魁傀愧媿餽揮回迴茴毀燬虺諱微威葳嵬帷維惟唯薇巍韋違圍幃闈猥委尾偉葦煒緯魏畏

二十二、物部

訥紇齕勃渤歿没佛拙茁倔崛掘筆暨既乞气氣訖迄餼毅屹仡弗紼拂突卒猝出黜怵術述骨窟忽惚笏兀軏勿物律屈詘戌聿鬱概溉慨愾嘅愛曖僾璦帥率悖妹昧魅寐沸費内類對隊退醉淬焠倅啐翠萃瘁粹碎祟誶邃遂隧燧櫃貴潰匱饋彙位未味慰胃謂渭蝟

二十三、文部

典殿澱腆殄艱薦荐先銑洗跣㚠限眼軫疹紾診川舛釧悛員圓奔賁本笨噴盆門悶分吩芬紛氛雰焚汾棼蚡墳粉糞奮憤忿分份震振賑辰晨宸詵裖蜄蜃忍刃仞韌認靭根跟艮懇墾痕很狠恨彬邠貧旻閔憫吝巾斤筋僅瑾饉謹槿卺覲近靳芹勤懃欣炘昕釁焮禋闉湮堙殷慇銀垠齦隱敦頓囤沌盾鈍遯屯豚臀論崙淪倫輪綸侖掄論尊遵村存忖寸孫猻蓀飧損諄準准椿春滑純蒓醇淳鶉蠢隼順舜瞬衮鯀昆崑琨鯤坤緄閫困睏昏婚閽葷渾魂混溷恩温文紋雯蚊汶聞吻刎問紊麕軍君窘竣俊駿畯浚峻郡困逡羣裙熏薰燻勳循巡馴遜訓云雲耘鄖隕閏潤殞允愠藴醖運暈韻旂西洗

二十四、歌部

罷麻痳他它那哪差沙紗鯊裟阿加嘉迦痂珈笳袈架駕化瓦蛇歌哥戈柯軻珂苛科蝌稞窠顆可課訶呵何河菏禾和龢盉荷賀莪哦娥峨鵝俄蛾訛吪譌餓波玻跛簸坡婆頗破磨魔摩多墮惰拖駝紽陀沱跎酡佗儺羅蘿鑼裸贏羸左佐坐座磋搓蹉瘥嵯娑挲莎瑣鎖鍋過果裹貨禍窩渦我嗟茄伽也瘸靴摛螭魑池馳弛侈施彼披羆皮疲糜縻蘼靡地離籬醨漓褵蘺罹羈奇畸寄騎觭崎奇騎琦錡羲犧曦猗漪宜儀移蟻齮倚椅迤匜誼義議差被隨隋髓吹炊垂睡嫣詭跪虧麾撝危爲僞

二十五、月部

拔跋魃妭鈸茇發伐筏閥垡茷罰髮怛妲狚笪靼達大獺闥撻紮札扎察

刹殺鎩瞎鍺犖轄軋刮鴰話襪蜇哲轍折浙徹撤舌設熱割葛渴喝曷褐遏撥末抹沫奪掇裰脱捋撮輟啜惙説聒佸括栝适銛闊豁活斡鼈憋蒯别蹩撇瞥滅蔑篾巇揑涅埕齧臬隉闑列烈冽裂劣埒鋝揭桀傑訐羯竭碣截介界芥疥契鍥歇蠍楔絜紲褻泄洩媟拽謁絶厥蹶蕨橛決抉訣觖缺闕雪曰悦閲月刖越戉鉞粤滯制製世勢誓逝筮噬蔽敝幣弊斃蠮棣厲勵礪蠣例隸祭際穄薊契憩藝囈曳刈乂拜敗湃邁勱逮帶泰奈柰賴癩籟瀨蔡蠆蓋丐害藹靄艾夬儈澮膾檜獪快噲外貝狽霈沛旆袂廢肺芾吠兑蜕最歲綴贅税帨鋭叡睿劊會繪薈彗慧穢

二十六、元部

班斑般搬瘢板版半絆伴拌攀潘番槃盤磻磐鞶蟠判泮叛畔蠻謾饅鰻蔓慢嫚縵幔漫槾墁曼蕃藩翻旛番幡煩蘋蹯燔膰蕃繁蘩樊礬反返販飯丹單殫簞疸旦誕但憚彈壇檀坦袒炭歎難蘭瀾闌讕攔欄懶爛攢贊讚瓚餐殘粲燦璨散繖饘旃氈鸇醆戔盞展輾棧戰纏躔鄽廛蟬禪單嬋澶鏟剗産闡顫山羶扇煽訕汕疝善鱔蟮鄯繕擅膳饍襌嬗然燃肰干乾竿肝玕桿稈幹旰鼾寒韓邗虷汗罕漢熯旱翰瀚捍扞豻閈安鞍岸按案鞭邊籩變辨辯卞抃汴忭弁昪便辮緶楩片緜綿棉免娩勉俛冕緬湎愐面麪碾輦撚連漣鏈蓮練鍊楝湅戀艱間奸姦煎湔箋籛牋籛肩豣簡柬揀翦剪蹇謇藺筧趼諫澗鐧箭濺踐賤餞建鍵健腱薦見遷愆錢前淺遣繾仙秈鮮閑嫺癇閒涎癬顯莧線羨憲獻霰峴現縣焉蔫嫣鄢顔延筵蜒埏綖言研妍沿巘演偃蝘雁贋晏顔諺唁堰硯燕嚥讌宴端耑短斷鍛段緞湍團摶暖煖鑾鸞巒欒圝攣孌孿卵亂鑽纘纂篹筭專磚顓轉撰饌篆傳穿椽船遄喘軟阮官棺觀冠關管琯館貫灌鸛觀冠慣寬歡驩讙桓洹貆狟還環鬟寰圜鐶緩浣唤焕奐涣换逭患宦擐剜豌彎灣完丸紈芄莞頑椀盌皖綰晚挽輓宛婉菀畹琬玩翫惋腕萬鎢娟捐涓鵑捲雋卷倦圈罥詮銓痊筌荃全泉牷權拳顴踡蜷畎犬勸券軒宣喧暄萱諼旋鏇璿懸

選烜渲蜎冤鴛緣元沅黿原源嫄袁園轅猿爰援媛猨垣遠院苑願愿怨巽

二十七、緝部

答搭褡荅沓塔遝納軜衲雜颯恰洽祫澀鴿閤蛤頜合盒迨汁執縶蟄摯贄鷙濕十什拾立粒笠苙集輯檝戢急級伋汲及岌給緝葺泣吸歙翕習襲隰揖邑悒發挹入

二十八、侵部

凡帆梵汎耽躭眈酖探撢貪覃潭譚南楠男諵喃婪簪參驂蠶慘憯三湛摻杉衫感堪戡勘含涵鋡函頷喊撼菡憾琀諳黯暗闇簟添忝舔桥念緘減碱僭潛黔鈐綅咸鹹譖岑涔森枕朕鴆琛郴沉忱諶深審滲葚甚壬稔荏飪任妊紝衽品林淋琳霖臨廩凜懍賃祲綅今金衿襟錦禁浸侵欽嶔衾琴芩禽擒寢沁心歆音喑瘖陰吟淫霪飲窨臒蔭尋潯稟

二十九、葉部

乏法榻遢蹋闒邋臘蠟匝眨插歃霎翣夾裌莢頰鋏甲狹峽匣狎俠挾鴨押壓慴攝涉韘嗑盍闔蝶諜牒聶躡獵躐鬣接睫捷劫妾怯愜篋脅協挾燮靨壓葉業曄饁燁

三十、談部

氾范範犯擔儋聃膽擔淡啖憺澹談郯惔痰澹毯藍籃襤覽攬濫纜暫慚霑沾覘詹瞻占斬站佔攙幨襜讒饞巉鑱蟾諂芟苫閃剡贍髯染冉苒甘柑敢紺闞瞰蚶憨酣邯庵菴鵪晻埯砭貶點玷店坫痁甜恬黏鮎廉鐮簾匳濂斂臉殮瀲監殲兼縑鶼蒹檢瞼儉鑑鑒監檻漸劍籤簽僉謙箝鉗拑嗛嵌塹槧欠芡歉纖孅銛銜嫌險獫嶮蹍陷臽淊淹崦醃閹巖炎鹽簷閻嚴奄掩晻魘琰剡儼驗厭猒饜豔艷焰釅

（四）上古聲母及常用字歸類表

本表把上古三十二個聲母按傳統的發音部位分類（喉、牙、舌、齒、脣)排列出來,列舉常用字,以供參考。收在同一聲母下的字,按今音的韻母次序排列,與附録(三)相同。

一、喉音

(1)影母

阿鵶鴨押壓亞軋揠窪蛙挖惡遏厄扼軛窩渦倭斡握渥幄齷沃謁噎約猗漪伊醫衣依揖一壹倚掎縊噫殪翳懿肄意邑悒浥憶億臆抑益烏嗚汙屋淤迂紆於嫗鬱郁彧哀埃唉藹靄矮愛曖瑷隘偎煨萎威猥委畏慰尉熬坳襖媼奥懊澳夭妖么窈要歐鷗甌毆嘔憂優麀幽黝幼庵諳鵪安鞍暗闇按案淹閹醃焉鄢嫣烟燕閼胭奄掩偃蝘厭饜晏堰燕嚥咽宴豌彎灣碗宛婉菀晼腕惋蜎冤鴛淵苑怨恩音陰瘖因姻茵絪湮堙殷慇飲隱廕蔭印蘊慍醞盎汪枉鷹膺鶯櫻鸚英嬰攖纓縈甇罃影應映翁甕雍壅邕擁

(2)曉母

哈蝦瞎花譁化呵喝豁赫嚇火伙夥貨霍藿歇蠍脅血靴醯羲犧曦巇嘻嬉僖禧熹熙希稀晞欷吸喜戲餼呼虎滸琥戽笏虚嘘吁許詡栩酗煦畜蓄旭咍海醢黑灰麾撝揮輝暉徽悔毀燬賄晦誨喙諱卉蒿薅好郝枵囂曉孝吼休朽嗅憨鼾喊罕漢暵掀險獫顯憲獻歡驩唤焕涣奂軒喧暄萱壎烜咺絢舋焮昏婚閽葷熏曛薰勳勛訓夯香鄉享響饗向嚮荒肓慌謊亨興馨兄凶兇匈洶胸

(3)匣(中古的匣母和喻三)母

霞瑕遐暇狹峽洽匣狎俠轄下夏廈華驊滑猾樺畫話劃何河菏禾和龢合盒盍闔曷貉劾核賀褐鶴活禍穫鑊或惑獲諧鞋擕協挾頡絜械薤蟹邂學穴兮奚徯檄繫系胡湖糊葫餬鬍弧狐壺瓠乎蝴斛縠觳户滬扈怙祜互護孩骸亥害駭淮懷槐壞回迴茴匯潰會繪惠蕙慧蟪豪毫號壕浩皓顥昊鎬肴淆效傚校侯喉猴厚後后候堠酣含函涵頷邯寒韓撼菡憾

旱汗捍翰瀚艦檻咸鹹銜嫌閑嫻賢弦舷陷餡限莧見現縣桓貆還環寰鬟圜緩浣换幻患宦豢完丸紈皖莞玄懸泫眩炫衒痕很恨渾魂混圂溷行航杭降項巷黄簧璜皇煌惶遑凰蝗篁晃幌恒衡蘅桁横莖形型刑陘滎杏荇幸螢熒弘黌宏閎竑紅洪鴻虹訌鬨

曰越戉鉞粤樾熠于盂竽雩雨宇禹羽芋域彙爲帷韋違圍幃韙闈偉煒葦緯衛位胃渭謂蝟尤郵疣有友又右佑祐宥囿侑炎員圓圜袁園猿轅爰援垣遠院瑗媛云雲耘芸隕殞韻運暈王往旺瑩榮

二、牙音

(4)見母

家加枷嘉豭佳夾莢頰鋏假賈嘏甲稼嫁架駕價瓜刮剮寡挂卦歌哥戈鴿割葛閣格骼隔革个個各柯鍋郭國虢幗馘果裹過括皆階稭喈街揭結劫孑羯潔解介界芥疥屆戒誡偕厥蹶蕨決訣抉譎攫覺珏傕鷄稽笄羈畸飢肌几基箕朞姬機譏饑激擊急級汲伋吉棘亟殛机麂己幾給戟計繼繫薊髻寄冀驥紀記既暨季姑沽辜蛄孤觚古估牯股瞽賈蠱骨汩穀轂谷故固錮雇顧忽惚居車裾拘駒俱橘菊鞠掬舉莒矩據鋸倨踞句屨該垓賅改概溉蓋丐乖枴怪夬會儈澮檜膾繪瑰圭閨規龜歸詭軌晷簋癸鬼劊桂貴高膏篙臯羔糕稿縞杲搞告誥絞狡佼姣矯皎繳噭腳角教校較叫徼梟勾鉤溝狗苟垢彀夠構購媾姤鳩糾究赳糾九久玖韭灸救廄疚甘柑泔干肝乾竿感敢捍贛幹旰緘監兼縑蒹艱間姦肩堅豜減鹼檢簡柬揀蹇繭鑑監劍諫澗建見官棺觀冠鰥關管貫灌罐盥慣涓鵑蠲捲卷眷畎跟根艮亘今金襟巾斤筋矜錦緊謹禁勁衮鯀滚昆崑琨鯤均鈞君軍岡剛綱鋼缸肛港崗疆僵殭薑繮姜江襁講耩降絳光廣礦更庚羹耕梗骾耿埂兢京荆驚經涇景警儆頸剄境敬竟鏡勁徑肱公工功攻弓躬宫恭供龔拱鞏貢共坰扃炯

(5)溪母

掐恰誇姱跨胯珂軻科窠蝌顆殼可課克刻客闊廓鞹怯愜篋契鍥闕缺闋卻確慤搉溪谿觭欺崎啟棨綮綺企起杞屺芑豈乞跂器棄亟气氣泣枯刳骷窟哭苦庫褲酷礐祛胠笑區軀驅屈詘麴曲去墟開揩凱愷鎧塏闓慨楷鍇忾蒯塊快噲盔虧窺魁奎睽傀喟恢詼考攷烤靠犒敲蹻巧竅摳口叩扣寇丘邱蚯堪戡龕勘看刊坎埳侃瞰闞謙慳愆騫褰牵嗛遣繾譴欠歉繂寬款犬勸券懇墾肯欽嵚衾坤髡綑閫困康糠慷抗伉亢羌腔匡筐曠壙纊框眶坑鏗硜卿輕傾頃慶罄罄空孔恐控芎穹

(6)羣母

桀傑杰竭碣茄伽掘倔崛瘸屐極技妓伎芰騎暨忌悸期局偈巨拒距炬詎遽醵劇具俱懼瞿衢渠跪櫃喬橋僑蕎翹臼舅咎舊柩求球逑裘仇虯儉件鍵健鉗箝黔鈐乾虔芡倦圈卷蜷拳權僅廑瑾饉近琴芩禽擒勤懃芹窘郡羣强狂競鯨黥勍擎檠共瓊蛩窮邛

(7)疑母

牙芽衙涯崖訝迓瓦蛾鵝俄娥峨訛譌額餓愕顎萼鄂噩鰐我臥業虐瘧月刖嶽岳樂倪霓麑猊輗蜺擬逆宜儀疑嶷蟻藝刈詣羿誼義議劓屹鷁吴蜈吾梧齬五伍午仵忤誤悟晤寤兀魚漁禺隅愚虞娛語御馭禦遇寓玉獄皚獃礙艾外危桅嵬巍僞魏敖熬螯獒鷔翱傲堯咬偶耦藕岸巖嚴顔言研妍儼眼驗雁彥諺唁硯阮玩頑元沅黿原源願愿吟銀垠齦印昂凝迎喁顒

三、舌音

(8)端(中古端、知兩母)母

答搭奤妲靼打得德多掇朵氐低羝隄滴嫡鏑的底抵牴邸柢帝蒂諦嚏都督堵賭覩肚篤妬蠹猷戴帶堆碓對刀舠島擣禱倒到刁貂雕凋琱釣弔鳥兜斗抖陡鬥耽躭酖湛擔丹單簞殫膽疸旦掂顛巔癲滇點典玷店

坫墊殿端短斷鍛敦墩頓當璫黨擋登燈等凳丁釘叮頂鼎訂東冬董懂涷棟

剟吒舴蟄輒哲磔謫卓桌涿琢啄輟知蜘縶黹徵智致輊質置窒豬誅蛛株邾竹築竺貯著駐註摘追綴朝着罩嘲啁肘晝沾霑鱣邅展輾站轉傳珍貞禎鎮瑱張長漲帳脹椿徵癥中忠衷冢

(9)透(中古透、徹兩母)母

他它塔獺踏榻闒撻忒慝忑拖脱託妥唾柝橐拓魄籜蘀貼帖鐵餮梯踢剔體替屜涕剃薙惕逖倜突秃土吐兔菟台胎態太汰泰推腿退蛻帨叨滔掏韜縚弢條饕討佻挑祧跳糶偷媮透貪坍灘攤癱忐毯坦探炭歎添天忝腆靦瑱湍疃吞湯鏜倘躺燙趟聽廳汀町珽通桶捅統痛

詑徹撤戳螭魑絺郗癡笞恥飭敕褚楮黜怵畜矗拆蠆超抽瘳丑覘諂偵琛郴椿倀昶暢悵鬯瞠撐蟶檉赬逞騁忡寵

(10)定(中古定、澄兩母)母

達大特奪鐸舵馱墮惰度踱陀駝沱跎紽酡鼉跌疊碟牒蝶諜迭瓞垤絰耋笛迪敵狄荻翟糴滌覿弟悌娣第睇遞棣禘締地啼蹄綈稊荑題提醍獨讀牘犢瀆櫝毒杜肚度渡鍍徒屠途塗荼圖突凸待怠殆迨紿代袋岱黛玳逮埭苔臺抬駘隊兑頹導道稻蹈盜悼幬濤燾桃逃咷陶淘掉調藋條調迢苕窕挑豆逗痘荳竇頭投淡啖憺澹誕但憚彈蛋覃潭譚罈曇談痰壇檀袒簞墊電奠殿澱甸佃畋鈿淀甜恬田填闐殄斷段緞團摶囤沌盾鈍遁遯屯豚臀蕩盪宕碭唐糖塘螗棠堂螳鄧滕騰謄藤縢錠定亭停廷庭霆蜓艇挺梃動洞恫峒同銅桐筒童僮瞳潼彤佟慟

擇澤轍蟄着濁濯擢擲池馳篪踟遲墀坻持术茉逐舳蠋躅杼宁苧紵箸柱住除儲躇廚櫥躕翟縋墜椎槌鎚櫂召趙肇兆晁朝潮軸妯紂宙胄酎紬綢稠籌儔疇躊湛綻纏廛躔篆傳椽朕鴆陣沉陳塵橙丈杖仗長萇腸場撞幢鄭澄澂懲棖呈程酲重仲沖蟲

(11)泥(中古泥、娘兩母)母

納衲那訥挪懦糯諾捏聶鑷躡涅泥尼呢怩你膩暱匿溺奴孥駑努弩怒女忸乃迺奶耐鼐奈柰餒内猱譊鐃呶腦惱鬧淖嫋尿耨紐扭狃鈕男南楠諵喃難赧黏拈鮎年碾撚撵念暖嫩囊饢娘釀能寧佞濘農儂膿濃

(12)來母

拉邋臘蠟辣剌樂勒仂捋羅蘿鑼籮邏騾螺腡裸摞洛落駱絡獵鬣躐烈列裂劣略掠犂黎藜黧離籬灕蘺縭罹驪鸝梨蠡貍蔾氂犛禮澧醴蠡李里裏理鯉俚悝例厲勵礪蠣麗儷隸戾唳荔詈利痢涖吏立粒笠苙栗慄力曆歷瀝櫪礫櫟鬲盧爐鑪顱瀘蘆鱸壚鸕轤廬臚魯滷虜擄路賂露潞璐輅鷺禄碌鹿麓簏轆陸戮録驢閭吕侶旅膂縷褸屢履慮律緑來萊徠淶睞賚誺賴癩籟瀨勒雷擂纍嫘蕾磊累壘耒誄酹纇類淚肋撈勞癆牢醪嘮老澇烙酪落燎僚遼撩繚療聊寥蓼了廖料鐐樓耬婁螻摟簍漏陋鏤瘻流硫旒劉瀏留榴瘤琉柳綹餾溜霤六婪嵐藍籃襤闌蘭攔瀾覽攬懶濫纜爛廉鐮簾匲帘濂連漣鰱聯憐蓮斂臉殮練鍊煉楝戀孌鸞巒欒卵亂林淋琳霖臨鄰燐鱗麟嶙轔璘凜廩懔賃吝藺遴論崙輪倫綸侖掄郎廊狼琅榔瑯莨郞浪良涼量糧粱粱兩緉亮諒輛冷陵凌菱綾鯪靈鈴伶零齡玲聆翎瓴羚囹領嶺令龍籠嚨聾朧瓏隆窿隴壟弄

(13)余(喻四)母

耶爺也野冶夜葉頁曳拽掖液腋悦閲躍籥瀹鑰移迻夷姨痍彝怡貽詒胰頤圯遺迤匜已以苡梩裔易異溢鎰逸佚軼泆佾亦奕弈譯繹驛嶧懌斁埸疫役予余餘舁輿歟俞榆逾渝愉瑜臾腴萸庾與窳譽豫預愈裕喻諭籲聿矞遹鷸育毓昱煜鬻欲慾浴峪維惟唯摇謡窑遥瑶姚舀鷂耀曜藥攸悠由油游遊猶猷輶蚰酉莠牖卣羑誘柚釉鹽簷檐閻延筵蜒埏綖沿琰剡演衍兖豔灩焰鳶緣淫婬霪寅夤螾引蚓尹胤匀允孕羊洋佯徉陽楊揚瘍煬颺養癢恙樣漾蠅盈楹嬴羸瀛營塋郢潁穎媵融容熔溶蓉

庸傭墉甬勇湧俑踴慂用佣

(14)章(照三)母

遮摺折者赭蔗柘鷓浙拙酌灼斫焯支枝肢巵梔祇脂祗之芝汁織隻執職摭跖紙只咫軹枳旨指止趾址沚阯芷制製寘至摯贄鷙志誌痣識幟桎蛭質鑕騭炙諸朱硃珠侏絑燭煮渚主麈囑矚翥注炷蛀鑄祝錐隹贅惴昭招召沼照詔周週賙舟州洲粥帚呪詹瞻占氈饘鸇旃栴佔戰顫專磚顓針斟箴真甄枕診疹畛軫縝稹振震賑諄準准章樟漳彰璋鄣掌障瘴正征鉦整拯證症政終螽鐘鍾盅種腫踵衆

(15)昌(穿三)母

車扯掣綽啜鴟蚩嗤媸侈齒尺熾叱赤斥出處杵觸樞姝吹炊弨醜臭幨襜闡川穿喘舛串釧嗔瞋稱春蠢昌倡猖閶菖鯧敞廠氅唱偁秤充衝憧銃

(16)船(牀三)母

蛇舌射麝實食蝕示謚秫贖術述船神葚脣漘盾吮順乘塍繩澠剩賸

(17)書(審三)母

奢賒捨舍赦攝設説爍鑠翅啻施尸屍鳲蓍詩濕失識豕弛矢屎始世勢試弑式軾拭飾室適釋奭書舒抒紓輸叔菽暑鼠黍庶恕戍倏束水税帨燒少收手首守獸狩苫羶扇煽陝閃深身申伸呻紳娠審沈哂矧舜瞬商傷殤觴賞晌餉升昇陞聲勝聖舂

(18)禪母

佘折社涉碩匙豉時塒莳鰣十什拾寔石誓逝噬筮氏是視嗜市恃侍殊殳孰熟淑署薯蜀屬墅曙竪樹澍誰垂睡瑞韶勺芍紹邵劭召仇酬受綬授壽售蟾禪蟬單嬋澶剡贍善膳鄯嬗擅遄忱諶晨辰宸臣甚腎慎蜃純蒓蓴醇淳鶉常嘗償嫦裳徜上尚承丞成城盛

(19)日母

惹熱若箬弱日馹兒而胹鮞爾邇耳洱餌珥二貳聏如茹儒濡汝乳孺入辱褥縟蓐蕤蕊芮枘蚋饒蕘擾繞柔揉輮蹂肉髯然燃肬染冉苒廿軟壬任人仁稔忍荏妊絍刃認軔仞韌閏潤瓤攘禳穰壤讓仍礽戎絨茸

四、齒音

(20)精母

匝則作左佐做嗟接睫節癤姐借爵貲髭呰資姿咨粢諮兹滋孳孜紫姊秭子梓恣躋賫齏積即鶺擠脊祭際穄濟霽鯽稷跡蹟績租卒鏃足祖組蹙災栽哉宰載再嘴最醉檇遭糟早蚤棗澡藻躁竈焦蕉椒鷦僬剿醮釂雀簪攢贊讚尖殲煎箋剪翦戩僭箭濺薦鑽纂纘鐫祲綅津儘浸進晉搢縉尊樽遵俊駿晙儁臧臓葬將漿槳獎蔣醬增曾憎矰罾繒甑精晶旌睛菁井稷鬃宗豵縱蹤總粽綜

(21)清母

擦搓磋蹉撮瑳挫銼剉錯措厝切且妾鵲雌此泚玼刺朿次妻淒悽萋七漆戚砌緝葺粗醋猝簇蔟蹴促疽雎趨取娶趣猜採采彩菜蔡崔催漼璀焠啐脆毳翠操糙草悄愀俏峭秋楸湫鰍鞦參驂餐慘憯粲燦璨簽僉遷千仟阡淺塹槧倩蒨茜汆竄爨悛詮銓痊荃侵駸親寢村忖寸竣倉蒼艙滄鶬傖槍搶蹌鏘蹭清青鯖蜻請聰璁驄囪匆忽蔥樅

(22)從母

雜砸昨鑿坐座祚胙阼柞酢怍瘥嵯捷截藉絶嚼爝漬眥嵴自字牸疵瓷茨慈磁集輯疾蒺籍瘠薺劑寂齊臍蠐族徂殂聚在才財材裁纔賊罪摧萃悴瘁皂造曹槽嘈噍樵譙憔誚就鷲酋遒蝤暫瓚蠶慚殘漸踐賤餞荐潛錢前雋泉全盡秦存奘藏臟匠牆嬙檣薔贈曾層靜靖婧靚淨情晴叢琮淙从從

(23)心母

撒颯卅薩塞娑蓑梭莎鎖瑣索些楔寫瀉卸薛削雪伺斯撕廝私司絲思緦偲死賜四泗駟肆笥棲西犀息熄悉蟋膝惜析淅晰晳媳昔腊錫洗璽徙細蘇酥甦素訴愬泝速肅夙宿粟胥須鬚婿戍絮壻恤腮鰓塞賽粹睢綏睢髓碎歲繐祟邃燥臊騷搔掃嫂鞘消宵霄硝銷逍蕭簫瀟小篠笑肖嘯修羞宿秀銹繡三傘散姍珊暹纖孅銛仙秈鮮先躚癬獮銑跣洗線霰酸狻算蒜祘宣瑄選渲心辛新薪信匈孫猻蓀飧損筍隼濬浚峻荀詢洵恂汛訊巽遜迅桑喪顙嗓松菘淞嵩悚竦聳慫送宋

(24)邪母

邪斜謝榭詞祠辭辤兕似祀巳杞姒耜汜寺嗣飼夕習襲隰席蓆俗徐序敘緒續嶼隨隋遂隧燧穗囚泅袖岫涎羨旋璇璿鏇燼尋潯旬循巡馴殉徇詳祥翔庠象像橡誦頌訟

(25)莊(照二)母

紮查扎札鮓眨詐榨抓爪責幘簀仄昃側捉齜淄輜菑錙緇滓笫櫛齋窄債笊鄒騶緅斬醆盞譖榛臻蓁溱莊裝妝壯諍

(26)初(穿二)母

柵叉差插察岔剎惻測策冊齪廁初芻楚礎釵揣嘬抄鈔炒吵攙鑱剗懺羼篡閂拴涮參讖櫬齔瘡窗闖創愴

(27)崇(牀二)母

閘鍘茬乍鐲俟士仕柿事鋤雛寨砦豺儕柴巢驟愁棧饞讒巉孱潺撰饌岑涔狀牀崇

(28)山(審二)母

灑沙紗鯊杉殺煞鎩傻刷澀瑟嗇穡色縮所朔槊數師獅蝨史使駛梳疏蔬漱篩骰曬衰帥率蟀梢捎筲鞘稍潲搜颼餿蒐廋溲瘦産摻衫芟山删潸訕汕疝森參詵駪滲霜孀雙爽生牲笙甥省

五、脣音

(29)幫(中古幫、非兩母)母

巴豝八霸波播鉢撥剥博駁伯跛簸迫憋别逼彼鄙匕比妣筆蔽蓖閉嬖
裨俾臂泌祕閟毖庇痹畀畢必碧璧辟壁補卜布佈濮譜圃擺百柏拜杯
碑卑悲北貝輩背臂轡褒包胞苞剥寶保堡葆褓鴇飽報豹爆臕鑣標飆
彪表班斑頒般搬板版扮半絆砭鞭編鯿邊籩蝙貶窆稨扁匾變徧遍奔
賁本畚彬斌邠豳賓濱瀕殯鬢儐擯幫邦浜榜膀蒡謗崩繃絣迸檳冰兵
稟秉丙炳邴昺柄餅並併摒
發法髪福蝠幅輻府腑俯斧甫脯黼付咐賦傅富腹複非扉緋飛匪篚誹
廢痱沸否缶藩蕃反返販畈分吩粉糞奮噴方坊枋倣昉航放風封葑諷

(30)滂(中古滂、敷兩母)母

葩怕帕坡頗潑叵破粕魄撇瞥睥批砒坯披丕伾秠紕劈霹嚭匹癖媲濞
譬屁僻醭怖鋪撲仆菩普溥浦璞樸拍湃派胚醅沛霈配拋泡砲炮飄漂
縹剽剖攀潘番盼判泮篇偏翩騙片噴繽姘品聘滂霶雱胖烹澎怦砰
抨俜
敷孵郛莩稃麩鄜俘孚拂彿撫拊赴訃副覆蝮妃霏菲騑斐肺費汎泛氾
芬紛氛雰芳妨仿彷訪捧豐灃酆峯蜂鋒烽丰

(31)並(中古並、奉兩母)母

拔跋魃茇耙杷琶罷爬鈸勃渤泊箔帛舶薄婆鄱别蹩鼻敝斃陛髀婢避
比篦弼愎鼙皮疲埤脾裨陴毗貔枇琵蚍否痞圮闢辟甓餑哺捕部簿步
埠蒲菩脯葡匍僕瀑曝白稗敗排俳徘牌倍蓓背悖焙被備培陪賠裴邳
佩珮雹抱鮑暴袍咆庖匏跑瓢殍莩瘢瓣辦伴拌盤槃磐蟠磻叛畔辨辯
弁昪卞汴忭辮便緶楩駢諞笨盆臏貧頻瀕蘋矉嬪牝傍棒蚌旁膀彷龐
朋鵬彭膨篷蓬病並憑馮凭平坪評苹瓶屏萍洴
乏伐閥罰佛符苻夫蚨扶芙鳧浮蜉桴匐罘涪服鵩伏茯袱釜腐輔父附

駙鮒賻婦負阜縛復复馥鰒肥淝腓翡吠帆凡煩繁蘩燔璠膰藩蕃樊礬范範犯梵飯焚汾棼蚡枌墳憤忿分份防房魴肪馮逢縫鳳奉俸

(32)明(中古明、微兩母)母

麻痳馬瑪罵禡摸魔磨摩摹饃模謨膜末抹沫没歿莫寞漠墨默陌貊貉滅蔑篾幭迷謎縻糜彌瀰獼麋米靡弭密蜜宓謐覓冪汨姥母拇畝牡暮慕墓募幕木沐目穆牧睦苜埋霾買賣邁勱麥脈梅枚媒煤莓玫眉嵋湄楣霉黴每浼美袂妹昧媚魅寐貓毛髦旄芼茅矛蝨卯昴茆冒帽瑁耄貌茂貿懋瞀袤苗描藐渺秒眇廟妙繆謀眸侔牟某謬蠻瞞蹣謾鰻饅蔓滿慢嫚縵漫幔墁曼綿棉眠免勉娩冕緬愐湎偭沔澠丏眄面麵門捫悶懣岷緡閩旻閔憫敏愍泯僶皿忙芒茫邙尨庬盲虻氓莽蟒漭甍萌盟蒙濛艨朦矇檬猛懵孟夢明鳴名銘冥溟暝蓂瞑螟茗酩命

襪巫誣無毋蕪武鵡舞憮廡侮務霧騖鶩婺物勿微薇尾娓未味晚挽輓萬万蔓曼文紋蚊雯聞吻刎紊問抆砬亡忘罔網惘輞魍妄望